DE LA

DOMINATION TURQUE

DANS

L'ANCIENNE RÉGENCE D'ALGER.

DE LA

DOMINATION TURQUE

DANS

L'ANCIENNE RÉGENCE D'ALGER,

PAR

M. WALSIN ESTERHAZY,

CAPITAINE D'ARTILLERIE.

> Faites la guerre aux infidèles.......
> Soumettez-vous à toute puissance qui aura pour elle la force ; car la manifestation de la volonté de Dieu sur terre, c'est la force.
>
> Abu-Saïd, Commentaires du *Coran*.

PARIS.
LIBRAIRIE DE CHARLES GOSSELIN,
9, RUE SAINT-GERMAIN-DES-PRÉS.

1840

Cet ouvrage était terminé depuis long-temps lorsque les derniers événements arrivés en Algérie sont venus y compliquer si malheureusement notre situation, déjà si précaire, et vérifier d'une manière si funeste nos prévisions; puissent ces événements ouvrir les yeux de ceux aux mains desquels est remis le sort de notre conquête; puissent-ils les convaincre enfin que nous sommes engagés dans une mauvaise voie dont il faut se hâter de sortir, si nos prétentions à la domination de

l'Afrique sont vraiment une chose sérieuse!
C'est une politique simple et facile que celle qui
se borne à répondre à chaque nouvelle complication de nos affaires par l'envoi de nouvelles
troupes, par le sacrifice de nouveaux millions,
mais nous doutons qu'on l'appelle jamais une
politique habile ; et nous craignons, nous l'avouons, que la France ne se lasse enfin de tant
de charges inutiles, de tant de sacrifices dont
elle ne prévoit pas le terme. Que les leçons sévères de l'expérience ne soient pas entièrement
perdues pour nous ! Puissent-elles nous prouver
que le système suivi jusqu'à ce jour dans une
question qui, suivant nous, devrait être longtemps encore une question purement militaire,
pèche dans ses premières bases. Nous n'aurons de véritables succès en Afrique qu'en nous
donnant une organisation d'armée qui nous permette de passer de la défensive que nous avons
gardée jusqu'à ce jour, à une offensive vigoureuse; en un mot, nous ne serons maîtres chez
nous que lorsque nous pourrons faire trem-

ler les Arabes chez eux. L'histoire du pays nous apprend que ce résultat est moins difficile à obtenir qu'on ne pense, si l'on veut enfin se décider à juger l'Afrique avec des idées africaines, et non pas, comme on s'obstine à le faire, avec des idées toutes françaises ; si l'on veut comprendre qu'appliquer nos principes de libéralisme, de liberté, d'égalité, à un peuple dont le code politique et religieux repose entièrement sur la fatalité et le despotisme, c'est ne connaître ni la religion, ni la loi, ni les idées de ce peuple.

AVANT-PROPOS.

Le gouvernement, cédant à la manifestation de la volonté nationale, paraît enfin décidé à s'occuper sérieusement du sort de notre colonie africaine : les grands sacrifices que nous a déjà coûtés notre conquête, les nouvelles charges que la France s'est dernièrement encore imposées pour elle, sont des garanties qui semblent assurer irrévocablement son avenir. Cette détermination, qui sera désormais, il faut l'espérer, à l'abri de nos fluctuations administratives et parlementaires, impose à tout homme qui s'est occupé de l'histoire et des choses du pays, l'obligation de faire connaître ses travaux : l'histoire du passé pourra peut-être servir à l'instruction du présent, et quelques-unes des idées qu'une étude consciencieuse a pu faire naître, seront peut-être utiles dans un pays dont nous essayons la domination.

Dans l'ouvrage que nous publions, nous nous sommes arrêté à l'époque de l'occupation française : nous n'avons pas pensé que l'appréciation détaillée des actes de son administration convînt à notre position. Nous croyons, d'ailleurs, que la satire toujours amère et irritante du présent, est moins efficace pour corriger l'avenir, que les enseignements que l'on peut puiser dans le passé. Dans les cas fort rares où, par la nature de nos travaux, nous avons été appelé à comparer ce qui est avec ce qui a été, nous nous sommes religieusement abstenu, lorsque nous avons cru devoir blâmer les choses, de la critique des personnes ; nous n'avons pas cherché non plus à discuter l'opportunité, les avantages ou les inconvénients de notre possession ; assez de gens hautement placés, assez de capacités imposantes, ont retourné la question sous toutes ses faces, et l'ont jugée définitivement sous le rapport utilitaire : ils ont prouvé arithmétiquement que long-temps encore, toujours peut-être, nos possessions d'Afrique seront onéreuses pour la métropole. Nous ne combattrons pas des opinions qui peuvent être justes, mais nous joindrons notre voix à celle de la France presque entière, qui, repoussant les démonstrations de ces économistes rigoureux, a proclamé sa résolution de ne point reculer devant les conséquences de sa volonté hautement manifestée. Nous pensons d'ailleurs que cette question est bien loin d'être seulement une question de chiffres et même une question d'utilité sous le point de vue politique ; nous croyons que les peuples, comme les individualités, ont besoin d'autre chose que de la vie matérielle ; nous croyons qu'il faut à une grande nation une idée grande pour qu'elle puisse y dépenser une portion de son activité et de son énergie, et nous nous sommes uni à ceux qui voient dans notre conquête une mission noble et généreuse, une mission providentielle peut-être : nous venons leur apporter le fruit de nos études et de nos travaux, bien persuadé que pour arriver à la conquête du pays, à la pacification, à la civilisation du pays, il faut commencer par l'étude du pays.

Lorsque la France, après la prise d'Alger, eut renversé le gouvernement dont elle était venue tirer vengeance, elle dut songer à substituer un nouveau pouvoir à celui qu'elle avait aboli ; le premier soin de ses représentants en Afrique aurait dû être, ce nous semble, de rechercher quels étaient, dans la constitution gouvernementale des Turcs, les principes qu'on eût pu s'approprier dans l'organisation nouvelle. Voulant remplacer une puissance imposée aussi par la conquête, la marche qui paraissait la plus rationnelle et la plus régulière à suivre était de laisser fonctionner l'ancienne administration, et de modifier peu à peu ce qu'elle eût présenté de contraire à nos habitudes et à nos mœurs ; il n'en fut pas ainsi : les mandataires de la France, détournés sans doute par des préoccupations en dehors du pays, et par l'état d'instabilité où fut laissée long-temps notre conquête, trouvèrent plus simple et plus facile de tout renverser, de tout détruire. Une grande faute fut commise, faute qui a été peut-être l'origine première de toutes celles où nous avons été fatalement entraînés depuis cette époque : les Turcs furent expulsés de la régence. Par cet acte impolitique et irréfléchi, le pouvoir existant fut immédiatement aboli avant qu'on en eût institué un autre pour le remplacer, avant qu'on eût pu étudier et son organisation puissante, et ses énergiques moyens d'action sur les populations que nous allions avoir à gouverner.

Il faudrait remonter bien haut dans l'histoire des peuples pour y trouver une conquête à laquelle aient présidé aussi peu d'idées de conservation et d'avenir. Civilisateurs luttants contre la barbarie, nous ne pourrions peut-être rencontrer d'exemples d'une imprévoyance semblable à la nôtre, d'un mépris aussi complet et aussi irrationnel du peuple vaincu, que dans la barbarie luttant contre la civilisation dans les débordements des hordes du Nord sur l'ancien monde : encore ces peuples envahisseurs dédaignaient-ils le titre de régénérateurs pour celui de conquérants; nous qui n'étions conquérants que pour devenir régénérateurs, nous nous sommes montrés forts un instant pour la conquête, faibles et inhabiles pour l'organisation. Trop fiers, nous vainqueurs, nous hommes du progrès, pour vouloir profiter des leçons qu'aurait pu nous donner le peuple vaincu, nous avons voulu ne rien devoir qu'à nous-mêmes, nous avons rejeté toutes les traditions du passé.

Nous sommes venus avec nos principes de la vieille Europe, avec nos idées avancées, qui peuvent convenir à des civilisations avancées, mais qui, chez les nations qui les appliquent à la conquête, ne sont plus qu'un symptôme de décadence et de caducité : les peuplades ignorantes auxquelles nous nous sommes adressés ne nous ont pas compris. L'anarchie a remplacé dès l'origine l'ordre et la régularité qui régnaient avant nous ; à la place de la soumission nous n'avons introduit que l'esprit de licence et de rébellion ; en voulant la paix, nous avons fait naître la guerre. Cet état de désordre a duré jusqu'à ce qu'un homme d'une volonté forte se soit révélé au sein de ces populations ainsi abandonnées à elles-mêmes, et qu'il se soit servi pour créer et maintenir son autorité des moyens d'action que nous avions méprisés, de ceux même qu'employaient les anciens dominateurs.

Après que l'expulsion des Turcs eut fait disparaître de la régence jusqu'aux dernières traces de leur gouvernement militaire, il fallut imaginer un système entièrement nouveau. La tâche parut facile à ceux à qui fut confié le sort de notre colonie ; ils semblèrent d'abord voir les anciens sujets de la régence toute entière dans les populations de quelques villes que nous possédions sur la côte, et il leur parut naturel de pourvoir à l'administration d'un pays différent en tous points de nos pays d'Europe, en y transportant avec d'insignifiantes modifications des organisations faites pour l'Europe. La propriété, a dit un législateur célèbre, c'est la société, c'est du moins la base principale sur laquelle sont assises nos sociétés modernes : l'on ne chercha point si la base sur laquelle était établie l'imparfaite société des Arabes était la même que la nôtre, avant de vouloir soumettre cette société à nos formes, avant de vouloir la ployer à notre législation. Dans les villes, ce fut par un mensonge à notre propre loi que les habous (1), propriétés inaliénables, de-

---

(1) Les *habous* étaient des propriétés inaliénables qui, à l'extinction des héritiers légitimes, revenaient à un établissement soit religieux, soit d'utilité publique. C'était un obstacle opposé aux envahissements d'un pouvoir spoliateur qui mettait la propriété sous la sauve-garde de

vinrent tout-à-fait aliénables : à l'extérieur, on ne s'occupa pas de la constitution de la propriété ; on ne rechercha point quelle était la manière de posséder, on s'inquiéta peu de savoir que dans un grand nombre de tribus ce n'est pas la propriété du sol qui constitue la richesse, mais que la richesse consiste dans les moyens d'exploiter un sol à peu près commun à tous (1). La propriété, en un mot, n'était point constituée comme en France, nous n'en eûmes pas moins des tribunaux et une jurisprudence toute française. Les administrations fiscales avec leur luxe de droits de toute espèce furent les premières implantées dans le pays : elles vinrent donner comme indice d'une prospérité imaginaire le chiffre élevé de leur recette,

la religion ou de l'intérêt public, et l'assurait à la descendance toute entière d'une famille, contre les caprices de ce pouvoir, ou contre les dilapidations de quelques membres de cette famille elle-même. N'a-t-on pas manqué aux intentions du constituteur des habous en laissant ces biens s'aliéner? Au moins, si nous ne voulions pas souffrir dans nos villes et possessions d'Afrique d'exceptions à nos lois françaises, eût-il fallu faire rentrer les habous dans la règle générale, par une disposition spéciale de nos lois

Maintenant les immeubles habous ne peuvent pas se vendre, puisque la loi musulmane le défend, et que la loi française n'a rien statué à leur égard ; mais la loi musulmane permet de les louer : on les loue donc à rentes perpétuelles, et ensuite on amortit la rente en payant le capital, ce que permet la loi française.

(1) Chez la plupart des tribus arabes, la propriété territoriale est ce qu'on appelle *sabeka* (سَبْقَة de سبق, devancer). Le terrain est devenu la propriété du premier occupant. Les terres possédées par sabeka ne se vendent point. Chez les tribus d'origine berbère, la propriété est *melk* ملك ; les terres peuvent se vendre et s'aliéner comme nos propriétés françaises.

dont les trois quarts étaient prélevés sur les deniers du soldat. Leur effet le moins contestable fut d'arrêter dès le commencement les émigrations des Européens pauvres, des travailleurs, les seuls dont aurait eu besoin la colonie naissante. La vie animale, grâce à tout cet appareil de fiscalité, était devenue plus chère en Afrique que dans aucun endroit de la France. Les indigènes, à qui nous n'avions pas apporté de nouvelle industrie, mouraient de faim : d'un autre côté, nous les chassions de leurs maisons, qui tombaient devant le cordeau de nos ingénieurs : ils apprécièrent bientôt ce que pouvait pour les malheureux, pour les prolétaires, notre civilisation si vantée ; la plupart d'entre eux s'enfuirent devant elle et allèrent chercher ailleurs du pain et un abri.

Quant à l'action de l'ancien gouvernement sur les populations du dehors, quant à la manière dont il y avait établi et conservé sa suprématie, on ne songea nullement à s'en occuper. On parut croire qu'aucun pouvoir régulier, qu'aucune force organisée n'existait auparavant, pour tenir dans la soumission les tribus turbulentes. La révolte eut le temps de grandir ; des centres d'insurrection se formèrent, et ceux qui reconnaissaient auparavant sans opposition l'autorité des Turcs, voyant que le nouveau gouvernement ne se révélait à eux par aucun acte de souveraineté, non seulement rejetèrent la nôtre, mais vinrent même nous menacer sur les points de la côte que nous occupions. Alors des expéditions sortirent, des combats eurent lieu : notre armée, par son organisation, par sa tactique, est faite pour opérer dans des contrées civilisées, ayant des villes, des lignes de communication, des points et des lignes stratégiques; elle est destinée à renverser des obstacles, à agir contre des masses armées; l'on craignit de toucher à l'arche sainte des règles qui ont été posées comme principes dans nos guerres européennes, et l'on trouva convenable d'adapter cette constitution d'armée tout d'une pièce à un pays sans routes, sans rivières, sans canaux, et où les populations nomades n'ont à nous opposer que d'insaisissables tirailleurs. Nous nous attribuâmes la victoire, parce que, dans les promenades de nos lourdes colonnes, nous ne rencontrions pas d'obstacles sérieux; les indigènes ne se crurent jamais battus parce qu'ils n'étaient jamais atteints, et qu'ils nous accompagnaient toujours dans nos lignes, quand nous revenions sur notre territoire. Si l'on avait eu dans le principe l'intention d'occuper tout le pays qui obéissait aux Turcs que nous avions vaincus, on dut dès lors reculer devant la difficulté, pour ne pas dire l'impossibilité de le faire, à moins de couvrir le territoire de nos soldats. Mais de grands mots furent imaginés pour déguiser notre impuissance : on parla de conquête lente par la colonisation, par l'attraction. Une fusion devait s'opérer par le contact de notre civilisation, etc., etc. Des essais de ces divers systèmes ont été faits, qu'en est-il résulté? La haine de l'étranger, indépendamment de la haine religieuse, est-elle, après neuf ans d'occupation, moins forte, moins vivace, au sein de ces populations? Notre longanimité ou notre faiblesse, comme on voudra l'appeler, nous a-t-elle fait pardonner notre titre de chrétiens et nos timides prétentions à la conquête? Le spectacle de nos turpitudes industrielles a-t-il amené à nous beaucoup d'indigènes? La fusion, dans la création de nos corps mélangés, a-t-elle fait naître des sympathies ou des animosités? Ces corps ont-ils été sérieusement autre chose qu'un piédestal pour quelques ambitions heureuses?

Cependant si nous eussions voulu interroger le passé, regarder derrière nous, un fait était là, patent, irrécusable, qui eût peut-être pu nous conduire à la solution de la difficulté devant laquelle nous avions reculé, la souveraineté effective sur tous les pays de l'ancienne régence. Pendant plus de trois siècles, douze à quinze mille hommes privés d'argent, de matériel, de tous secours extérieurs, avaient été les maîtres de ce pays dans lequel nous nous agitions, y faisant de grandes choses et les détruisant par des petites, donnant aux autres peuples l'exemple d'une indécision et d'une versatilité également funestes. La susceptibilité nationale aurait dû s'indigner à penser que les Turcs avaient été plus habiles que nous à profiter de leur conquête, et qu'ils avaient maîtrisé paisiblement des populations que nous avons la bonté de supposer indomptables. Les Turcs étaient craints et respectés, les tribus tremblaient à la moindre colère des beys; de faibles corps de troupes traversaient sans obstacle les provinces, la régence alimentait le trésor; en un mot, le peuple après avoir été vaincu avait été soumis. Ce n'était pas la force militaire par elle-même qui avait pu créer un semblable ordre de choses, mais c'est par l'emploi, par l'organisation de cette force que la conquête était devenue puissante.

Mais on avait crié anathème contre les Turcs, leur système sembla ne pas mériter qu'on s'en occupât. D'où nous vint ce dédain superbe pour tout ce qui nous avait précédé? L'expérience de trois siècles de domination était-elle donc une chose si méprisable, qu'elle ne valût pas la peine d'être consultée? Foulant aux pieds avec un orgueilleux mépris nos prédécesseurs dans la conquête, nous avons craint de reconnaître qu'ils avaient mieux compris que nous les hommes et les choses de ce pays dont nous les avions dépossédés; comme s'il pouvait en pareil cas y avoir honte à avouer son ignorance! comme s'il pouvait dans aucun cas y avoir honte à s'éclairer, de quelque côté que vienne la lumière! Éclectiques en philosophie, en morale, pourquoi reculerions-nous devant le plus rationnel de tous les éclectismes, l'éclectisme politique. En politique comme en morale, une idée n'est-elle donc point bonne par elle-même indépendamment de la source où on l'a puisée? Était-il donc si indigne de notre attention et de nos études, le système de gouvernement qui donnait à une poignée d'hommes assez de force non seulement pour maîtriser un peuple entier, mais encore pour faire régner par ses corsaires l'épouvante et la terreur sur toute la Méditerranée! Ne méritait-elle pas au moins un sérieux examen, cette organisation, qui, tirant toute sa force du pays conquis lui-même, s'appuyait sur une partie du peuple vaincu pour exploiter l'autre partie au profit du vainqueur?

Pour nous, politiques maladroits, nous n'avons pas voulu, ou plutôt nous n'avons pas su nous créer de point d'appui dans le sol. Fanfarons de générosité, nous avons regardé comme au-dessous de nous des ressources qui étaient autrefois plus que suffisantes pour payer l'administration entière du pays : elles donnaient encore des trésors aux beys et aux pachas. Nous avons englouti l'or de la France dans un gouffre sans fond ; nous avons versé notre propre sang avec une libéralité magnanime, parce qu'il est sans doute d'une politique éclairée d'épargner celui de ses ennemis et de prodiguer celui de ses soldats. Ignorants des choses et des personnes, nous avons heurté toutes les sympathies en donnant à certains hommes sans nom, sans influence, et dont le seul mérite était de n'être pas Français, une importance exagérée. Ils ne nous ont apporté, en retour des hautes positions où nous les avons placés, que le mépris dont ils étaient l'objet chez les indigènes. Rien n'a été refusé à nos demandes ; les chambres, représentant la sympathie de la nation pour sa colonie, ont accordé tout ce qui lui était nécessaire pour son développement, son avenir, sa splendeur. Argent et troupes nous ont été libéralement fournis ; ce n'a point été assez de vingt mille hommes pour garder notre coûteuse conquête, trente mille nous ont été envoyés ; trente mille sont-ils devenus insuffisants, quarante mille sont venus faire cesser toutes nos réclamations. Enfin nous voilà arrivés au chiffre exorbitant de quarante-cinq mille soldats sans être beaucoup plus avancés qu'à l'origine ; nous n'occupons, avec cette nombreuse armée, qu'une bien faible partie du territoire qui reconnaissait l'autorité des Turcs ; cent mille hommes seraient insuffisants pour nous assurer sur le pays une souveraineté qu'ils avaient conquise et qu'ils maintenaient avec moins de quinze mille hommes.

Mais si dans nos essais d'organisation nous avons laissé beaucoup à désirer sous le rapport de l'exécution, nous nous sommes, par compensation, montrés brillants pour la théorie : nous avons échafaudé des lois, des arrêtés, des ordonnances sans nombre; les utopies, les systèmes de conquête philanthropique ne nous ont pas manqué. Où nous a conduit tout cet attirail administratif? Quel a été le résultat de ces beaux rêves des idéologues? Il ne faut point se le dissimuler, notre position dans le pays est restée précaire et misérable : nous n'avons jeté aucune racine dans le sol; nous n'y tenons ni par les indigènes, qui n'ont que fort peu d'estime pour notre caractère et notre longanimité incomprise, ni par les nationaux, puisque rien de sérieux n'a été encore fait pour une véritable colonisation. Poussés sur ces parages par un vent favorable, un vent contraire peut nous en arracher sans que nous y laissions de traces de notre passage.

Les Turcs, au contraire, moins forts que nous pour la théorie, l'étaient beaucoup plus pour l'exécution, et quoiqu'ils ne se piquassent point de philanthropie, ils étaient en définitive plus philanthropes que nous par le résultat. Il ne serait pas difficile de prouver que sept années de notre administration sentimentale ont coûté plus de sang à la régence que vingt ans de leur gouvernement sanguinaire; ils savaient ce que nous savions autrefois, ce que nous paraissons avoir oublié, ils savaient vouloir. Ils étaient craints, et nous ne le sommes pas, ils étaient respectés et nous sommes méprisés, et il n'est pas jusqu'au peuple juif qui ne préfère à notre système paternel le régime tyrannique des Turcs, et à notre sollicitude, à nos complaisances et à toute notre bonhomie, le souverain bon plaisir de ses anciens maîtres.

Il est vrai que, plus rationnels que nous dans leurs actes, ils ne reculaient devant aucune des conséquences de leur volonté, devant aucune des exigences de la conquête : maîtres, ils voulaient par tous les moyens possibles la soumission de leurs esclaves, afin de pouvoir les exploiter ; la France victorieuse aurait dû exiger la même soumission, non plus pour dépouiller les vaincus, mais pour les régénérer, pour les affranchir après les avoir éclairés.

Les philanthropes du siècle crieraient peut-être à la barbarie, parce que pour obtenir cette obéissance, il faudrait l'emploi permanent de moyens énergiques et violents : ces moyens eussent-ils dû être, sans modification, sans adoucissement, ceux mis en usage par les Turcs, qu'il eût encore fallu les employer pour être conséquents avec nous-mêmes : car d'après une maxime banale, un axiôme aussi vrai dans la vie politique que dans la vie commune, *qui veut la fin, veut les moyens*, qui veut la conquête, doit vouloir aussi les moyens de l'établir. D'ailleurs la conquête elle-même n'est-elle pas une œuvre de violence et de barbarie? De quel droit vous faites-vous conquérants? De quel droit venez-vous détruire ce qui est établi? troubler ce qui est paisible? Vous venez civiliser, direz-vous, vous venez éclairer le globe ; c'est une éclatante, une sainte mission peut-être; mais nous rejetons votre civilisation dont nous n'avons que faire, nous préférons nos tentes à vos villes, notre pauvreté à votre luxe, notre vie nomade à votre vie stationnaire, notre religion à la vôtre; le plus ancien parmi les peuples du monde, nous voulons vivre comme nos pères ont vécu, et nous repoussons vos lumières qui éclairent, comme nous repoussons les torches qui incendient.

Vous n'avez pas admis ces raisonnements qui sont justes, puisque vous vous êtes faits envahisseurs, vous ne fuirez donc pas devant leurs conséquences. La conquête est fille du sabre, elle ne grandit et ne s'établit que par le sabre. Si donc vous l'acceptez, il faut en subir les conditions nécessaires, ou bien, avouez franchement, ce sera plus courageux et plus digne, avouez que par votre constitution politique, par vos mœurs et vos institutions nouvelles, par vos idées avancées, vous n'êtes plus organisés pour la conquête; abandonnez alors vos prétentions, rejetez ces moyens termes, ces malheureuses capitulations qui ne vous conduiront qu'à la confusion et à la honte.

Ces idées sont presque triviales à force d'être logiques, et si l'histoire du passé avait jamais pu servir de guide pour l'instruction du présent, il suffirait d'y jeter les yeux pour s'assurer encore que la force seule a présidé à tous les établissements tentés après la conquête; disons-le hautement, parce que c'est la vérité, nous ne nous relèverons du mépris où nous sommes tombés aux yeux des Arabes, nous ne parviendrons à asseoir notre autorité d'une manière respectable dans le pays, à diminuer le chiffre toujours croissant de nos dépenses, le chiffre toujours croissant de l'effectif de notre armée, nous ne pousserons efficacement ces peuples dans la voie de la civilisation où nous voulons les conduire, qu'en les soumettant; et nous ne les soumettrons que par l'emploi de moyens analogues à ceux mis en usage par les Turcs. Pour comprendre ce que nous avançons, nous en appelons à la grande majorité de ceux qui ont vécu long-temps en Afrique et qui y ont reçu l'éducation du pays, à ceux qui se sont voués à la cause, pour la cause elle-même, ils diront, comme nous, que tout ce qui sort du cercle d'idées que nous avons exposées n'est malheureusement que fiction et utopie, et doit être renvoyé à sa première origine, à ces théories si belles, si séduisantes, tant qu'elles demeurent spéculatives, mais qui ne résistent pas au moindre essai de réalisation. Nous n'avons que deux partis à prendre, continuer notre système de douceur et de condescendance qui nous conduit forcément à être chassés d'Afrique après un temps plus ou moins long, ou bien vouloir être enfin ce que nous devons être, les maîtres, parce que nous pouvons être les plus forts et que notre seul droit sur le pays est celui du plus fort; nous aurons tout le loisir après, lorsque la soumission sera générale et imposée, de faire aimer notre autorité par l'application de ces grandes théories philanthropiques qui ne nous valent aujourd'hui que du ridicule.

Du reste, en empruntant aux Turcs leur volonté forte d'être les maîtres du pays et une partie des moyens qu'ils employaient pour y parvenir, il nous eût été facile de modifier ces moyens et de les rendre entièrement conformes à nos mœurs et à toutes les lois de la guerre que se font entre eux les peuples civilisés. Pour n'en citer qu'un exemple, lorsqu'un centre de résistance ou d'insurrection se manifestait autrefois sur un des points de l'ancienne régence, les Turcs n'avaient aucun autre moyen de le détruire que l'extermination des tribus rebelles, ils n'avaient pas, comme nous, un autre continent à quelques jours de marche de leurs possessions où il leur eût été facile d'envoyer des prisonniers; qui nous eût empêché, si le système turc eût été adopté (1), de faire disparaître du sol une tribu révoltée toute entière, non plus en l'exterminant, mais en l'envoyant prisonnière de guerre dans quelques provinces retirées de la France? Ce moyen d'intimidation eût été aussi efficace sur les populations que celui employé par les Turcs. Il n'eût certes rien présenté de contraire à l'humanité; il eût offert de plus l'avantage de pouvoir faire reparaître dans le pays, après quelques années d'exil, ces tribus à demi sauvages converties à la civilisation, si la civilisation eût été pour elles quelque chose de vraiment préférable à la barbarie. Qu'on n'aille pas croire que la différence de religion eût été pour nous un obstacle insurmontable, comme on s'est plu à le dire; nous eussions eu sans doute à réprimer des soulèvements ayant la religion pour prétexte; les Turcs, quoique musulmans eux-mêmes, ne furent point à l'abri de ces insurrections excitées par d'ambitieux hypocrites; les plus sérieuses révoltes qui menacèrent leur autorité furent des révoltes religieuses; ils en triomphèrent par la force de leur volonté, par l'énergie de leurs mesures, et nous en eussions triomphé comme eux, en nous montrant implacables pour les fauteurs des révoltes, justes et miséricordieux pour ceux qui n'en étaient que les aveugles instruments : nous dont les convictions religieuses ne poussent pas au prosélytisme, nous, dont la première religion est le respect de toutes les croyances, nous n'eussions pas pensé à les

(1) Voir l'Organisation militaire des Turcs.

inquiéter dans la leur, et nous croyons que la différence de religion entre les anciens et les nouveaux dominateurs eût été largement compensée par ce que l'administration française eût mis de douceur et de condescendance en place des odieuses exactions du système turc. Quoi qu'il en soit de ce système, rappelons-nous que, de l'aveu de tout le monde, la seule idée vraiment gouvernementale qui ait été émise sur l'Afrique, idée du reste incomplète et incomprise, a été empruntée à la constitution de ce pouvoir : c'est celle qui consistait à substituer le plus possible vis-à-vis des indigènes la forte organisation turque à l'impuissante organisation française. Il est à regretter que les conséquences de cette idée aient été paralysées dès l'origine, et que le système lui-même ait été complètement déshonoré par le choix déplorable des agents chargés de le réaliser.

Ce n'est qu'avec un sentiment d'amer regret et de découragement profond que nous avons comparé l'autorité mendiée et incertaine que nous avons sur le pays, à la position forte, à la souveraineté reconnue que nous devrions nous y être faites ; que nous avons jeté un coup d'œil rapide sur ce que nous sommes et sur ce que nous pourrions être ; sur ce que nous avons fait et sur ce qu'il nous eût été si facile de faire dans le principe ; sur ce que nous pourrions encore tenter. L'organisation nouvelle de la province de Constantine, qui est le commencement d'un retour au système dont nous parlons, pourrait nous faire espérer qu'on persévérera désormais dans la seule voie qui puisse nous conduire, en Afrique, à un résultat grand et digne de nous, si nous ne savions combien sont sérieux les obstacles qui s'opposent à ce que cet essai lui-même soit conduit à bien. Sans trop nous arrêter sur ceux qu'offre notre constitution gouvernementale elle-même, il faudrait que la France pût vouloir avec suite, avec persévérance, et elle ne le peut plus ; il faudrait qu'elle eût confiance dans l'avenir, et cette confiance lui manque ; il faudrait encore que nous pussions sortir de ces entraves de la routine dans lesquelles nous sommes engagés, et hors desquelles nous semblons croire qu'il n'y a pas de salut. Il faudrait qu'on voulût comprendre qu'une organisation, quelle qu'elle soit, n'est vraiment puissante que lorsqu'elle sait se plier avec intelligence dans un pays nouveau à des exigences nouvelles. Il faudrait qu'on ne crût point, dans quelque position qu'on se trouve placé, de quelque haute conception qu'on soit doué, que c'est en jetant un coup d'œil dédaigneux sur un pays qu'on aspire à quitter bientôt, que l'on acquiert la connaissance de ce pays. Ce n'est que par un travail nouveau que l'on apprend à connaître de nouvelles choses, à juger de nouveaux hommes. Il faudrait enfin que tous se missent à l'œuvre avec dévouement, avec ardeur, car l'œuvre est difficile ; et que chacun ne considérât pas sa position comme un état transitoire et de pis-aller. Devant d'aussi graves difficultés, notre découragement ne paraîtra pas sans motifs.

L'avenir réservé à notre colonie africaine nous paraît d'ailleurs écrit en toutes lettres dans l'histoire de l'occupation espagnole dans ces mêmes contrées. Comme la France, l'Espagne se montra forte et brillante au premier temps de la conquête, comme elle, elle échoua devant l'organisation : Mehedie, Tunis, Bone, Bougie, Oran, Mililla, Tetuan, Tanger, Ceuta, etc., etc., reçurent ses troupes victorieuses. La province d'Oran fut sillonnée par leurs pesantes colonnes; la ville de Tremecen les vit plusieurs fois dans ses murs ; mais cette invincible armée, qui avait subjugué une grande partie de l'Europe et battu les soldats de toutes les nations civilisées, ne put conquérir la souveraineté sur un pays défendu par des barbares. Trahis à Alger par les éléments, vaincus à Mostagan et au défilé de la Chair, les Espagnols durent se retirer dans leurs points militaires de la côte, attendant sans doute que le temps et l'action morale de leur civilisation sur les indigènes leur donnât une autorité qu'ils renoncèrent à établir par leurs armes. Ils crurent s'attacher invariablement à un sol qu'ils n'avaient pas conquis, en construisant sur quelques points isolés de magnifiques travaux, d'innombrables ouvrages. Mais le temps trompa leurs espérances, la civilisation dont la ville d'Oran, appelée alors la *Corte chica*, la petite cour, était le brillant foyer, ne séduisit point les barbares ; et à deux fois différentes les Espagnols ne furent point retenus sur le sol africain par leurs formidables fortifications, qu'ils abandonnèrent aussitôt que des circonstances sérieuses, menaçant la patrie sur le continent européen, vinrent détourner son attention de ses possessions d'Afrique. Pendant que l'Espagne, avec ses vaillants soldats, ses nombreuses armées, ses habiles généraux, désespérait d'établir sa domination dans ces contrées, deux aventuriers sans troupes, sans argent, sans moyens, avec leur seule audace et l'intelligence du pays, réussissaient dans cette grande entreprise et créaient une puissance nouvelle.

Bien que nous nous soyons plus spécialement proposé, dans l'ouvrage dont nous publions la première partie, l'étude du gouvernement et de l'organisation des Turcs, nous avons cru devoir remonter dans l'histoire du pays jusqu'à l'époque de l'invasion arabe. Nous avons trouvé d'abord des documents traditionnels sur les époques antérieures à l'établissement des Turcs, qui nous ont semblé curieux. Cette histoire, ensuite, nous a paru jeter quelque jour sur les origines de ces populations mélangées que nous connaissons sous la dénomination générale d'Arabes; si ces recherches et ces études étaient jugées dignes de quelque intérêt, nous nous empresserions de compléter les documents que nous possédons sur les pachas, les beys des autres provinces de la régence, sur leur organisation, et de remplir, dans une deuxième partie, le cadre que nous nous sommes tracé. Nous n'avons pas eu la prétention d'écrire une histoire du pays, nous nous proposons seulement de donner les croyances traditionnelles des Arabes sur cette histoire. Bien des fautes, bien des erreurs auront sans doute échappé à nos soins; privé des ressources qu'auraient pu nous offrir les bibliothèques de France, nous n'avons guère eu pour guides que les traditions populaires et quelquefois des *tariqrs* souvent mensongers et incomplets dans lesquels nous avons cherché à démêler la vérité au milieu des erreurs. Nous demandons indulgence à tous, certain de l'obtenir de ceux qui ont essayé de travailler par les Arabes, de ceux qui connaissent les difficultés de ce travail; d'ailleurs, n'aurions-nous fait qu'attirer un peu l'attention sur l'histoire du nord de l'Afrique encore si obscure et si intéressante pour nous, n'aurions-nous fait que donner à de plus capables quelques renseignements qui pussent servir de point de départ, nous aurions atteint le but que nous nous sommes proposé, et nous nous regarderions comme suffisamment récompensé de nos travaux. A défaut d'autres mérites, ils ont eu du moins celui de jeter quelque intérêt et quelques charmes sur les loisirs que nous ont laissés nos devoirs de soldat.

Ce n'est point pour nous donner des allures d'orientaliste que nous nous sommes permis quelques citations en arabe ; nous avouons humblement que nous n'avons que de bien faibles droits à ce titre honorable. Une longue fréquentation des indigènes nous a seule initié au *patois du pays ;* aussi, bien des expressions citées par nous pourront-elles effrayer les orientalistes de bon aloi : mais il nous a semblé que pour parler de nouveaux usages, de nouvelles habitudes, de nouveaux hommes, il fallait des expressions nouvelles. Nous ne dirons pas, suivant un dicton arabe (1) : La langue, c'est l'homme ; mais nous dirons avec plus de justesse et de vérité peut-être : La langue, c'est le peuple : ses habitudes, ses passions, ses vices, ses vertus, se reflètent dans son langage, et l'on peut dire généralement, nous le croyons, que celui qui ignore la langue d'un peuple ne connaît que bien imparfaitement ses mœurs et son caractère. Cette langue, d'ailleurs, commence à ne plus être un arcane qu'il n'était donné naguère qu'à quelques privilégiés d'exploiter à leur profit ; beaucoup de personnes qui ont

(1) تلفيط اللسان في تبعتانة الانسان
Telfith el-lessan fy teftanat el-ansan.
La langue est la pierre de touche de l'homme.

déjà passé par l'Afrique la parlent et l'entendent ; et n'eussions-nous fait que ramener à une orthographe plus régulière certains mots arabes devenus familiers à nos oreilles françaises, et étrangement défigurés dans une grande partie des ouvrages qui ont traité de l'Afrique, nous croirions encore avoir fait quelque chose d'utile.

Mostaganem, décembre 1838.

DE LA
DOMINATION TURQUE
DANS
L'ANCIENNE RÉGENCE D'ALGER.

DES PAYS DU MOGROB
AVANT L'ÉTABLISSEMENT DES TURCS.

PREMIÈRE ÉPOQUE.

PÉRIODE DE LA DOMINATION ARABE.

DE 645 A 1070 (J.-C.).

Obéissant à l'impulsion puissante que *Mohammed* sut imprimer à la nationalité arabe par son organisation à la fois politique et religieuse, les barbares de l'Orient, comme une mer débordée, s'élancèrent dans toutes les directions. Sous les califes successeurs du prophète, l'Afrique fut envahie, et les flots de ces populations guerrières soulevées contre l'Ouest arrivèrent jusque dans les pays du *Mogrob* (1).

Le premier nom dont la tradition ait gardé le souve-

---

(1) مغرب *Mogrob*, occident.

nir dans l'histoire de ces pays est celui d'*Oqba-ben-Nafe*, plus généralement connu par les Arabes Mogrebins sous le nom d'*Oqba-ben-Ouuamir*. Il fut envoyé par *Osman*, troisième calife de l'islamisme, pour ranger à la religion nouvelle, par le sabre et la conquête, les populations idolâtres et chrétiennes du couchant. Sous le califat d'*Osman* (23 hégire (1), 645 J.-C.), les armées musulmanes achevèrent de soumettre la Perse jusqu'à l'Oxus et aux frontières de l'Inde, et, par ses ordres, une autre armée, se portant du côté de l'Occident, dirigea sa marche le long des côtes d'Afrique, jusque vers les bords de l'Océan atlantique (2). *Oqba-ben-Ouuamir* partit de la Mecque à la tête d'une armée de quatre-vingt mille hommes, pénétrant dans le Greurb par les déserts de *Barca* : il arriva, plusieurs années après son départ, dans le pays de *Tunis*, où il jeta les fondements de la ville de *Cairouan* (3), aux lieux mêmes où il avait

(1) Voyez, à la fin du volume, la note A sur l'hégire.

(2) Quelques historiens prétendent qu'*Oqba* fut envoyé à la conquête du Mogrob par *Amrou*, après que ce général du calife *Omar* eut subjugué l'Égypte.

(3) Le nom de *Cairouan*, qu'il faudrait écrire *Querrouan*, viendrait, suivant les talcbs, du mot فَرّ *querr*, qui signifie en langage mogrebin *habiter dans une maison*; parce que les habitations de *Querrouan* furent les premières maisons dans lesquelles s'établirent (*querroua* فَرّوا), les Arabes de l'invasion. Cette ville fut fondée pour servir de retraite à leur armée, et pour renfermer les richesses et les trésors qu'ils y apportaient de toute la Barbarie. Marmol prétend que *quer* signifie, en langue *chellah*, victoire ; et que la ville que bâtit *Oqba* reçut d'abord le nom de *Quer*, en mémoire de la victoire qu'il remporta sur le patrice Grégoire ; et que plus tard elle fut nommée *Querrouan*, c'est-à-dire les deux victoires, en mémoire d'un second succès obtenu dans le même endroit par ses armes.

battu l'armée du *patrice Grégoire* ; après cette défaite, le patrice s'étant sauvé en Italie, laissa l'Afrique livrée sans défense aux mains des vainqueurs, qui en soumirent la plus grande partie.

Oqba traita avec l'empereur *Constantin*, qui abandonna l'intérieur aux Arabes, ne réservant à l'empire que les villes de la côte. Les indigènes, en recevant la loi du vainqueur, acceptèrent aussi, suivant *Ben-er-Requiq*, la religion du prophète, et pour cimenter la nouvelle alliance par des liens autres que ceux imposés par la conquête, *Oqba* favorisa de tout son pouvoir la fusion entre les Arabes et les habitants du pays par des mariages. Il fit épouser à ses lieutenants et à ses principaux officiers les filles des chefs ou princes des contrées qu'il avait soumises. *Rafa-ben-Harret* et *Abd-Allah-ben-Djaffer* se marièrent l'un avec la fille du prince de *Sour-Kelmitou* (1), l'autre avec *Zamina*, fille du chef qui gouvernait dans le *Zab*.

La femme d'Oqba, *Isma-bent-Iassir*, fut la compagne assidue de sa gloire et de ses travaux, pendant vingt-quatre ans qu'il resta dans le pays. Il avait soumis toute la partie

---

(1) *Sour-Kelmitou*, ville en ruines dans le pays des *Medjehar*, à une petite journée de marche au nord-nord-est de Mostaganem. Le docteur Shaw croit que ce sont les restes de *Lar-Castellum* de l'itinéraire d'*Antonin*. Les habitants du pays prétendent que du temps des guerres des *Moulouk-el-Arab* (princes arabes), cette ville fut prise d'assaut, détruite, et que tous les habitants furent passés au fil de l'épée ; de là le nom que portent maintenant ces ruines :

سُورْ كلّ موتَى كلّ ميتو Sour-Koul-Mouta, Koul-Mitou : *sour*, rempart ; et *koul-mouta*, *koul-mitou*, tous morts.

Il y a aux environs une source d'eau excellente, et un bois magnifique d'oliviers et d'amandiers.

orientale des régions du Mogrob lorsqu'il mourut dans le pays de *Zab*; il fut enterré dans un village qui conserva son nom; on y voit encore une mosquée appelée *Djoma-Sidi-el-Oqba*, et les habitants du Zab prétendent que le minaret tremble lorsqu'on prononce ces mots: « Tremble par la tête de Sidi-Oqba (1). » La grande mosquée de *Cairouan*, ancienne sépulture des rois de Tunis, fut aussi construite par *Oqba*.

Yezid, fils et successeur de *Moavia*, était mort, et *Abd-el-Melik-ben-Merouan*, le premier de la dynastie des *Moulouk-Merouaniins*, vainqueur de tous ses rivaux, venait de monter sur le trône des califes. Possesseur tranquille de l'empire, il songea à consolider sa puissance en Afrique, et y envoya des forces considérables sous le commandement de *Moussa-ben-Nacer*. *Moussa* acheva de conquérir toute l'Afrique occidentale, à l'exception de quelques villes de la côte, telles que *Ceuta*, ancienne capitale de l'Espagne transfrétane, *Tanger*, *Arzille*, etc., qui restèrent encore au pouvoir des Goths. *Abd-el-Melik*, pour récompenser son lieutenant, lui donna le titre d'*Emir-el-Mogrob*, prince de l'Afrique du couchant, et cette province cessa dès lors de relever du gouvernement de l'Égypte.

Les Maures et les Berbères, soumis et devenus musulmans, ne tardèrent pas à se mêler aux vainqueurs, demandant la guerre comme eux, afin de s'enrichir comme eux par la victoire. *Moussa* comprenant qu'il fallait, pour éviter toute occasion de révolte, occuper l'activité inquiète de ces populations belliqueuses, songea à les conduire à quelque guerre étrangère. Il tourna ses re-

(1) تزعزع بالراس سيدي عقبة *Tzaza bél-ras Sidi-Oqba.*

ards vers l'Espagne, cette belle contrée dont ils apercevaient les rivages et qui lui promettait, ainsi qu'à son armée, une abondante moisson de richesses et de gloire.

Tout semblait devoir concourir au succès de *Moussa* dans la péninsule. Le Goth *Vitiza* venait de mourir, et *Ruderic* ou *Rodrigue*, comte de Cordoue, dont le père avait été mutilé par les ordres de *Vitiza*, s'était emparé du trône d'Espagne. Les fils de *Vitiza*, craignant la vengeance du nouveau roi, passèrent en Afrique, et vinrent demander asile au comte *Julien*, leur parent par alliance, gouverneur de *Ceuta*, des places de la Tingitane, et ancien chef de la garde du roi leur père. *Julien*, craignant d'être enveloppé dans la proscription prononcée par *Ruderic* contre les parents de son prédécesseur, embrassa avec chaleur le parti des princes fugitifs (1), et sous le prétexte de les replacer sur le trône, et peut-être avec l'intention secrète de s'en saisir lui-même, il résolut d'avoir recours à l'alliance des Arabes et de les faire passer en Espagne.

Dès qu'il eut formé ce projet, il se rendit auprès de *Moussa*, lui offrant de l'aider de tous ses moyens s'il voulait franchir le détroit. Il lui promettait comme gage de la sincérité de son alliance la remise des places occupées encore par les Goths en Afrique. *Moussa* se hâta d'informer le calife des propositions de *Julien*, et *Walid*,

---

(1) M. Joseph Conde, dans sa savante histoire de la domination des Arabes en Espagne, dont presque tous les documents ont été pris dans les originaux arabes de la bibliothèque de l'Escurial, prétend que la chronique composée par ordre du roi Alphonse le Sage (*el Sabio*, le savant), et qui attribue la révolte du comte Julien aux violences exercées par Ruderic sur sa fille, n'est qu'une fiction arabe dont le fond a été pris dans les romances qui couraient le pays à cette époque.

confiant dans sa fortune et dans l'avenir promis par le prophète à la religion de l'*Islam*, autorisa *Moussa* à entreprendre cette importante conquête. Celui-ci choisit pour mettre à la tête de ses soldats *Tarik-ben-Zeyad*, dont il avait pu apprécier le courage et les talents dans les guerres du Mogrob, et pour sonder les dispositions des Espagnols, il l'envoya à la tête de cinq cents cavaliers faire une incursion sur leurs terres. *Tarik* partit l'an 91 de l'hégire (710 J.-C.), accompagné du comte Julien. Il parcourut la côte sans obstacles, poussa sa reconnaissance jusqu'à *Cadix*, et revint à *Ceuta* chargé de butin.

L'année suivante, les préparatifs d'invasion étant terminés, *Tarik* s'embarqua au mois de redjeb avec une armée de douze mille hommes ; il vint aborder à un endroit de la côte où se trouve, non loin du rivage, une petite île appelée alors *Djezira-el-Kradra* (1). C'est là que fut bâtie plus tard la ville d'*El-Djezira*, *Algesiras*. *Tarik* se retrancha au pied du mont *Calpé*, qui fut appelé *Djebel Tarik* (2), *Gibraltar*. La pointe du rocher qui s'avance dans la mer reçut le nom de *Bab-el-Fethha*, la porte de la Victoire (3), et le détroit lui-même prit celui de *Bab-es-Sekek* (4), la porte des Chemins.

Cette première entrée des Arabes en Espagne, dans laquelle ils n'eurent à combattre qu'un faible corps de troupes commandé par le neveu de Rodrigue, *Inigo Sanchez*, qui fut tué dans le combat, a reçu d'eux le nom de

---

(1) جزيرة الخضراء *Djezira-el-Kradra*, l'île Verte.
(2) جبل طريق *Djebel-Tarik*, la montagne de Tarik.
(3) باب الفتحا *Bab-el-Fethha*, la porte de la Victoire.
(4) باب السكك *Bab-es-Sekek*, la porte des Chemins.

victoire de l'*Andalousie* (1). Cette victoire fut suivie quelques mois après par celle bien autrement importante l'*Ouadalète*. Les barbares du Nord et ceux du Midi, les Goths et les Arabes se rencontrèrent dans la plaine que traverse cette rivière, à deux lieues de *Cadix*, non loin de l'endroit où fut bâtie plus tard *Xérès de la Frontera*: le vieux *Ruderic* y perdit la vie, et avec lui tomba la puissante monarchie des *Goths*. Fondée par la conquête, elle avait sous sa domination tous les pays compris entre la Méditerranée, le détroit de Gibraltar, les Pyrénées et l'Océan ; pendant plus de deux siècles elle avait cherché à consolider sa puissance, et elle finit en un jour par le sort des armes ; une seule bataille livra l'Espagne aux Arabes, il a fallu huit cents ans pour la leur arracher. Les dépouilles du dernier roi des *Goths* furent envoyées par *Tarik* à l'émir du *Mogrob* ; mais celui-ci, jaloux de la gloire de son lieutenant et des richesses qu'allaient lui procurer ses victoires, résolut de passer sans délai en Espagne, revendiquant pour lui, comme chef, une conquête dont il avait laissé les premières difficultés à *Tarik*. Dix-huit mille hommes, Arabes ou Berbères, le suivirent (93 hég. 712 J.-C.). Heureusement pour les musulmans, les dissensions de leurs chefs ne nuisirent point aux succès de leurs armes ; la victoire leur fut si constamment fidèle, qu'en moins de quatorze mois ils assujettirent presque toute cette contrée, si long-temps rebelle à la domination des *Romains* et des *Goths*. Il ne resta bientôt plus aux chrétiens que les montagnes des *Asturies*, où quelques hommes généreux se retirèrent pour conserver leur indépendance. C'est au sein de ces

---

(1) غلبة الاندلس *Greulbat-el-Andeless*, la victoire d'Andalousie.

monts, au milieu des ruines encore fumantes de l'Espagne, que *Pélage* devait jeter les germes d'une monarchie nouvelle, et c'est de là que ses successeurs devaient partir pour reconquérir la liberté à leur patrie.

Cependant les mésintelligences de *Moussa* et de *Tarik* croissaient avec les succès de leurs armes : le calife *Walid* craignant qu'elles ne finissent par devenir funestes à l'islamisme, rappela à *Damas* ces deux fiers rivaux de gloire et de renommée. *Moussa*, en partant, laissa à *Tanger*, avec le titre d'*Émir-el-Mogrob*, son second fils, *Abd-el-Ola*; son troisième fils, *Mérouan*, fut établi à *Cairouan*; l'aîné, *Abd-el-Aziz*, resta au commandement provisoire de l'Espagne. Arrivé à Alexandrie, *Moussa* apprit que le calife était dangereusement malade. *Soliman*, frère et héritier présomptif de Walid, lui écrivait : que la maladie ne laissant aucun espoir de guérison, il le priait de ne rentrer à *Damas* que lorsqu'il aurait été proclamé calife. *Soliman* voulait s'emparer des riches présents dont il savait que *Moussa* était porteur; mais celui-ci, sans égard pour cet avis, entra dans la capitale de la *Syrie* cinq jours avant la mort de *Walid*. Le calife *Soliman* n'oublia point la désobéissance de *Moussa*; il l'exila dans le fond de l'Arabie, fit déposer ses enfants des gouvernements de *Cairouan*, de *Tanger* et d'*Espagne*; et *Izid*, nommé *émir du Mogrob*, alla remplacer à lui seul *Abd-el-Ola* et *Mérouan*.

Soliman ne régna que deux ans et huit mois; à sa mort, *Omar II*, son cousin, monta sur le trône des califes, et *Izid*, confirmé dans son gouvernement de l'Afrique, reçut la mission de surveiller les affaires d'Espagne. Le nouveau calife continua le siége de *Constantinople*, commencé sous *Soliman*, et donna l'ordre au gouverneur de l'Égypte et à l'émir d'Afrique d'envoyer à son général *Mérouan*, occupé au siége, des secours en hommes et en approvisionnements. *Izid* équipa dans les ports du *Mogrob* une flotte considérable ; mais en se rendant à Constantinople, elle fut attaquée par l'armée navale de l'empereur *Léon*, qui la battit, lui brûla plusieurs navires, et *Mérouan* fut obligé de lever le siége. Ses vaisseaux étaient à peine sortis du canal de Constantinople, qu'ils furent assaillis par une violente tempête et presque entièrement détruits. *Omar* mourut après cet échec, et son frère, *Izid II ben-Abd-el-Melik*, lui succéda. Le gouverneur d'Afrique *Izid* avait établi son siége à *Cairouan* ; sa domination sur les régions du Mogrob fut longue et paisible ; il n'eut à réprimer que quelques révoltes partielles des Berbères et des Maures, et mourut l'an 126 hég. 743 J.-C. Ce fut à cette époque, sous le califat du successeur d'*Izid II*, *Hakem-ben-Abd-el-Melik*, son frère, qu'eut lieu le brillant épisode où l'histoire d'Espagne se rattache d'une manière si glorieuse pour la France à notre histoire, l'expédition de l'émir *Abd-er-Rahman*. Le bras de *Charles Martel* arrêta, dans les plaines de Tours, les Arabes vainqueurs, qui menaçaient d'aller planter l'étendard de l'Islam sur les rivages de la Baltique, et de s'étendre sur toute l'Europe (115 hég. 733 J.-C.).

Après la mort de l'émir du Mogrob, les pays qui avaient été soumis à son autorité devinrent le théâtre de grands troubles. Un homme qui avait été un des lieutenants de l'émir d'Espagne, et auquel on donne le surnom d'*Abd-ech-Chith* (1), se souleva contre le fils d'*Izid*.

---

(1) Le nom d'Abd-ech-Chith عبد الشيط, qu'on donne à l'auteur de cette audacieuse révolte, paraît n'être qu'un surnom : c'est une

Il rassembla tous les mécontents, auxquels se joignirent les Berbères, toujours prêts à prendre les armes, s'empara du *Mogrob*, à l'exception de *Cairouan*, dont il ne put se rendre maitre, passa le détroit, et soumit une partie de l'Espagne. Orgueilleux de ces brillants et rapides succès, il prit le titre d'*Émir-el-Mselemin* (2), et se déclara indépendant du calife. *Walid*, fils et successeur de *Hakem-ben-Abd-el-Melik*, qui régnait alors à Damas, pour réprimer cette révolte ambitieuse, fit partir des ports d'Alexandrie une flotte qu'il confia à *Raduan*, leva une armée en *Égypte*, et l'envoya dans le *Mogrob*, sous le commandement d'*Oqba*. *Abd-ech-Chith* se porta en toute hâte au-devant de ce dernier : les deux armées se rencontrèrent près de *Tripoli* du couchant (2). Après un long combat, *Abd-ech-Chith*, vaincu, fut tué dans la mêlée, et son fils *Abd-el-Hedi* se sauva dans les montagnes avec les débris de l'armée. Cette victoire fit rentrer toute la partie orientale de l'Afrique sous l'autorité du calife, et *Oqba* rétablit comme émir du Mogrob le fils d'*Izid*, qui s'était maintenu dans *Cairouan*.

Après avoir pacifié les pays révoltés, *Oqba* reçut le titre d'émir d'Espagne ; mais il n'eut pas plus tôt passé le détroit que les espérances des Berbères se relevèrent, et

abréviation d'Abd-ech-Chithan, عبد الشيطان serviteur du démon. C'est dans le même sens que nous disons en français, en parlant d'un homme d'audace et d'exécution : C'est un démon. Cette dénomination est encore en usage avec cette signification parmi les Arabes africains.

(1) أمير المسلمين *Émir-el-Mselemin*, prince des musulmans. Ce fut le titre que prirent plus tard les émirs Almoravides.

(2) طرابلس الغرب *Trabouless-el-Greurb*, Tripoli du couchant, Tripoli de Barbarie.

qu'une nouvelle insurrection éclata. L'émir d'Afrique marcha contre eux en personne, et fut tué dans une bataille qu'il livra à *Abd-el-Hedi*. *Hantala*, un de ses lieutenants, avait été désigné par lui, avant sa mort, pour le remplacer. Le calife de *Syrie* et l'émir *d'Égypte* envoyèrent de puissants renforts au nouveau gouverneur du Mogrob, pour qu'il pût enfin étouffer la révolte. *Hantala* ayant rassemblé toutes ses forces, crut pouvoir attaquer les Berbères avec succès; mais, après une lutte longue et sanglante, ceux-ci remportèrent une victoire signalée, et l'émir fut obligé de se renfermer dans les villes fortes de la côte. Les Syriens et les Égyptiens, conduits par *Taleb-ben-Salema* et par *Balegr-ben-Takir*, furent poussés par les vainqueurs jusqu'à la mer et rejetés en Espagne, où ils vinrent compliquer, par de nouvelles ambitions, la situation critique de ce malheureux pays.

L'Espagne se trouva alors divisée en quatre factions principales, se disputant en armes le pouvoir : la faction des *Iemanis*, ou Arabes de l'*Iémen*, auxquels se rattachaient les premiers Arabes de la conquête; celle des *Syriens*, celle des *Égyptiens* et celle des *Alabdariz*, composée de tous les Africains maures et berbères. Les émirs se succédaient rapidement, songeant peu au bien général : ils ne cherchaient, au milieu de l'anarchie, qu'à se maintenir au pouvoir et à fortifier leur parti. Le remède à toutes ces dissensions ne pouvait venir que de l'émir d'Afrique ou du calife lui-même; mais les révoltes sans cesse renaissantes des Berbères exigeaient toute la fermeté et tout le courage d'*Hantala*, et laissaient trop peu de temps au gouverneur de cette province pour qu'il pût s'occuper activement des affaires d'Espagne. L'Orient, travaillé par les complots et les sanglants débats de l'usurpation, venait de voir les *Abassides* arriver au trône des califes après la ruine des enfants d'*Omeya*. Le nouveau souverain, encore mal assis sur ce trône chancelant, était trop occupé de ses propres dangers pour songer librement à ce qui se passait au-delà des mers. Dans ce concours de circonstances difficiles, quelques hommes sages et influents, appartenant aux diverses races arabes qui se partageaient l'Espagne, se réunirent secrètement à Cordoue, pour essayer de conjurer la ruine qui menaçait leur patrie adoptive : pour faire taire toutes les ambitions, pour imposer silence à tous les partis, il fallait un homme d'énergie qui leur fût resté étranger à tous; ils le trouvèrent dans *Abd-er-Rahman*, petit-fils de *Hakem-ben-Abd-el-Mélik*, dixième calife de la race d'*Omeya*.

Après la mort tragique du dernier des *Moulouk-Mérouaniins*, *Mérouan-ben-Mohammed*, tous les descendants des *Omeyas* furent mis à mort par les ordres de l'usurpateur *Azefah-ben-Abbas*; un seul, le plus jeune des petits-fils de *Hakem*, parvint à s'échapper miraculeusement, et après avoir erré long-temps en *Syrie*, en *Égypte*, dans les déserts de *Barca*, poursuivi partout par la haine implacable d'*Azefah*, il avait enfin trouvé un asile chez les *Zenètes* de *Tahar*(1), à quatre journées de marche dans l'est de *Tremecen*. C'est là que les députés de l'Espagne vinrent le trouver pour lui offrir le pouvoir au nom de tous les musulmans qui s'intéressaient à la gloire et au bonheur de leur nouvelle patrie. *Abd-er-Rahman*, fort et

---

(1) Appelée طرار *Therar* par les Arabes mogrebins. C'est une ville ruinée où se trouvent encore quelques nouails ou chaumières de Berbères, qu'on prétend appartenir aux Zenètes.

glorieux du choix des Andalous, accepta l'offre d'une puissance qu'il lui fallait conquérir ; il passa le détroit suivi de mille cavaliers de la tribu des *Zenètes*, et alla fonder le royaume de Cordoue (140 hég. 757 J.-C.). Il fut la tige des Ommiades d'Occident, dont huit califes régnèrent pendant plus de deux cent cinquante ans sur l'Espagne, et l'enlevèrent pour toujours à la suzeraineté des califes de *Damas*. Les *Abassides* essayèrent vainement à diverses reprises de reconquérir l'autorité, plutôt nominative que réelle, que la dynastie des *Ommiades* d'Orient avait exercée sur l'Espagne. Par ordre du calife de *Damas*, *Ali-ben-Mogueith*, émir d'Afrique, successeur d'*Hantala*, passa la mer pour essayer d'y faire reconnaître l'autorité des enfants d'*Abbas* ; tous ses efforts furent inutiles, et la tête de l'émir vaincu alla prouver dans *Cairouan* combien était déjà redoutable la puissance d'*Abd-er-Rahman*.

Plus tard, les expéditions entreprises par *Abd-Allah-el-Kelebi*, et *Abd-el-Grafer*, oualis de l'ouest (1), envoyés par l'émir d'Afrique *Abd-er-Rahman-ben-Habib*, successeur d'*Ali-ben-Mogueith*, à l'instigation du calife d'Orient, n'eurent pas plus de succès. *Abd-er-Rahman*, qui prit le titre de calife de Cordoue, et mérita le surnom d'*El-Mançour* (2), le Victorieux, put établir solidement sa dynastie en Espagne par un long et glorieux règne (trente-un ans arabiques).

Pendant que les émirs d'Afrique faisaient de vains efforts pour ressaisir sur l'Espagne la suprématie qui

---

(1) والي *Ouali*, gouverneur.

(2) المنصور *El-Mançour*, le victorieux ; c'est de cette qualification que nous avons fait le nom propre *Almanzor*.

leur avait échappé, les pays du Mogrob eux-mêmes, déchirés par les guerres interminables des Berbères, semblaient sur le point de secouer le joug des Arabes dominateurs. Pendant vingt-sept ans (depuis 768 jusqu'en 795 J.-C.), les indigènes révoltés, ayant à leur tête les Zenètes africains, luttèrent avec opiniâtreté, et souvent avec succès, pour reconquérir leur indépendance. Ils s'emparèrent à deux reprises différentes de *Constantine*, dont ils mirent à mort le gouverneur, se répandirent dans toute la partie orientale du Mogrob, dont ils se rendirent maîtres, et ne furent arrêtés que par les forces nombreuses que l'émir d'Égypte leur opposa ; ils furent battus ; et trop faibles ou trop désunis pour résister à une défaite sérieuse, ils furent refoulés dans les déserts.

Mais ces longs désordres avaient éveillé toutes les ambitions, et des idées d'émancipation et d'indépendance avaient germé au milieu de tous ces chefs qu'avait élevés l'anarchie ; non seulement il n'y eut plus d'émir titulaire du Mogrob, chaque petit cheik réclamant pour lui et s'attribuant ce titre ; mais la puissance temporelle du calife lui-même ne fut plus reconnue ; il ne fut plus considéré que comme le pontife suprême, le chef de la religion ; et l'Afrique arabe de l'Occident, fractionnée en une multitude de petits états indépendants, dont les chefs s'entre-déchiraient, ne pensant qu'à affermir l'usurpation de leurs petits pouvoirs, devint incapable de toute grande entreprise, et s'interdit par sa division toute action au-delà du détroit.

Du milieu de ces petites principautés éphémères sortirent néanmoins deux puissances qui jetèrent de profondes racines dans le pays ; celle des *Idrissites*, établie par *Idris-ben-Abd-Allah* de la race d'*Ali*, et celle des *Aglabites*, dont *Ibrahim-ben-Aglab*, de la race d'*Abbas*, fut le fondateur. Les chefs de ces deux nouvelles dynasties ne se contentèrent point du titre d'émir, ils prirent celui de calife, et le vaste empire qui avait reconnu jadis l'autorité unique du *successeur* de *Mohammed*, se trouva à cette époque divisé en cinq parties, reconnaissant chacune l'autorité indépendante d'un calife. Il y eut un calife à *Bagdad* (1), un au *Caire*, un en *Espagne*, et deux en *Afrique*. La maison d'*Idris* établit son siége à *Fez*, et celle d'*Ibrahim-ben-Aglab* à Cairouan.

Après la chute des *Ommiades*, *Idris-ben-Abd-Allah*, de la maison d'*Ali*, avait fui l'Asie pour échapper aux persécutions des *Abassides*. Il s'était réfugié dans l'ancienne *Mauritanie tingitane*, à *Tiulit* (2), dans la montagne de *Saraon*. Se disant descendant de *Mohammed* par *Fatime*, il ne tarda pas à exercer une grande influence religieuse sur les populations qui l'avaient accueilli : elles le révérèrent d'abord comme un saint et lui obéirent ensuite comme à leur prince. C'est *Idris-ben-Abd-Allah* qui jeta les premiers fondements du royaume de *Fez*. Il mourut l'année 177 (793 J.-C.), avant d'avoir pu mettre la dernière main à son œuvre : il fut empoisonné, disent les chroniques, avec un flacon d'essence qui lui fut remis de la part du calife de Bagdad. Il mourut sans postérité, mais il laissait enceinte sa femme *Kethira*, fille de l'Arabe *Telik*.

(1) Les Abassides avaient transporté le siége du califat de Damas à Coufa, et ensuite à Bagdad, qui fut fondée par le deuxième calife de cette dynastie. C'est pour cela que les Ommiades, qui résidèrent à Damas, sont appelés califes de Syrie, et les Abassides califes de Bagdad.

(2) *Tiulit*, capitale de la province romaine Volubile (Fez), sur le plateau de la montagne Saraon, Zahron, Zarahanum (Marmol).

Reschid (1), qui avait été l'ami et le ministre d'*Idris*, eut assez d'influence sur les esprits pour retarder l'élection d'un nouveau prince jusqu'à l'accouchement de *Kethira*, qui mit au monde un enfant mâle. Cet enfant fut placé sous la tutelle de *Reschid* jusqu'à l'âge de douze ans, et, à cette époque, il fut proclamé calife de *Fez*, sous le nom d'*Idris-ben-Idris*.

El-Hakem, calife de Cordoue, petit-fils d'*Abd-er-Rahman-el-Mançour*, lui envoya des ambassadeurs pour le reconnaître, le complimenter et faire avec lui un traité d'alliance défensive contre les nouveaux califes d'Orient et d'Égypte. *Idris-ben-Idris*, continuant l'œuvre de son père, donna une capitale à son royaume, dont il affermit et agrandit la puissance ; il commença les constructions de la ville de *Fez* sur un terrain qu'il acheta à la tribu des *Zenètes*. *Fez*, disent les Arabes, tire son nom de la rivière qui coule sous ses murs, et qui était appelée *Ouad-Fezza*, la rivière d'argent. Cette même rivière était aussi connue sous le nom d'*Ouad-Djouhrat*, la rivière des Perles (2). La ville de Fez fut fondée en 191 hég. 807 J. C.

Huit mille Arabes, exilés de Cordoue par *Hakem Ier*, à la suite d'une révolte, vinrent demander à *Idris-ben-Idris* un asile dans sa nouvelle ville : ces réfugiés peuplèrent le quartier qu'on appelle encore aujourd'hui le *faubourg des Andalous* (3).

La dynastie des *Idris* gouverna pendant plus de cent

---

(1) رشيد *Reschid* semblerait n'être qu'un surnom donné au ministre d'Idris. *Reschid* signifie le Justicier, celui qui aime la Justice.

(2) واد فضّة *Ouad-Fezza*, واد جوهر *Ouad-Djouhrat*.

(3) حومة الاندلس *Houmat-el-Andeles*.

trente ans tout le pays connu des Arabes sous le nom de *Greurb-el-Djouani*, *Greurb-el-Aqci* (1), qui s'étendait jusqu'à *Tremecen*. Les deux Mauritanies furent même pendant un certain temps comprises sous sa domination; mais la partie du *Mogrob* qui reconnut l'autorité des califes de cette maison sembla abdiquer tout rôle principal à l'extérieur. Nous ne la voyons apparaître au dehors de l'Afrique que comme satellite de la puissance des califes d'Espagne, dans laquelle elle finit plus tard par être absorbée. Satisfaits de conserver la paix dans leurs états et d'user au dehors l'activité inquiète des populations africaines, les *Idris* se bornèrent à envoyer à diverses reprises des secours assez considérables aux califes de Cordoue contre la chrétienté (2).

En 219 hég. (834 J.-C.), *Idris*, petit-fils d'*Idris-ben-Abd-Allah*, troisième calife *Idrissite*, envoya une armée à *Abd-er-Rahman II*, calife de Cordoue, contre *Ramire*, roi des *Asturies*. Enrichi des dépouilles de l'Espagne, il bâtit, en 226 (840 J.-C.), la partie de la ville située à l'ouest de la rivière de Fez, et jeta les fondations de la mosquée de cette ville, la plus grande et la plus belle de toute l'*Afrique*.

En 245 (859 J.-C.), une nombreuse armée d'Africains passe le détroit pour venir au secours de *Mohammed Ier*, calife de Cordoue, cinquième calife *Ommiade* de l'Espagne. Les Africains débarquent à *Gibraltar*, font

(1) غرب الجواني *Greurb-el-Djouani*, غرب الاقصي *Greurb-el-Aqci*.

(2) Ces incursions contre la chrétienté, ces espèces de croisades sont appelées par les auteurs arabes غازية *grazia*, mot à présent presque français.

jonction à Cordoue avec l'armée des Arabes espagnols, et s'avancent sur les bords du Tage contre les forces d'*Ordogne I*er, roi des *Asturies*. Les chrétiens sont battus après un grand combat, et les Africains repassent la mer chargés de butin, emportant comme trophée les têtes des principaux chefs de l'armée d'*Ordogne* tués dans la bataille.

De 276 à 308 (889 à 920 J.-C.), il y eut de fréquents envois de troupes africaines en Espagne. En 302 (914 J.-C.), *Mohammed-Motaref*, gouverneur de *Ceuta*, *Ben-Ioussef* et *Aguaya*, principaux *oualis* du *Mogrob-el-Aqci*, sont envoyés par les *Idris* de Fez au secours d'*Abder-Rahman III*, calife de Cordoue, contre *Ordogne II*, *Froïla* et *Alphonse IV*, roi de *Léon*.

Pendant ce temps, la puissance fondée à *Cairouan* par la maison d'*Aglab* s'affermissait, prospérait à l'intérieur, et jetait à l'extérieur un brillant éclat. Dans le sud, elle étendait son empire jusqu'au pays des Nègres. A l'extérieur, les califes de cette dynastie s'emparaient de la *Sicile*, d'une partie de la *Toscane*, du royaume de *Naples*, et fondaient à quelques lieues de *Cairouan* la ville de *Raqueda*, qui, par ses monuments et ses universités, rivalisa bientôt d'importance avec *Bagdad*.

En 219 (834 J.-C.), le calife de *Cairouan* s'empare de *Civita-Vecchia*, pousse jusqu'à *Rome*, dont il pille un des faubourgs, et retourne en Afrique chargé de butin.

En 226 (840 J.-C.), sous le pontificat de *Léon IV*, une nouvelle incursion est tentée par les Africains : ils s'emparent d'*Ostie*; mais, battus, ils ne se retirent que pour reparaître en 251 (865 J.-C.), sous le pontificat de *Jean VIII*. Alors ils ravagent la *Pouille*, la *Calabre*, une partie des côtes d'*Italie*, viennent mettre le siége devant

Capoue, et ne cessent leurs dévastations qu'aux approches d'une armée envoyée contre eux par *Bazile*, empereur de *Constantinople*. Vers la fin du troisième siècle et le commencement du quatrième de l'hégire, tous les efforts des califes de *Cairouan* pèsent sur l'*Italie*. En 308 (920 J.-C.), ils profitent des divisions des princes de cette contrée, font des courses depuis le *Tibre* jusqu'à la *Pescare*, et depuis *Tules* jusqu'au cap d'*Otrante*; ils s'emparent de la ville de *Bénévent*, et parviennent à établir leur autorité en *Italie*.

Enfin, en 323 (935 J.-C.), *Abd-Allah*, dernier calife de *Cairouan*, de la maison d'*Aglab*, fait sortir des ports de la *Sicile* et de l'*Afrique* une flotte considérable, et vient mettre le siége devant *Gênes*. Il s'en empare après une longue résistance, fait main-basse sur tous les habitants qui avaient pris les armes, et traîne le reste en esclavage.

Ce fut vers cette époque que commença à être troublée la paix dont l'*Afrique* avait joui sous les califes de la maison d'*Idris* à l'occident, et sous ceux de la maison d'*Aglab* à l'orient. Du côté de *Fez*, les animosités des indigènes contre les anciens dominateurs se réveillent; les Berbères prennent les armes contre les Arabes et contre les *Idris*. Une tribu des *Zenètes*, les *Beni-Mequinçça*, secouent le joug des califes, fondent une principauté indépendante, dont ils établissent le siége dans l'ancienne *Silda*, à douze lieues de *Fez*, au pied de l'Atlas. Cette ville reçoit d'eux le nom de *Mequinez*. A la même époque, un marabout (1), *Quemin-ben-Menal*, se soulève sur la frontière du *Maroc*, dans l'ancienne province de *Te-*

---

(1) Voir, à la fin du volume, la note B, sur les marabouts.

mecen (1) : il prêche l'insurrection aux peuples de cette province, en leur persuadant de refuser l'obéissance et l'impôt aux descendants de la maison d'*Idris*. Il se donne pour prophète, prétend avoir été envoyé pour délivrer les peuples de la tyrannie des *Idrissites*; ses prédications, son caractère de sainteté, lui attirèrent toutes les populations de cette province, et bientôt il se sentit assez puissant pour déclarer la guerre au calife de Fez lui-même. Occupé à combattre l'insurrection des *Zenètes*, le calife dut céder à la nécessité; il fut contraint de faire la paix avec *Quemin* et de reconnaître son usurpation. Cette principauté de *Temecen* fut dès lors placée en dehors de l'autorité des califes de Fez, et conserva son indépendance jusqu'au règne de *Ioussef-ben-Taschefin*, le premier des *émirs Almoravides*.

Alors parut aussi, dans la partie occidentale du *Mogrob*, un homme destiné à jeter en *Afrique*, et surtout en *Égypte*, les fondements d'une dynastie puissante. Ce fut *Abou-Mohammed-Obeïd-Allah* le *Fatimite*. Comme tous ceux qui ont voulu exploiter au profit de leur ambition le fanatisme religieux de ces peuples, *Abou-Mohammed* se fit d'abord passer pour marabout et pour prophète. Il prétendait descendre d'*Ali* et de *Fatime*, fille de *Mohammed* en ligne directe, et assurait une victoire facile par la force de ses *djedouels* (2)

___

(1) Le nouvel état de *Sidi-Hescham*, fondé en 1810 par *Hescham*, fils du chérif *Ahmed-ben-Moussa*, se compose du pays de *Sous*, et d'une partie de cette ancienne principauté de Temecen.

(2) Voir, à la fin du volume, la note C, sur les *djedouels, heurz, talasman*, etc. Mohammed-Obeïd-Allah ordonnait à ses partisans de faire usage d'armes revêtues de légendes qu'il désignait lui-même; leur promettant, par ce moyen, la victoire. El-Bouni a laissé une des in-

ceux qui auraient foi en sa mission. Une foule de mécontents et de fanatiques se réunit autour de lui, et il se jeta sur les provinces qui reconnaissaient l'autorité des Idris; aidé par les troubles suscités de ce côté par *Quenin-ben-Menal* et les *Zenètes-beni-Mequineça*, il parvint à se rendre maître de *Ceuta*, *Tanger*, *Arzile*, et de plusieurs autres villes de la *Tingitane*. Les *Idris*, trop faibles pour résister à la fois à *Obeïd-Allah* et à *Moussa-ben-Oussafia-el-Berberi*, qui s'était donné le titre d'*émir* de *Mequinez*, implorèrent l'assistance des *Ommiades d'Espagne*, et *Abd-er-Rahman III*, calife de *Cordoue*, se hâta de secourir par ses armes ses anciens alliés.

Constamment refoulés dans la péninsule hispanique, où la chrétienté et l'islamisme avaient lutté comme en champ clos pendant plus de trois siècles, les Arabes d'*Espagne* paraissaient avoir renoncé à tout agrandissement du côté des Pyrénées. Ils saisirent avec empressement un nouveau théâtre pour de nouveaux combats; et les ca-

---

scriptions qui se trouve le plus communément sur les armes des Fatimites : Ce sont ces paroles tirées de la XXXVI° sourate du Coran, qui porte le nom de IS. يس .

انا جعلنا في اعناقهم اغلالاً فهي إلى الاذقان فهم مقمحون * و جعلنا من بين ايديهم سدا و من خلفهم سدا فاغشيناهم فهم لا يبصرون * و سوا عليهم انذرتهم ام لم تنذرهم لا يومنون

« Nous avons mis à leur cou une chaîne qui les enveloppe jusqu'à la barbe, et ils sont inclinés vers la terre. Nous avons mis devant et derrière eux une barrière. Un voile les enveloppe, ils ne sauraient voir. Soit que tu leur prêches la parole divine, soit que tu gardes le silence, ils demeureront incrédules. »

lifes de *Cordoue* sacrifiant le soin d'affermir leur puissance en Espagne au stérile honneur de faire dire la prière en leur nom dans les mosquées de *Fez* et de *Tremecen*, envoyèrent successivement l'élite de leurs guerriers au-delà du détroit. Avant que *Djaffer-ben-Osman*, *ouali* de *Mayorque*, qui commandait les premières troupes de secours envoyées par *Abd-er-Rahman*, n'arrivât devant *Fez*, l'émir de *Mequinez* s'était déjà rendu maître de la ville, et en avait chassé *Iahya-ben-Idris*, le huitième *calife* de sa dynastie. L'émir de *Mequinez*, *Moussa-ben-Oussafia-el-Berberi*, menacé à son tour dans *Fez* par *Obeïd-Allah*, fit alliance avec les Arabes *espagnols*, et le *Fatimite*, chassé de *Tanger*, *Ceuta*, *Arzile*, et des autres villes dont il s'était emparé dans cette partie du *Mogrob*, abandonna le pays aux *Espagnols*, qui y établirent aussitôt de fortes garnisons pour protéger le passage de leurs armées d'*Espagne*. *Abd-er-Rahman* fut proclamé dans *Fez* prince des *croyants*, défenseur de la religion d'*Allah* (1).

Chassé de l'ouest, *Abou-Mohammed-Obeïd-Allah* passa dans la partie orientale de la *Barbarie*, s'annonçant comme l'*Imam el-Mohdi*, l'imam directeur (2) attendu par les *Schyytes*, qui doit venir réunir tous les hommes dans une même religion. Il prêche une croisade contre les *Abassides* de la maison d'*Aglab*, qu'il appelle hérétiques. Il fonde sur la côte, à quelques lieues de *Cairouan*, une ville à laquelle il donne le nom de *Mehedie*,

(1) امير المومنين النصر الدين الله *Emir-el-Moumenin-el-Nacer-el-din-Allah* : Prince des croyants, défenseur de la religion d'Allah.

(2) الامام المهدي *el-Imam el-Mohdi*. Voir la note D à la fin du volume.

et qui fut plus tard appelée *Africa*. Arrêté un instant dans ses succès par un autre marabout nommé *Bajazet* et surnommé par dérision le *Chevalier de l'âne* (1), il le défait dans une bataille où ce dernier perd la vie. L'imam s'empare alors de *Cairouan*, en chasse le dernier des *Aglab*, et jette dans cette partie de l'*Afrique* les fondements de la puissance des *califes fatimites*, qui devaient plus tard soumettre l'*Egypte* entière à leur domination et donner quinze *soudans* à cette contrée.

Le protectorat d'*Abd-er-Rahman* en faveur des *Idris* ne tarda pas à devenir une véritable souveraineté; vainement les partisans des *Idris*, effrayés des secours intéressés du calife de *Cordoue*, voulurent-ils se rapprocher des *Fatimites*, les *oualis* d'*Abderame* le firent proclamer souverain dans *Fez*, *Tahar*, etc., et le dernier des *Idrissites*, réduit au rôle d'un ouali subalterne, finit par s'exiler d'un pays où ses ancêtres avaient été souverains, et par se retirer en Espagne. *Tremecen* fut emporté de vive force sur les *Fatimites*. Le dôme de sa grande mosquée fut réparé aux frais du calife de *Cordoue*, qui, pour faire oublier en quelque sorte son usurpation, fit placer sur le comble de l'édifice l'épée d'*Idris-ben-Idris*, fondateur de *Fez*, rendant ainsi hommage à la mémoire de celui dont il venait de dépouiller les descendants (343 hég. 954 J.-C.).

Le pays qui obéissait autrefois aux émirs du Mogrob se trouva divisé de nouveau en deux parties. L'héritage

---

(1) صاحب الحمر *Sahab-el-hmar*, le maître de l'âne. Les *Morebins* prétendent que c'est de cette époque que date l'usage de faire promener sur un âne les faux marabouts.

des califes de *Cairouan*, la *Feriquia* proprement dite (1), demeura aux successeurs d'*Abou-Mohammed-Obeïd-Allah*, et celui de la maison d'*Idris*, formé de ce qu'on appelait le *Mogrob-el-Aqci*, le couchant éloigné, fut réuni au califat de Cordoue. Quant à la zône que nous possédons, et qui portait le nom de *Mogrob-el-Ousth*, le couchant du milieu, elle fut toujours englobée, soit en tout, soit en partie, dans les états de l'est ou dans les états de l'ouest, suivant que ces états furent successivement les plus forts ou les plus faibles. Mais dans les limites que nous assignons à ces états, non seulement un grand nombre de tribus arabes et berbères demeurèrent constamment insoumises, mais de petites principautés restèrent encore indépendantes, telles que celles de *Mequinez* dans l'ouest, et, pendant quelque temps, celle de *Bougie* dans l'est.

Cependant la paix ne dura pas long-temps entre les deux puissances qui se partageaient la domination de l'*Afrique* : un prétexte frivole en apparence, mais funeste par ses résultats, devint une source féconde de sanglantes guerres. Un navire sorti du port de *Séville* captura, près de la *Sicile*, un bâtiment africain sur lequel se trouvait un messager que le calife de *Cairouan*,

---

(1) Le nom de *Feriquia* وريفية s'appliquait autrefois à Tunis seulement (cette ville l'a du reste encore conservé); le mot *feriquia*, disent les Mogrebins, vient de la racine *fereq* فرق, séparer, parce que Tunis était le point de séparation du *Cheurq* et du *Mogrob*, مغرب شرق, de l'orient et de l'occident. Tunis était aussi appelé pour la même raison بلاد الوسط, le pays du milieu, *Be'ad-el-Ousth*. *Mouallaquat*, موعلقة, et plus tard le nom de *Feriquia*, fut donné à toute la partie du *Mogrob*, depuis l'Égypte jusqu'à Bougie.

Abd-Allah, fils d'*Abou-Mohammed-el-Mohdi*, envoyait au gouverneur qu'il avait dans cette ile. *Abd-Allah*, informé de la prise de ce navire, fait sortir de ses ports une flotte à laquelle le gouverneur de la Sicile reçut l'ordre de joindre ses bâtiments. Les flottes combinées entrèrent dans le port d'*Almerie* et brûlèrent tous les navires qui s'y trouvaient. *Abd-er-Rahman*, pour venger cette injure, lève dans ses provinces du *Mogrob* un corps de vingt-cinq mille cavaliers d'élite, commandé par *Ahmed-ben-Saïd*. *Ahmed*, à la tête de sa cavalerie, pénètre dans la *Feriquia*, bat les Africains, vient mettre le siége devant *Tunis*, et rentre en *Espagne* chargé de dépouilles et de richesses, après avoir frappé la ville d'une contribution considérable.

Après cette violente agression, le calife de *Cairouan* conçut contre celui de *Cordoue* de terribles ressentiments; mais comme *Abd-er-Rahman*, peu occupé en *Espagne* par les chrétiens, entretenait en Afrique des forces considérables, il dissimula ses désirs de vengeance, attendant du temps une occasion favorable.

Il crut l'avoir trouvée, lorsqu'en 349 (960 J.-C.) *Abd-er-Rahman*, ayant pris le parti de *Sanche*, roi de *Léon*, contre l'usurpateur *Ordogne IV*, fut obligé de retirer d'Afrique une partie de ses troupes. Le calife de *Cairouan* se hâta de mettre une armée sur pied et la confia à un de ses meilleurs généraux, *Djewar-er-Roumi* (1), avec l'ordre d'envahir le *Mogrob-el-Aqci*. *Djali-ben-Mohammed*, gouverneur de cette province pour *Abd-er-*

---

(1) Djewar-l'Italien, رومي Roumi : c'est le nom donné par les auteurs arabes aux Italiens. Djewar avait commandé en Sicile.

Rahman, apprenant que *Djewar* était sorti de *Cairouan* à la tête d'un corps nombreux de cavalerie, se mit aussitôt en mesure de repousser l'agression ; les deux armées se rencontrèrent dans les environs de *Tremecen*, et s'y livrèrent une bataille long-temps disputée. La victoire se rangea du côté de *Djewar-er-Roumi*, et le lieutenant d'*Abd-er-Rahman* fut tué dans le combat ; son fils, recueillant avec peine les débris de l'armée, se dirigea vers *Tanger*. *Djewar-er-Roumi* ne se borna pas à ce premier succès : il s'empara successivement de *Sigilmesse*, et de *Fez* qui ne l'arrêta que pendant treize jours. La chute de *Fez* entraîna la reddition de toutes les places du *Mogrob*, à l'exception de *Ceuta*, *Tremecen* et *Tanger*, dont le vainqueur n'osa entreprendre les siéges. Ces rapides et glorieuses conquêtes du calife de *Cairouan* s'effacèrent bientôt devant les armes du vieux *Abd-er-Rahman*. Pour venger sa défaite, il fit passer le détroit à un corps nombreux de sa belle cavalerie andalouse; en peu de mois, tout le pays fut reconquis, *Fez* emportée de vive force, toutes les villes soumises, les troupes africaines presque entièrement détruites, et le nom d'*Abd-er-Rahman*, *Emir-el-Moumenin-el-Nacer-el-din-Allah*, de nouveau proclamé aux acclamations générales du peuple. Ces mémorables événements signalèrent les dernières années de la vie glorieuse d'*Abd-er-Rahman* : il mourut dans la soixante-douzième année de son âge; il avait occupé le califat d'Occident pendant cinquante ans arabiques.

Les califes fatimites de *Cairouan* ne songèrent plus après cette défaite à inquiéter les califes de Cordoue dans leurs possessions du *Mogrob*. Ils tournèrent leurs armes contre l'*Egypte*, que *Moez Daula*, arrière-petit-fils d'*Abou-*

Mohammed-Obeïd-Allah, parvint à réunir à la *Feriquia*, en 362 (972 J.-C.).

Les provinces espagnoles du Mogrob, après ces différentes luttes, semblaient devoir se reposer des secousses profondes qu'elles avaient éprouvées, et jouir de la paix qui régnait au-delà du détroit; mais elles furent encore troublées par les passions inquiètes des ambitieux et des mécontents; sous le règne d'*El-Hakem*, fils et successeur d'*Abd-er-Rahman*, ces provinces faillirent échapper à la dépendance des califes de Cordoue.

Hassan-ben-Kenouss, qui tenait à la famille des *Idris*, était ouali du *Mogrob* pour le calife. Il avait pacifié toutes les provinces et gouvernait paisiblement tous les pays soumis à son administration, lorsque *Balkin-ben-Zeiri*, chef de la tribu de *Zanaga* (1), rassembla autour de lui une nombreuse armée de Berbères, et se jeta à l'improviste sur la partie occidentale du Mogrob. Tous les gouverneurs qui voulurent s'opposer à sa marche furent battus, et pendant trois années consécutives, ses armes victorieuses semblèrent devoir arracher l'Afrique à ses dominateurs. Cependant, n'espérant point, seul, pouvoir maintenir son indépendance à l'aide de ses propres forces, il fit des ouvertures à *Hassan-ben-Kenouss*, et celui-ci, oubliant ses devoirs et ses serments, s'unit à lui pour secouer ouvertement le joug de l'Espagne dans toutes les provinces qui lui obéissaient encore. *Balkin* se déclara indépendant pour toutes celles qu'il avait conquises.

---

(1) Les *Zanagas* occupent encore à présent tout le pays compris entre l'ancienne province de *Sous*, actuellement les états de *Sidi-Hescham*, et le *Sénégal*.

Justement irrité de la trahison d'*Hassan*, le calife *El-Hakem* envoya une puissante armée contre le rebelle et son allié *Balkin*. Il en confia le commandement à *Saïb-Garouba*, surnommé *El-Graleb* (1), officier plein d'expérience et de courage. Aussitôt arrivé en Afrique, Saïb releva par des victoires l'honneur des armes andalouses.

El-Hassan s'était retiré dans un château situé sur une montagne élevée, et appelé le Château des Aigles (2) ; mais poursuivi bientôt par *Saïb* jusque dans cette retraite, le révolté ne trouva de salut que dans la fuite. Il se réfugia précipitamment en *Egypte*, laissant son allié Balkin seul en présence du vainqueur. Le *cheik* des *Zanagas* fut bientôt expulsé, et *Graleb*, maître de Fez, réunit sous l'autorité d'*El-Hakem* toutes les provinces du *Mogrob*.

Cependant, l'année suivante, *Hikem II*, calife de *Cordoue*, successeur de *Hakem II*, ou plutôt son ministre tout-puissant, *Mohammed-ben-Abi-Amer*, surnommé *El-Mançour* (Almanzor), ayant proclamé l'*el-djehad* (3) en *Espagne*, *Balkin-ben-Zeiri* des *Zanagas* profita de la circonstance pour reparaître dans les possessions espagnoles du *Mogrob*, et appeler les populations berbères à la révolte. *Mohammed-ben-Abi-Amer*, tout entier à la guerre sainte, pour ne pas être troublé dans ses projets, et ne point diviser ses forces, fut contraint de traiter avec *Baïkin* et de légitimer ainsi cette rébellion. Mais

(1) الغالب *El-Graleb*, le vainqueur.

(2) قلعة النسور La forteresse des Aigles.

(3) الجهاد *El-djehad*, la guerre sainte, la guerre *contre les chrétiens*.

Hassan-ben-Kenouss, qui, retiré en *Egypte*, avait passé quelques années dans cette contrée, sans songer à recouvrer son autorité, sentit aussi son ambition se réveiller. Il reparut dans le *Mogrob*, où il s'était ménagé de secrètes intelligences; aidé des secours que lui fournit son allié Balkin, il battit complètement *Omar*, que *Mohammed-el-Mançour* avait envoyé au secours des provinces d'Afrique. *Abd-el-Melik*, fils de *Mohammed*, fut chargé d'aller venger cette défaite. Il passa le détroit avec de nouvelles forces, battit *Hassan* et s'empara de sa personne; *Hassan*, envoyé en *Espagne*, fut décapité à *Tarifa* (375 hég. 985 J.-C.).

Après ce rapide succès, *Abd-el-Melik* retourna à *Cordoue*, laissant pour achever la pacification des provinces *Zeiri-ben-Atia*, cheik principal de la tribu des *Zenètes*, avec le titre de *ouali* du *Mogrob*. Ce chef, à la tête des *Zenètes* et de la cavalerie andalouse, refoula au-delà de l'*Atlas*, *Mançour*, fils et successeur de *Balkin*, qui continuait la révolte. Il pacifia toute l'Afrique occidentale, et se rendit maître de la province de *Zab*. Mais, enorgueilli de ses succès, le titre de *ouali* ne satisfit plus son ambition, et il travailla à affermir sa puissance avec l'intention secrète de la rendre indépendante. Il ne tarda pas à lever le masque; bientôt, tous les gouverneurs de provinces nommés par *Abd-el-Melik* furent changés et remplacés par ses partisans. Le nom du calife de *Cordoue* cessa d'être prononcé dans les mosquées, et les actes du gouvernement ne firent plus mention du puissant ministre *Mohammed-el-Mançour*. Celui-ci résolut de tirer une prompte vengeance de la conduite de *Zeiri*. Il se transporta en personne à *Algésiras*, et fit passer de nouveau en Afrique son fils avec une nombreuse cavalerie

(387 hég. 997 J.-C.). Après quelques alternatives de succès et de revers, *Abd-el-Melik* parvint à joindre *Zeiri* sur les frontières de la province de *Tanger*. Les deux partis se livrèrent une sanglante bataille, et la victoire se déclara encore pour le fils de *Mohammed-el-Mançour*. *Zeiri*, grièvement blessé, se retira au fond des déserts avec sa famille, et *Abd-el-Melik*, en récompense de sa victoire, reçut le titre d'*Émir-el-Mogrob*. Mais, rappelé bientôt en Espagne pour y occuper le poste que son père, *Mohammed-el-Mançour*, laissait en mourant, il céda sa place et son titre à *Alman-ben-Zeiri*, fils du rebelle, dont il avait dompté la révolte, et qui venait d'être nommé cheik des Zenètes, après la mort de son père. Pour garanties de la fidélité et du dévouement que lui jurait le nouvel *émir*, il emmena avec lui à *Cordoue* son fils *El-Mançour*; précaution sage, mais inutile, car *Alman* ne trompa point la confiance d'*Abd-el-Melik*; il se maintint dans l'obéissance et paya régulièrement, tous les ans, les subsides en armes, en chevaux et en argent, qu'il s'était engagé à fournir à l'*Espagne* (393 hég. 1002 J.-C.).

Cependant *Caïm*, calife de *Cairouan*, avait transporté en 388 (998 J.-C.) le siége du califat de l'Est dans ses nouvelles possessions d'Égypte, et choisi le *Caire* pour capitale de son empire agrandi; il avait laissé pour gouverner dans *Cairouan* le *ouali* berbère *Abou-el-Hagech* des *Zanagas*. Celui-ci profitant de l'éloignement de *Caïm* et des guerres qu'il soutenait en *Égypte* contre le calife d'*Orient*, souleva tout le pays et se déclara indépendant. *Caïm*, voyant que ses possessions du *Mogrob* lui échappaient et qu'il ne pourrait de long-temps les ressaisir, ses armées étant occupées ailleurs, voulut du moins se venger du rebelle. Il fit publier dans les trois *Arabies* qu'il donnerait un dinar d'or et le libre passage sur les terres d'*Egypte* à tout cavalier armé qui voudrait passer en *Afrique*, à la seule condition qu'il jurât de faire la guerre à *Abou-el-Hagech*. Aussitôt une multitude d'aventuriers sans aveu traversèrent les déserts de Barca. *Ben-er-Requiq*, contemporain de cette émigration, dit qu'ils étaient plus de cinquante mille combattants, suivis d'un million de personnes (1), pillant et dévastant tout sur leur passage ; ils saccagèrent *Tripoli*, *Cabes*, etc. De là ils passèrent à *Cairouan*, dont ils se rendirent maîtres après un siège de huit mois, et firent mourir *Abou-el-Hagech* dans de cruels supplices. Les enfants du rebelle parvinrent à éviter par la fuite la mort qui les menaçait; l'un d'eux se sauva à *Tunis*, l'autre à *Boudjaia* (Bougie), où il fonda une principauté indépendante. Il fut la souche de la dynastie des *Beni-Hamad*, dont neuf princes se succédèrent sans interruption jusqu'à *Yahya-ben-Abd-el-Aziz-Billah*, qui fut dépouillé de sa principauté par *Abd-el-Moumen* l'*Almohade* et emmené par lui à *Maroc*, après la prise de *Bougie*.

La ville de *Cairouan* fut détruite de fond en comble par les Arabes envahisseurs, trois cent quarante-sept ans après avoir été fondée (392 hég. 1001 J.-C.). Elle ne fut relevée de ses ruines que sous la domination des *Almohades*. Ces Arabes, auxquels vinrent se joindre tous ceux de

---

(1) Les Mogrebins établissent une grande différence entre les Arabes de l'invasion, et ceux qui vinrent en Afrique dans les diverses migrations qui suivirent la conquête : les premiers sont *djouad* جواد, nobles; les autres ne le sont pas. Ce titre est du reste fort contesté ; toutes les tribus arabes se l'attribuent en le refusant aux autres. *Djouad* signifie aussi coursier.

l'ouest, sur lesquels pesait l'autorité du Berbère *Zeiri*, désolèrent l'Afrique de l'occident à l'orient par les guerres longues et sanglantes qu'ils eurent à soutenir contre les tribus *berbères* des *Zanagas* et des *Zenètes*; et les factions sans nombre qui divisèrent alors l'Afrique en mille petits états indépendants, préparèrent le triomphe des *Lamptunes Almoravides*.

D'un autre côté, l'Espagne, après la mort d'*Abd-el-Melik*, fatiguée par ses guerres intestines, laissait échapper de lassitude la souveraineté qu'elle s'était acquise au prix de tant de combats et de victoires sur les pays du *Mogrob-el-Aqci*. *Abd-er-Rahman*, second fils de Mohammed-el-Mançour, avait succédé à son frère *Abd-el-Melik* dans l'importante charge d'*hadjib* (premier ministre). Oubliant la modération du grand *Mohammed*, son ambition ne se contenta plus d'avoir de fait la puissance souveraine, il voulut y joindre aussi le titre, et avec lui les honneurs que les peuples accordent à cette puissance. Abusant de l'ascendant qu'il avait acquis sur l'esprit du faible *Hikem*, il le força à le désigner pour son successeur au califat. *Hikem* n'avait pas d'enfants; mais les membres nombreux de la famille d'*Omeya* voyant leurs droits méconnus au profit d'un étranger, exprimèrent hautement leur indignation : ils ne voulurent pas sanctionner par l'obéissance l'usurpation d'un homme n'ayant ni la haute capacité ni le mérite qui peuvent légitimer quelquefois les tentatives d'un usurpateur; ils coururent aux armes : ainsi commencèrent les factions des *Ommiades* et des *Alameris* (1); de là ces interminables guerres, dans

---

(1) *El-Ameris*, les partisans d'Amer, du nom de *Mohammed-ben-Abi-Amer*, père d'Abd-er-Rahman.

lesquelles *Abd-er-Rahman* ne tarda pas à trouver la peine de sa folle ambition, dans lesquelles finit par s'éteindre la dynastie d'*Omeya*, et avec elle le califat d'Occident ; guerres qui n'aboutirent enfin qu'au déchirement de l'*Espagne* et au démembrement du beau royaume de Cordoue.

DES PAYS DU MOGROB

AVANT L'ÉTABLISSEMENT DES TURCS.

DEUXIÈME ÉPOQUE.

PÉRIODE DE LA DOMINATION BERBÈRE.

DE 1070 A 1500 (J.-C.).

Pendant que la *péninsule hispanique* était ainsi déchirée par ses dissensions intestines, il s'élevait, au-delà de la chaîne *Atlantique*, dans les déserts de l'ancienne *Gétulie*, un homme qui devait reconstituer un jour et ramener à l'unité les éléments alors dissidents de la puissance musulmane, tant en *Espagne* qu'en *Afrique*, et étayer de sa main puissante l'édifice de leur empire, prêt à crouler. Cet homme était le Berbère *Ioussef-ben-Taschefin*, de la tribu de Zanaga.

Les *Lamptunes*, fraction de cette grande tribu à laquelle appartenait *Ioussef*, bien qu'ils eussent accepté avec les premiers conquérants la religion de l'*Islam*, étaient restés presque entièrement étrangers à l'intelligence de sa morale et de ses dogmes, soit par indifférence, soit à cause de l'éloignement où ils se trouvaient de tout centre de lumières où l'on eût pu leur en expliquer la doctrine, lorsque arriva parmi eux *Abd-Allah-*

ben-Yasim, marabout de *Suz*, renommé par sa science et sa sainteté. *Abd-Allah*, homme intelligent et habile, expliquant les préceptes d'une religion qui prescrit le prosélytisme par la conquête, réveilla sans peine l'instinct guerrier endormi au sein de ces populations incultes et grossières, et profitant habilement de l'enthousiasme qu'avait excité au milieu d'elles une foi vivifiée et rajeunie, les poussa contre quelques tribus berbères des environs, qui, restées fidèles à leurs anciennes croyances, n'avaient pas encore rendu témoignage (1). Dans la ferveur d'une conviction nouvelle, les *Lamptunes* supportèrent avec constance et dévouement des peines et des fatigues inouïes pour le triomphe de leur foi. Atteints dans leurs âpres retraites, les Berbères montagnards acceptèrent la religion du prophète guerrier ; ce fut alors, et pour les récompenser du courage dont ils avaient fait preuve, qu'*Abd-Allah* les appela les *hommes de Dieu*, *Al-Morabith* (2), et leur promit prophétiquement la victoire et la conquête des pays du Mogrob sur les musulmans dégénérés. En effet, *Abd-Allah* avait compris tout le parti qu'on pouvait tirer de l'enthousiasme de ces nouveaux convertis : il ne tarda pas à les conduire au-delà du désert, et passa avec eux l'*Atlas*. La prise de *Sigilmesse* et de tout le pays de *Darah* fut le fruit de ses premières victoires ; les vainqueurs vinrent poser leurs tentes dans le *Sahel*, entre la montagne et la mer, au milieu des plaines d'*Agmat*, et

---

(1) Rendre témoignage, c'est réciter la formule fondamentale de l'islam : *La-Allah-ila-Allah ; Mohammed ressoul Allah*,

لا الله إلا الله محمد رسول الله

(2) المرابطين *Al-Morablin*, المرابط *Al-Morabit*. C'est de là que nous avons fait d'abord Al-Morabites, et ensuite Almoravides.

ls occupèrent la petite ville de ce nom. Quelque temps après, *Abd-Allah* mourut, et laissa à *Abou-Beker-ben-Omar* le soin de diriger la régénération religieuse qu'il vait commencée. *Abou-Beker* se montra à la hauteur de cette mission difficile (460 hég. 1068 J.-C.). Il assit solidement son pouvoir dans le pays par la douceur et l'ascendant de l'opinion, aussi bien que par la force des armes. La ville d'*Agmat* devint un centre où vinrent se réunir de tous côtés les populations attirées par la réputation de justice et par le renom de sainteté des *Almoravides*. Le nombre des prosélytes devint si considérable, qu'il fallut songer à fonder une nouvelle ville, à donner une capitale à un nouvel empire. *Abou-Beker* choisit pour la bâtir une plaine vaste et fertile, appelée dans le pays *Eylana*. Mais au moment d'en commencer les constructions, ceux des *Lamptunes* qui étaient restés au-delà de l'*Atlas* se voyant menacés de guerre par leurs voisins, réclamèrent l'assistance de leur *cheik*, et *Abou-Beker* sacrifiant son empire naissant aux exigences de son ancienne patrie, reprit le chemin du désert, laissant, pour continuer son œuvre en son absence, *Ioussef-ben-Taschefin*, qui s'était déjà fait connaître dans les dernières guerres des *Lamptunes* contre les Berbères.

Ioussef n'appartenait pas à une grande famille chez les *Lamptunes*, il ne dut qu'à son mérite reconnu et à l'estime dont il jouissait auprès des siens l'honneur d'être choisi pour continuer la mission difficile de conquérant religieux, si bien commencée par *Abd-Allah* et par *Abou-Beker*. Né de parents pauvres, il ne pouvait prétendre à cette haute faveur. Son père était potier, et allait de tribu en tribu vendre les ouvrages d'argile produits de son industrie. Un jour, disent les chroniques arabes, qu'il était en route, accompagné de sa femme, *Ioussef*, encore jeune, étant porté sur le dos de sa mère, suivant l'usage du pays, un essaim d'abeilles vint s'abattre sur lui. Les parents virent dans ce fait extraordinaire un signe dont ils voulurent avoir l'explication. Arrivés dans la tribu la plus prochaine, ils racontèrent à un *taleb* l'aventure arrivée à leur fils, lui demandant ce que pouvait présager ce bizarre événement. Le *taleb* leur répondit que ce signe était une manifestation éclatante de la volonté du ciel; que leur fils était appelé à de grandes destinées; que les abeilles, membres dispersés d'une nombreuse famille, qui étaient venus se rassembler sur lui, étaient les parties divisées d'un vaste empire qui devaient se réunir entre ses mains; grand parmi les puissants de la terre, qu'il commanderait du levant au couchant, et que sa puissance serait longue et glorieuse. En effet, *Ioussef* acquit en grandissant toutes les qualités qui devaient réaliser un aussi brillant horoscope, et que les hommes aiment à trouver chez ceux qui sont appelés à les commander. *Ioussef* était brave, entreprenant, généreux, et dès qu'il se vit dans une position élevée, il se montra prévenant et affable, quoique grave et austère dans son maintien; simple de mœurs et de manières, quoique libéral et magnifique lorsque les circonstances l'exigeaient; en un mot, il avait tous les avantages brillants et solides qui parlent à la multitude et commandent l'enthousiasme des masses; aussi ne tarda-t-il pas à s'attirer de nombreux partisans parmi les populations agglomérées dans le pays d'*Agmat*. Pour assurer son autorité, qui n'était que provisoire, mais qu'il méditait dès lors de rendre définitive, il résolut de la sanctionner par la gloire des armes. Il commença donc par porter la guerre chez quelques tribus arabes des environs, encore insoumises, auxquelles il ne tarda pas à faire accepter ses lois. Après ce triomphe facile, il médita l'envahissement de l'ancien héritage des Idris, du royaume de Fez. Il fit un appel à toutes les tribus qui reconnaissaient son autorité, et la réputation de sa sagesse s'était si rapidement répandue au dehors, ou bien la lassitude des populations travaillées par l'anarchie était telle, qu'elles accoururent de tous côtés à la voix d'un homme qui semblait devoir faire taire toutes les ambitions dont le pays était déchiré. Plus de quatre-vingt mille cavaliers armés répondirent à son appel. C'est à la tête de cette formidable masse de cavalerie qu'il envahit comme un ouragan la province de Fez. Il s'empara de la capitale, après avoir battu près de la montagne d'*Honegui*, à douze lieues de *Mequinez*, les descendants de *Zeiri*, qui y commandaient, indépendants de l'*Espagne*. De là, il pousse jusqu'à *Tremecen* (1), d'où il chasse les *Zenètes*; il se rend maître de toute la province de ce nom jusqu'à *Beni-Mezegrenna* (Alger), et retourne triomphant dans

(1) Les Mogrebins prétendent que c'est depuis *Ioussef-ben-Taschefin* que cette ville reçut le nom de *Tlemecen*; elle s'appelait auparavant *Djiddar* جيدّار. *Djiddar* est du reste le nom général qu'ils donnent à toutes les villes existant avant l'invasion arabe. *Telem-san* تلم-سان, comme l'écrivent les Arabes, signifie, disent-ils (assemblez-vous ici), lieu de rendez-vous en langue *chellah*. C'est là que *Ioussef* réunit son armée, après avoir poussé jusqu'à la ville de *Beni-Mezegrenna*. *Tlemecen* devint si considérable sous le long règne de Ioussef, qu'un auteur africain, au dire des *talebs*, prétend qu'elle comptait alors plus de seize mille maisons habitées, et qu'il s'y faisait en *tibbar* (poudre d'or), esclaves, musc, civette, ambre gris, etc., le plus riche commerce de toute l'Afrique.

le pays d'*Agmat* commencer les constructions de sa capitale projetée, à laquelle il donna plus tard le nom de *Meur-quech*(1), *Maroquech*, dont nous avons fait Maroc.

A cette époque, *Abou-Beker* ayant apaisé les différends survenus chez les *Lamptunes*, reprenait le chemin du *Tell* (2). Il eut bientôt connaissance des brillants exploits et des conquêtes nombreuses de *Ioussef*. Trop faible pour vouloir disputer par les armes un empire que *Ioussef* avait du reste conquis presque en entier, il céda à l'opinion, et fut assez sage pour renoncer à toutes ses prétentions; désirant cependant voir, avant de partir, l'heureux conquérant, il lui fit demander une entrevue : elle eut lieu

(1) La manière dont les Arabes du Mogrob expliquent le nom donné par *Ioussef* à la ville qu'il faisait bâtir, a du moins le mérite de l'originalité, si elle n'a pas celui de la vraisemblance : *Ioussef* pressait lui-même les travaux, et ne dédaignait pas de travailler de sa propre main à la construction de la grande mosquée. Un jour qu'il se reposait en jouant aux échecs avec son visir, un *fakir* arabe de mauvaise humeur, qui avait sans doute à se plaindre de lui, s'approcha, et lui dit : *Morr* (مرّ morr, amer), de même que la bouche rejette l'amertume, de même toi *Morr* ou tes descendants serez rejetés dans peu du sein de cette ville qui s'élève. Au même instant le visir, qui avait profité de la distraction de son maître, rappela son attention au jeu par le mot *quèch* فش, échec et mat. Alors *Ioussef* se retournant vers le bourru derviche, lui dit en riant : Je ne changerais pas mon nom pour celui que tu veux me donner, et que je ne mérite point ; mais je le donnerai à la ville que je bâtis, et en mémoire de ta prédiction et de la partie que *Djaffer* (Giafar) vient de me gagner par surprise, je l'appellerai *Morr-Quèch* مرّفش.

(2) طلّ *Tell*, terres hautes ; c'est le nom donné par les Arabes à la zone cultivable qui s'étend le long de la Méditerranée, et que nous appelons Barbarie.

ntre *Agmat* et *Fez* dans un bois qui fut appelé depuis le *ois du Bernouss* (1), parce que *Ioussef* y étendit son manteau, en guise de tapis, pour faire asseoir celui qui avait été son maître. *Abou-Beker* le complimenta sur ses victoires, lui dit qu'il n'avait quitté ses déserts que pour venir applaudir à la gloire de son élève, l'honneur et le plus ferme soutien des *Almoravides*; que pour lui, sa tâche était accomplie, qu'il ne demandait plus que le repos et une vie paisible au sein de sa tribu. Après cette entrevue, *Abou-Beker* partit en effet, chargé des présents de *Ioussef*, très-satisfait lui-même de voir son usurpation aussi facilement légitimée.

Exempt d'inquiétude pour tous les pays du *Mogrob-el-Aqci* qu'il avait entièrement pacifiés et soumis à son autorité, maître de *Ceuta* et des villes de la côte, *Ioussef* porta ses armes dans l'est, faisant partout une guerre implacable aux Arabes rebelles à sa domination. Ce fut en vain que les anciens vainqueurs essayèrent de repousser un joug qui leur paraissait lourd à supporter, imposé par ceux que leurs ancêtres avaient autrefois subjugués; vainement ils se débattirent sous la main puissante du *Berbère*, ils durent ou reconnaître ses lois ou aller vivre sous celles des califes fatimites, car bientôt les seules frontières de l'*Égypte* furent les limites de sa puissance. Il s'empara de *Bougie* et de *Tunis*, où commandaient les descendants d'*Abou-el-Hadjech*; mais comme ils étaient Berbères et de la tribu de *Zanaga*, *Ioussef*, vainqueur, se contenta de les rendre vassaux et tributaires, et il les laissa dans leurs principautés. Après ces

---

1) زنبوج *Zenboudj-el-Bernouss*. Zenboudj se dit plus spécialement d'un bosquet d'oliviers sauvages.

brillantes conquêtes, il rentra victorieux dans sa capitale de *Maroc* et s'y fit proclamer prince des musulmans, défenseur de la religion (1).

Cependant, à la suite de ses querelles intestines, l'Espagne s'était divisée en une multitude de petits états indépendants : *Séville*, *Tolède*, *Grenade*, *Badajoz*, *Merida*, *Almerie*, etc., avaient chacune leur souverain particulier. Séparés en divers camps par les intérêts de leurs divers chefs, les musulmans d'Espagne semblaient oublier qu'ils habitaient un pays conquis, et qu'en s'affaiblissant par leurs divisions ils se mettaient, pour ainsi dire, à la discrétion de leurs ennemis. Malgré les efforts de quelques hommes prudents qui travaillaient à tarir les sources de la discorde, malgré les leçons sévères de l'expérience, ils s'abandonnaient à tous les excès de l'esprit de parti, comme s'ils n'avaient eu d'autres ennemis qu'eux-mêmes. Les chrétiens de la péninsule, bien qu'ils eussent été longtemps saisis du même vertige, voyaient enfin leurs armes réunies sous le même drapeau. La *Castille*, la *Galice* et le *Léon* obéissaient à *Alphonse VI*, dit le Brave. *Alphonse*, se hâtant de mettre à profit les dissensions des musulmans, s'était rendu maître de *Tolède*, *Madrid*, *Maqueda*, *Quadalaxara*, et il menaçait le royaume de *Cordoue*, lorsque *Mohammed-ben-Abd*, ramené à la prudence par le sentiment de ses propres dangers, convoqua en congrès les rois de *Grenade*, d'*Almerie* et de *Badajoz*. Il y fut arrêté que pour s'opposer aux progrès rapides et effrayants des chrétiens on appellerait à l'aide de l'Espagne le dominateur de l'Afrique, *Ioussef-ben-Taschefin*.

(1) الأمير المسلمين النَّصْرُ الدين *El-Emir-el-Mselemin-el-Nacer-el-din* : Prince des musulmans, défenseur de la religion.

La paix régnait sur tous les points du grand empire de *Ioussef*. Conquis par ses armes, organisés par sa sagesse, tous les pays, depuis l'*Atlas* et les limites du désert jusqu'à la *Méditerranée* et à l'*Océan*, avaient reconnu ses lois, lorsque les députés de *Mohammed* vinrent lui faire entendre les cris de détresse des musulmans de la péninsule. Séduit par l'espoir de joindre à ses vastes conquêtes celle d'un pays dont les *Arabes* racontaient tant de merveilles, plutôt que par le désir de venir au secours de ses coreligionnaires, le conquérant du Mogrob promit de passer la mer, mais il exigea d'abord la concession de la forte place d'Algésiras pour rester toujours maître du passage (479 hég. 1086 J.-C.).

Ayant donc pourvu aux affaires de l'Afrique, il rassembla de tous les points de ses possessions une multitude de soldats, et se disposa à franchir le détroit. Les chroniques arabes prétendent que, renouvelant dans un but utile ce qu'un des Césars avait fait jadis dans un accès de folie (1), il fit jeter, de la pointe d'*Afrique* à *Bab-el-Fethha*, un pont pour faire passer son innombrable cavalerie.

Alphonse, aidé des secours de *Sanche*, roi de *Navarre* et d'*Aragon*, voulut en vain opposer une digue à ce nouveau débordement des barbares. Vaincu à *Zalaca*, il se retira en toute hâte à *Tolède* (480 hég. 1087 J.-C.).

Heureusement pour l'*Espagne* chrétienne que le départ de *Ioussef*, rappelé en *Afrique* par la mort de son fils, à qui il en avait confié le commandement, permit au roi

---

(1) On sait que Caïus César, surnommé Caligula, fit jeter un pont sur le golfe de Baïa, depuis Baïes jusqu'à Pouzzoles (une lieue un quart), pour se donner le plaisir de galoper sur la mer.

de *Léon* de trouver dans son génie actif des ressources pour faire face à l'orage. Pour comprimer les ambitions turbulentes, les rivalités jalouses de tous ces rois de l'*Andalousie*, il fallait une volonté forte, énergique, et une main puissante. A peine *Ioussef* fut-il parti que la discorde se mit de nouveau parmi eux; ils se séparèrent de *Syr-ben-Abou-Beker*, qui commandait l'armée des *Almoravides*; *Alphonse* reprit sur eux quelques avantages. Ce furent sans doute ces petites passions sans cesse irritables, ces susceptibilités sans cesse renaissantes, qui déterminèrent *Ioussef* à se hâter d'étendre sur l'*Andalousie* l'action de sa puissance dominatrice; il en prépara dès lors activement les moyens, et, après avoir bien mûri son projet, il leva brusquement le masque. La prise de *Grenade*, dont il vint s'emparer en personne, mit fin à toutes les dissensions, en réveillant de leur dangereuse sécurité tous les rois andalous. Ils s'aperçurent alors qu'ils allaient payer de leur indépendance les dangereux secours qu'ils avaient eux-mêmes sollicités de *Ioussef*: *Séville* et *Cordoue*, *Denia* et *Valence*, ne tardèrent pas à tomber devant les armes de ses généraux, et *Ioussef* fut bientôt proclamé souverain de toute l'*Espagne* musulmane (488 h. 1095 J.-C.).

Mohammed-ben-Abd, qui entraîna sa nombreuse famille dans sa disgrâce, alla expier à *Agmat*, dans une rigoureuse captivité, le crime d'une aveugle confiance. Ainsi finirent les rois d'*Andalousie*, après soixante ans environ d'une existence orageuse : la révolte et la guerre civile les avaient placés sur le trône; l'usurpation étrangère, aidée par leurs discordes, les en précipita.

Ioussef, au comble de la puissance, maître et pacificateur de l'Espagne et de tous les pays du Mogrob, mourut chargé d'ans et de gloire, en partant de *Cordoue* pour retourner dans son pays natal (500 hég. 1107 J.-C.). Il avait vécu cent ans arabiques ; c'était, disent les chroniques, le nombre d'abeilles que sa mère avait compté, lorsque, dans son enfance, un essaim était venu s'abattre sur lui.

Le souvenir de *Ioussef*, de ses conquêtes et de sa gloire, est encore vivant au milieu des peuplades de l'*Afrique*. Il est l'*Aroûn-er-Reschid* des populations du couchant, et lorsque à la veillée, sous la tente des Arabes, comme sous les nouaïls des kabyles, vous entendez les refrains monotones du *zendani* (1), c'est *Ioussef*, ce sont les fabuleux exploits du conquérant qu'ils célèbrent dans leurs chants.

Après la mort de son père, *Ali-ben-Ioussef* fut proclamé souverain d'*Espagne* et d'*Afrique*, et prit comme lui le titre d'*Emir-el-Mselemin*. Il eut bientôt fait justice de l'inutile protestation de son neveu *Yahya*, fils de son frère ainé *Abou-Beker-Segrir*, qui voulut un instant prétendre à la succession de *Ioussef*, comme représentant les droits de son père. Abandonné par les cheiks des *Lamptunes*, qui s'étaient d'abord déclarés pour lui, *Yahya* fut exilé à Tremecen. Libre de tous soins de ce côté, *Ali-ben-Ioussef* tourna toute son attention du côté de l'Espagne. Voulant y établir solidement son autorité, il publia la guerre sainte et prépara une formidable croisade contre les infidèles. Mais les circonstances commençaient déjà à devenir difficiles de l'autre côté du détroit. Les *Andalous*, descendants pour la plupart des Arabes de la conquête, polis par le contact de la civilisation avancée des Européens, ne supportaient qu'avec répugnance le joug que leur im-

---

(1) Parmi le petit nombre d'airs que possède la musique tout-à-fait primitive des Mogrebins, le *zendani* زنداني est le mode qu'ils emploient de préférence pour chanter les exploits de leurs héros.

posaient à leur tour ceux qu'ils avaient autrefois vaincus. Ils ne pouvaient s'accoutumer à cette rudesse, à cette humeur sauvage que les *Almoravides* apportaient d'*Afrique*. Aussi la domination berbère ne subsistait-elle que par la force des armes. *Ali-ben-Ioussef* eut donc à lutter en *Espagne* contre une opposition sourde, une force hostile et occulte, d'autant plus dangereuse qu'elle avait pour cause la désaffection et la haine générale des agents de son gouvernement. Ces obstacles intérieurs arrêtèrent ses mouvements, paralysèrent ses succès, et finirent par lui attirer des revers. S'il gagna contre le jeune infant *Sanche* la bataille d'*Yclez* (502 hég. 1109 J.-C.), il fut battu la même année par le comte de *Barcelone*, et peu de temps après par *Alphonse* d'*Aragon*.

Vers cette même époque, les Italiens, *Roumi*, comme les appelle l'historien de Fez, qui, après la chute de la maison d'*Aglab*, étaient parvenus à chasser les Africains de leurs possessions, les poursuivirent jusque sur leur propre territoire, et vinrent insulter les côtes d'Afrique. S'étant emparés de *Mehedie*, ils poussèrent jusqu'à la ville de *Cairouan*, dans laquelle ils s'étaient ménagé quelques intelligences ; mais trahis par ceux qui devaient la leur livrer, ils furent battus et rejetés dans *Mehedie*, où ils se maintinrent néanmoins.

Ali-ben-Ioussef venait d'apaiser une révolte qui avait éclaté à *Cordoue* contre les *Almoravides* (514 h. 1120 J.-C.), lorsqu'il fut rappelé en toute hâte en *Afrique*; la province de *Suz* et la tribu berbère de *Masmouda*, soulevées à la voix d'un nouveau fanatique, venaient d'allumer le violent incendie qui devait dévorer la puissance colossale fondée par *Ioussef-ben-Taschefin*; et de ses cendres devait naître un nouvel empire. Cette révolution, qui changea la face de l'Afrique, fut l'œuvre du fils d'un ancien *moudzen* (1) de la grande mosquée de *Tremecen*, de *Mohammed-ben-Abd-Allah*, de la tribu berbère de *Masmouda*. *Abd-Allah* avait étudié d'abord à *Cordoue*, ensuite à *Bagdad*, d'où il avait apporté les principes de la doctrine des *Schyytes*. De retour dans un pays qui semble avoir toujours été une proie facile pour tout rénovateur religieux, *Abd-Allah*, ambitieux et fanatique, fit servir à son ambition le fanatisme qu'il sut exciter au sein de ces populations dociles à sa voix. Il commença par déclamer contre l'hérésie et l'impiété des *Almoravides* (les *Almoravides* étaient les sonnites), appelant tous musulmans à la véritable religion du prophète, et annonçant la venue prochaine de l'*Imam-el-Mohdi*, celui dont la sévère justice frapperait bientôt ceux qui n'écouteraient pas la voix de son précurseur. C'est à *Tremecen*, dans ses premières prédications, qu'il attacha pour toujours à sa fortune *Abd-el-Moumen*, qui fut son compagnon, son disciple chéri, le continuateur de son œuvre et l'héritier de la puissance qu'il allait fonder. Ayant fait dans cette ville l'essai de ce qu'il pouvait espérer de sa doctrine, il lui fallut bientôt un plus grand théâtre pour de plus grandes idées : il partit de *Tremecen*, et se rendit avec *Abd-el-Moumen* successivement à *Fez* et à *Maroc*. Chassé de ces deux villes, où ses préceptes séditieux avaient déjà trouvé un grand nombre de prosélytes, il se retira à *Agmat*, et c'est dans cette ville, ancien berceau de la puissance des *Almoravides*, que grandit la puissance rivale qui devait bientôt la renverser. *Mohammed*, suivi

(1) مُوَذِّن *Moudzen*; c'est le nom donné à celui qui crie du haut des minarets l'*adzen* الاَذَن, ou annonce de la prière.

d'une multitude enthousiaste qui se pressait sur ses pas, ne tarda pas à sortir d'*Agmat*, et parcourut en triomphateur toute la province de *Suz*. De nombreux Berbères de la tribu de *Masmouda* accoururent se joindre à lui. Dès ce moment, il prétendit être l'*Imam-el-Mohdi* lui-même, prit comme symbole de régénération un étendard blanc, et, à la tête de ses plus fanatiques disciples, il s'avança à la rencontre de l'armée almoravide qu'*Ali* envoyait contre lui. *Abou-Isehaq-Ibrahim*, qui la commandait, battu deux fois sans presque avoir combattu, fut remplacé par *Temim*, frère d'*Ali*, et son meilleur général, qui, appelé en toute hâte du gouvernement d'*Espagne* pour s'opposer aux progrès effrayants de la sédition, ne fut pas plus heureux qu'*Abou-Isehaq*. Comme les premiers soldats du prophète conquérant, les *Almohades* (c'est ainsi qu'on appela les partisans d'*El-Mohdi*), pleins du même esprit, poussés comme eux par la même ardeur de prosélytisme, devaient comme eux être vainqueurs (517 hég. 1123 J.-C.).

Mohammed ne poursuivit cependant pas le cours de ses succès. Satisfait de ses premières victoires, il songea à se ménager une retraite en cas de revers, et se retira à *Tinmal*, petite ville située sur un plateau élevé d'une des ramifications de la chaîne atlantique qui s'étend depuis la hauteur de *Tremecen* jusqu'au pays de *Darah*. S'étant fait un asile à l'abri de tous dangers dans cette position, qu'il fortifia avec soin, il résolut d'aller attaquer les *Almoravides* au centre de leur puissance. Il rassembla une armée considérable; mais, au moment de partir, il fut retenu à *Tinmal* par une maladie dont il ressentait depuis quelque temps les atteintes. Les *Almohades* partirent néanmoins sous la conduite d'*Abou-Mohammed-ben-*

Beker, cheik principal de la tribu de *Masmouda* : mais, privés de leur chef, ces fougueux sectaires ne furent plus les mêmes soldats. *Abou-Mohammed* ne sut pas entretenir parmi eux cet élan enthousiaste, ce fanatisme ardent qui semblait avoir besoin pour se maintenir de la présence du maître : il fut battu sous les murs de *Maroc*, perdit la vie dans le combat, et *Abd-el-Moumen* ne parvint qu'à grand'peine à ramener à *Tinmal* les débris de son armée.

Pendant que ces événements se passaient en *Afrique*, *Alphonse* d'*Aragon*, profitant de l'absence de *Temim*, battait à Alcaras les oualis réunis de l'Espagne orientale. Appelé en Andalousie par les *Musarabes* (les chrétiens vivant sous la domination musulmane), il ravageait toute cette province, et venait camper jusque sous les murs de *Grenade*. *Temim* accourut en toute hâte d'*Afrique* pour faire lever le siége de cette place importante ; ce succès fut le dernier qu'il obtint. Il mourut quelque temps après, et fut remplacé dans le gouvernement de l'*Espagne* par le fils aîné d'*Ali*, *Taschefin-ben-Ali*.

Cependant *Mohammed-el-Mohdi*, renfermé dans *Tinmal*, était parvenu à réparer ses pertes. Trente mille cavaliers, sous la conduite d'*Abd-el-Moumen*, descendirent comme un torrent des montagnes de *Darah*, battirent complétement, dans les plaines d'*Agmat*, *Abou-Beker*, second fils d'*Ali*, qui tenta vainement de s'opposer à leur passage, et poursuivirent les débris de l'armée almoravide jusqu'aux portes de *Maroc* (526 h. 1130 J.-C.). *Abd-el-Moumen* allait entreprendre le siége de cette ville, lorsqu'il fut rappelé subitement à *Tinmal*. *Abd-Allah*, malade depuis long-temps, sentait sa fin approcher, et ne voulait laisser qu'au disciple chéri, qu'il regardait comme son fils, le soin de consolider l'édifice de cette puissance dont il avait jeté avec lui les premiers fondements. Il avait voulu avant sa mort le faire reconnaître pour son successeur; dès qu'il fut arrivé; il le proclama *Imam-el-Moumenin*, et mourut plein d'espoir et de confiance dans l'avenir réservé à son empire naissant.

Abd-el-Moumen, après la mort de son maître, continua la forme de gouvernement que celui-ci avait adoptée; il se réserva la haute direction des affaires, et, à l'exemple d'*El-Mohdi*, l'administration fut confiée à un *diwan* (1) composé de dix membres et assisté d'un *medjeless* (2) formé de soixante-dix des principaux cheiks berbères. Il fit frapper des monnaies à son coin, et pour les distinguer de celles des *Almoravides*, il leur donna une forme carrée, et y fit graver ces mots : *Allah* est notre Dieu, *Mohammed* notre prophète, *El-Mohdi* notre imam (3).

(1) ديوان *Diwan*, conseil.
(2) مجلس *Medjeless*, assemblée; de جلس s'asseoir.
(3) الله ربنا ٭ محمد رسولنا ٭ المهدى امامنا *Allah-reubna*, *Mohammed ressoulna*, *El-Mohdi imamna*. Allah est notre Dieu, Mohammed notre prophète, El-Mohdi notre imam. L'année où *Ben-Chérif-el-Dercaoui* (Gouvernement des beys), vint soumettre à son autorité toute la province d'Oran, il tomba pendant l'hiver une quantité considérable de pluie qui fit ébouler, dans *Sour-Kelmitou*, un pan de mur ; dans cet éboulement, une femme trouva, au milieu des décombres, un *queusth* قسط (espèce de grande cruche) plein de ces pièces en or et en argent ; elles portent, dans le pays, le nom de *moumen*, *moumenin*; les Juifs les recherchent beaucoup. Il existe des *moumenins* frappés par les descendants d'*Abd-el-Moumen*, qui sont ronds, mais qui portent l'empreinte d'un carré inscrit dans un cercle : il en a été trouvé de cette espèce à Bougie, frappés sous le règne de *Ioussef-Abou-Yacoub*, fils d'*Abd-el-Moumen* et son successeur. Ces monnaies contiennent, outre le nom du prince régnant, celui d'Abd-el-Moumen et celui du fondateur de la puissance des Almohades, avec le titre de *Directeur, subsistant par l'ordre de Dieu*, المهدى ـ القايم ـ بامر الله

Cependant, maître de *Fez*, de tout le pays de *Darah*, de *Teza*, etc., *Abd-el-Moumen* se disposa à marcher à de nouvelles conquêtes. *Ali-ben-Ioussef* venait de mourir, assailli sans doute à ses derniers moments par de bien tristes pensées, s'il comparait l'état florissant du colossal empire qu'il avait reçu de son père au lambeau déchiré de provinces qu'il transmettait à son fils. Une armée découragée, fuyant au seul aspect des *Almohades*, l'*Espagne* n'attendant pour chasser les *Almoravides* que le départ de *Taschefin-ben-Ali*, une autorité chancelante, sapée partout par l'ascendant toujours croissant d'*Abd-el-Moumen*, tel était le triste héritage qu'avait à recueillir le petit-fils du grand *Ioussef*. Arrivé en Afrique, *Taschefin-ben-Ali* ne fut pas plus heureux que son père, et n'essuya que des revers. Battu dans toutes les rencontres, il voulut tenter un coup décisif. Ayant réuni toutes les forces des *Almoravides* aux environs de *Tremecen*, il attendit qu'*Abd-el-Moumen* vînt lui présenter le combat. Il fut long, sanglant, et la victoire long-temps disputée; mais le sort ne cessant pas d'être contraire à Taschefin, il dut céder à la fortune de son heureux compétiteur. Son armée, complètement défaite, fut presque anéantie, et lui, fugitif, abandonné de tous, il alla chercher un asile dans

---

El-Mohdi, el-kaïm-bamer-Allah. Dans les quatre compartiments de la face antérieure, entre l'arc sous-tendu et sa corde, on lit :

1° الرحمن الرحيم Le clément, le miséricordieux.

2° لا الله إلا الله Il n'y a pas d'autre Dieu que Dieu.

3° الله واحد Dieu est unique.

4° الحكم.

Une de ces médailles (en or, trouvée à Bougie) a été envoyée à la Bibliothèque du roi.

Oran. *Abd-el-Moumen* y poursuivit le vaincu, qui résolut alors d'aller cacher son malheur et sa honte à *Almerie*, la dernière ville d'Espagne qui tint encore pour les *Almoravides*. Il sortit donc, disent les chroniques, par une nuit obscure, pour échapper à la surveillance des vedettes d'*Abd-el-Moumen*. Il était monté sur sa belle jument *Rihhana* (1), ayant en croupe une de ses femmes qui avait toujours été la compagne fidèle de ses fatigues et de ses dangers : il se dirigeait vers le château du port, où un bâtiment l'attendait pour le transporter en Espagne; mais il n'échappa point à la vigilance des gardes. Découvert par les sentinelles du camp, il aima mieux mourir que de tomber vivant entre les mains de ses ennemis, et il se précipita du haut d'un rocher escarpé. « Le lendemain, son corps, celui de sa femme *Aziza* (2) » et celui de sa jument, furent trouvés sanglants et déchi- » rés au bord de la mer. »

Le farouche *Abd-el-Moumen* n'épargna même pas le cadavre de son ennemi ; la tête de *Taschefin* alla porter dans les montagnes de *Darah* la nouvelle de la victoire des *Almohades* et de la ruine des *Almoravides*. Oran ouvrit ses portes au vainqueur. *Tremecen* essaya vainement de résister à ses attaques; la ville fut emportée de vive force, et *Abd-el-Moumen* fit passer sans pitié tous les habitants au fil de l'épée. *Fez*, *Mequinez*, *Agmat*, etc., avaient reçu sa loi. La ville de *Maroc* seule obéissait encore à *Ibrahim-Abou-Ischaq*, à qui les cheiks almoravides avaient remis le pouvoir après la mort tragique de son père. *Abd-el-Moumen* vint mettre le siège devant cette

(1) ريحانة Vite comme le vent.
(2) عزيزة *Aziza*, bien-aimée.

lace; après une longue et héroïque défense, pendant laquelle les habitants eurent à supporter toutes les horreurs de la famine, la porte d'*Agmat* fut livrée aux *Almohades* par les *Musarabes* andalous au service d'Ibrahim. La ville prise, Ibrahim, les cheiks et les habitants, comme ceux de Tremecen, furent livrés au fer du barbare vainqueur. Tous ceux qui ne furent point égorgés furent vendus comme esclaves, et des tribus berbères du désert vinrent, par ordre d'*Abd-el-Moumen*, repeupler la ville de *Ioussef*, veuve de ses habitants. Intimidées par cet épouvantable triomphe, *Sigilmesse*, *Ceuta* et les villes de la côte se rendirent pour éviter leur ruine (542 hég. 1147 J.-C.).

Cependant, après le départ d'Espagne de *Taschefin-ben-Ali*, les *Andalous* avaient couru aux armes de tous côtés pour secouer le joug de leurs oppresseurs. *Aben-Gania*, général des *Almoravides*, voulut vainement lutter contre ce soulèvement général, il dut céder à l'accord unanime des Arabes réclamant en armes leur indépendance. Il parvint toutefois à se soutenir quelque temps à *Séville*, *Cordoue* et *Almerie*; partout ailleurs les *Almoravides* furent expulsés. Mais, unies entre elles dans un intérêt commun, toutes les ambitions se séparèrent aussitôt que leur but fut atteint; les mêmes divisions qui, après la mort du dernier des *Omeyas*, avaient livré l'*Espagne* à la conquête de l'étranger, vinrent de nouveau déchirer ce malheureux pays. L'expérience du passé fut, comme toujours, perdue pour l'instruction du présent. Il se forma autant de partis qu'il y avait d'hommes ambitieux et influents, et les mêmes causes qui avaient conduit les *Almoravides* au sein de l'Espagne asservie y amenèrent fatalement les *Almohades*.

Quelques-uns des chefs qui avaient surgi au milieu de l'anarchie, voyant toutes ces puissances éphémères qu'un jour avait élevées, que le lendemain voyait disparaître, se succéder rapidement, songèrent à mettre leur usurpation à l'abri du caprice populaire en le conservant à l'ombre de quelque grande puissance protectrice. Ils appelèrent les *Almohades* en Espagne, mais *Abd-el-Moumen* ne se hâta point de saisir une proie qu'il savait ne pouvoir lui échapper. Il ne voulut point laisser son œuvre incomplète et passer le détroit avant d'avoir achevé la pacification de tous les pays du *Mogrob* qui avaient reconnu les lois des *Almoravides*. Il se contenta d'envoyer en Espagne une armée qui s'empara d'abord d'*Algésiras*, et puis il marcha lui-même à la tête de toutes ses forces à la conquête de la partie orientale du *Mogrob*. Parti de *Ceuta*, il longea les rivages de la Méditerranée, rangeant sous ses lois, dans sa marche triomphale, tous les pays qui n'avaient pas encore reconnu son autorité. Il s'empara de *Bougie*, et emmena prisonnier à sa suite *Yahya-ben-Abd-el-Aziz-Ballah*, neuvième prince de la maison des *Beni-Hamad*. Cette dynastie avait commandé à *Bougie*, d'abord indépendante, ensuite tributaire des *Almoravides* pendant plus de cent cinquante ans. La ville de *Tunis*, qui voulut essayer de résister, fut prise et livrée au pillage, celle de *Mehedie*, enlevée aux chrétiens qui l'occupaient (1), et *Abd-el-Moumen*,

(1) Les Siciliens étaient maîtres de *Mehedie* et avaient, à l'époque où *Abd-el-Moumen* vint assiéger Tunis, une garnison dans cette ville. Sur le déclin de l'empire des *Almoravides*, *Roger*, roi de Sicile, aidé d'un grand nombre d'Arabes révoltés dans la *Feriquia*, était venu assiéger cette place. Le gouverneur *almoravide* qui y commandait avait fait la paix avec lui en se reconnaissant son vassal, et recevant

maître de toute l'*Afrique* occidentale depuis l'Océan jusqu'aux déserts de *Barca*, rentra triomphant à *Maroc* 555 hég. 1160 J.-C.).

Pendant qu'il soumettait ainsi toute l'*Afrique* de l'occident à l'orient, ses soldats et ses partisans, victorieux en Espagne, l'avaient proclamé souverain dans l'*Algarbe*. Il vint lui-même à *Gibraltar* après ses triomphes en *Afrique*, et ne tarda pas à voir que tous les princes, musulmans ou chrétiens, divisés entre eux sans lien ni intérêt commun, laissaient l'Espagne incapable de résister à un effort vigoureux de ses armes. Il pensa que le moment était venu de l'accabler d'un seul coup et de l'asservir toute entière. Il revint donc en *Afrique*, et y fit aussitôt publier la guerre sainte; mais au moment de conduire au-delà du détroit les innombrables soldats que l'*el-djehad* avait rassemblés dans les plaines de *Salé*, il fut subitement frappé par la mort. Il était âgé de soixante-trois ans, et laissait, pour succéder à sa puissance, son fils *Ioussef-Abou-Yacoub*.

La grande figure d'*Abd-el-Moumen* s'élève dans la mémoire des populations africaines à côté de celle de *Ioussef-ben-Taschefin*, mais entourée de souvenirs de cruauté et de sang. *Maroc*, *Tremecen*, *Tunis*, livrées au pillage, et leurs habitants massacrés, sont là pour témoigner de l'inflexibilité du farouche sectaire. Il favorisa cependant les philosophes et les savants; de son temps, *Avicenne* (Aben-Sina), l'*Hippocrate*, l'*Aristote* des Arabes, leur fit connaître, au milieu d'une vie agitée par les malheurs et

---

une garnison sicilienne dans ses murs. Tunis est désignée dans les chroniques arabes sous les divers noms de تونس *Tounes*, بريقية *Feriquia*, زيبان *Ziban*, الحىىر *el-Haïra*, القدرة *el-Qredra*.

les guerres qui désolèrent l'Espagne, la philosophie des *péripatéticiens*; et le célèbre *Aben-Rosch* (Averroès), la gloire de *Cordoue*, traduisit et commenta *Aristote*. Ses ouvrages furent long-temps le guide des scholastiques dans les écoles d'Occident (1). *Abd-el-Moumen* fonda aussi dans diverses villes d'Afrique des universités et des écoles, notamment à *Maroc* l'école des *Hafites* (2), destinée à répandre et perpétuer la doctrine d'El-Mohdi.

Ioussef-ben-Abou-Yacoub, qu'*Abd-el-Moumen* avait désigné avant de mourir pour son héritier et son successeur, au détriment de son fils aîné *Mohammed*, ne put songer à profiter des immenses préparatifs d'invasion qu'avait rassemblés son père. Il dut renoncer pour le moment aux conquêtes projetées par *Abd-el-Moumen*, et travailler à établir solidement son pouvoir. Le premier acte de son autorité fut de licencier l'innombrable armée de l'*el-djehad*. Il eut ensuite à apaiser quelques troubles suscités par le mécontentement et la jalousie de ses frères, et à réprimer, dans les montagnes de *Go-*

(1) De Gérando, *Histoire comparée des systèmes de philosophie*.

(2) حَفِظ *Hafeth*, sachant par cœur; c'est un titre donné par les musulmans à ceux qui ont retenu le *Coran* et les principales traditions de *Mohammed*. Les *mahométans*, comme on sait, ont un respect superstitieux pour leur livre de toute science. Ils ne le touchent jamais qu'en état de pureté, et se feraient scrupule de le laisser toucher à une personne d'une autre religion. On lit sur la couverture de quelques *Corans* ces mots :

تنزيل من الله لا يمسه الا المطاهرون

Tenezil, men Allah la imesso ila el-metaheroun. « Voici le livre qui vient de Dieu, qu'il n'y ait que les purs qui le touchent. » D'après cela, on conçoit que les *hafeths* doivent être fort considérés par les musulmans : ils partagent le respect dû au livre sacré; on les regarde comme les temples de la Divinité.

nera, les révoltes des Berbères, toujours prêts à se soulever, dès qu'une autorité vigoureuse cessait pour un instant de peser sur eux. Il sentit en outre la nécessité d'aller se montrer sur les divers points des vastes régions du *Tell*, que son père avait soumises, mais qui se ressouvenaient encore de leur ancienne indépendance. Il confirma dans leurs principautés les divers princes tributaires d'*Oran*, de *Tremecen*, de *Bougie*, de *Tunis*, établis par *Abd-el-Moumen*, et ce ne fut qu'après avoir arrêté toutes ces mesures de sagesse, qu'après avoir rétabli et assuré la tranquillité et la paix dans toute l'*Afrique*, qu'il songea à étendre ses conquêtes. En 566 (1171 J.-C.) il passa enfin le détroit, battit *Mohammed-ben-Sad*, qui, dans le démembrement de l'Espagne, après la chute des *Almoravides*, avait formé le petit royaume indépendant de *Valence*. Il le força, après sa défaite, à aller chercher un refuge à *Mayorque*, et il se trouva alors maître de toute l'Espagne qu'avait conquise autrefois *Ioussef-ben-Taschefin*. Au moment où de nouveaux secours demandés à l'*Afrique* allaient lui permettre de pousser plus loin ses conquêtes, il fut rappelé dans le *Mogrob* par quelques révoltes suscitées parmi les Arabes de la province de *Tremecen*, par les Zenètes.

Il apaisa promptement ces troubles, mais un horrible fléau qui vint désoler toutes les contrées de l'*Afrique occidentale*, l'obligea à remettre à un autre temps l'exécution de ses projets sur la péninsule. La peste avait éclaté à *Maroc* et y faisait d'affreux ravages (570 h. 1175 J.-C.). Un grand nombre d'habitants périrent victimes de la contagion. Trois frères du roi, atteints par l'épidémie, en moururent ; les jours de *Ioussef* furent respectés. En 573 (1178 J.-C.), il put enfin retourner en

Espagne, et il y passa à la tête d'une nombreuse cavalerie, porta la guerre en *Portugal*, mit le siége devant *Santarem*, dont la prise lui eût ouvert le chemin de *Lisbonne*. Les princes chrétiens, de leur côté, s'étaient réunis pour repousser l'ennemi commun. Une puissante armée, composée de troupes de l'*Aragon*, de la *Navarre* et du *Léon*, s'était rassemblée. Le cardinal légat avait prêché la croisade contre les infidèles, et une foule nombreuse de *Gascons*, de *Provençaux*, de *Béarnais*, était accourue sous les drapeaux de la chrétienté. Les chevaliers des divers ordres guerriers avaient envoyé aussi de valeureux renforts. Au moment où *Ioussef* pressait le siége et redoublait d'efforts pour se rendre maître de la place avant l'arrivée des troupes de la croisade, il fut atteint par une flèche chrétienne, et mourut des suites de sa blessure (1). L'armée, privée de son chef dans ce moment critique, leva le siége, et *Yacoub-ben-Ioussef*, qui fut depuis surnommé *El-Mançour*, succéda à son père (584 h. 1188 J.-C.).

Il se hâta de pourvoir provisoirement aux affaires d'Espagne, et passa en Afrique, où l'attendaient de nouvelles guerres à soutenir, des rebelles à combattre. *Ali-ben-Ischaq-ben-Gania*, qui commandait à Mayorque, dernier asile des Almoravides, à l'instigation de *Mohammed-ben-Sad*, avait saisi pour tenter une expédition sur l'*Afrique* le commencement d'un nouveau règne, ce moment où la chaîne du pouvoir un instant brisée

---

(1) Il fut soigné par le fameux *Abou-Beker-ben-Zohar*, son médecin, connu sous le nom d'*Abenzoar*, philosophe, savant, poète et médecin. *Abenzoar* se retira à Maroc après la mort de *Ioussef*. C'est dans cette ville qu'il mourut, à l'âge de quatre-vingt-quatorze ans arabiques (595 hég. 1199 J.-C.).

laisse toujours dans les gouvernements despotiques de l'inquiétude et du trouble parmi les populations. Il débarqua avec des forces considérables entre *Bougie* et *Tunis*, et s'empara des villes de *Cafisa* et *Cabes* (1). En même temps, deux frères de *Yacoub* prirent les armes contre lui, et se réunirent à *Ali-ben-Isehaq*. Maître de quelques points de la côte et de l'intérieur, *Ali* souleva toutes les tribus arabes de la contrée contre la domination des Berbères almohades, et plaça son autorité sous le patronage du calife d'Orient. La révolte menaçait de devenir sérieuse ; des symptômes de contagion séditieuse s'étaient même déjà déclarés parmi les Arabes de la province de *Tremecen*. *Yacoub* crut devoir marcher en personne, pour terminer d'un seul coup cette guerre. *Cafisa* fut emportée d'assaut, et paya cher sa rébellion ; les autres villes, effrayées par cet exemple, rentrèrent dans le devoir.

Pendant qu'*Ali* apaisait les discordes à l'orient, les désordres prenaient un caractère aussi alarmant à l'occident. Le prince qui gouvernait à *Tremecen*, sous la suzeraineté de *Yacoub*, voulut profiter de ses embarras momentanés pour se rendre indépendant. S'appuyant sur les animosités et les haines toujours vivaces des Arabes contre les Berbères, il ne lui fut pas difficile de mettre ces deux nationalités en présence. *Yacoub*, vainqueur dans l'est, marcha contre lui, le battit, se contenta de le déposséder de ses états, et pour dépayser ces rivalités dangereuses, il transporta sur les bords de l'Océan une grande partie des tribus arabes qui peuplaient la pro-

(1) *Cabes* est située sur le bord de la mer, entre Tunis et Tripoli. *Cafisa* est à hauteur de *Cabes*, à quelque distance dans l'intérieur des terres.

vince de *Tremecen*. Plusieurs de ces tribus ne voulurent point se soumettre à cette émigration ; elles préférèrent s'enfoncer dans les déserts, et entées sur les populations indigènes, elles allèrent augmenter le nombre de ces tribus maures de race mélangée qui peuplent la partie centrale du *Djerid* (1).

Aussitôt qu'il eut pacifié l'Afrique, *Yacoub* songea à attaquer les chrétiens en Espagne. Une première *grazia*, qu'il commanda lui-même, le conduisit jusqu'aux portes de *Lisbonne*. Mais il ne pouvait s'éloigner long-temps de l'Afrique sans que la révolte ne levât quelque part la tête. Il revint donc dans le *Mogrob*, tomba dangereusement malade à *Fez* pendant un voyage qu'il faisait pour visiter toutes les provinces de l'occident à l'orient, et il ne recouvra entièrement la santé que long-temps après. Pendant le long séjour qu'il fit à cette époque en Afrique, il fit bâtir les villes de *Mançoura*, et *Rahbat* (2), près de *Salé*, et jeta les fondations des deux forteresses *El-Quaçar-Kebir* (3) et *El-Quaçar-Segrir* (4), pour faciliter le passage de ses armées en Espagne. Les chrétiens de la péninsule, profitant de sa longue absence, avaient à leur tour envahi le territoire musulman. *Alphonse* de Castille était venu camper jusque sous les murs d'*Algésiras*.

Yacoub, saisi d'indignation à cette nouvelle, proclame

(1) Voir, à la fin du volume, la note D sur les origines.

(2) رحبة *Rahbat*, marché. Ce nom fut donné à la ville bâtie par Yacoub, à cause du nombreux concours de marchands qu'attirait en cet endroit de la côte le passage des troupes africaines qui y arrivaient pour se rendre en Espagne.

(3) (4) قصر صغير قصر كبير Le grand, le petit château.

l'*el-djehad* : aussitôt le cri de guerre retentit dans toute l'*Afrique*; une armée innombrable débarque à *Algésiras*, marche à l'ennemi, qu'elle rencontre dans les plaines d'*Alarcon*, et y remporte la fameuse victoire de ce nom, la plus signalée de toutes celles que les musulmans eussent obtenues depuis la journée de *Zalaca*, où un autre *Alphonse* avait été vaincu. Ce fut ce brillant et rapide succès qui mérita à *Yacoub* le surnom d'*El-Mançour* (le Victorieux) (591 hég. 1195 J.-C.).

Cependant, cette grande victoire, qui semblait menacer d'asservissement l'Espagne entière, n'eut d'autre résultat que le ravage du territoire du vaincu. *Yacoub* ne sut point tirer parti de son triomphe; au lieu de poursuivre sans relâche les chrétiens divisés et démoralisés par leur défaite, il se borna à piller et ruiner le pays, puis il rentra dans *Séville*, où il s'amusa à faire élever, en mémoire de sa victoire, la fameuse mosquée dont le minaret fut appelé, plus tard, par les Espagnols, *la Giralda* (1). L'année suivante, *Yacoub* s'empara bien de quelques places, mais il était trop tard; les résultats importants qu'eût pu avoir la victoire d'*Alarcon* avaient été paralysés. Après la prise de *Calatrava, Guadalaxara, Madrid* et *Escalona*, il rentra à Maroc, et y fut atteint d'une maladie qui résista à tous les secours de l'art. Il mourut l'année 595 (1199 J.-C.), et fut enterré dans une des villes qu'il avait fondées, à *Rahbat*, où l'on voit encore son tombeau. *Yacoub* était à peine âgé de quarante ans; il en avait régné quinze (2). Il désigna en mourant pour son succes-

(1) *Giralda* signifie en espagnol *statue-girouette*.
(2) Il existe une chronique assez bizarre qui le fait renoncer volontairement au pouvoir pour courir le monde, comme un *fakir* dégoûté de tous les biens de la terre, et mourir à Alexandrie.

seur son fils *Mohammed-Abou-Abd-Allah*, qui se fit appeler *El-Nacer-el-din*.

Après la mort de *Yacoub*, *Isehaq-ben-Gania*, l'émir de *Mayorque*, qui, lors de sa défaite dans la Feriquia, était retourné dans les *Baléares*, parvint à relever le courage de ses partisans. Toutes les villes qui, du temps de sa première invasion, avaient embrassé son parti, se déclarèrent de nouveau pour lui, et il se rendit maître de *Mehedie*, dans le golfe de *Cabes*. *Mohammed-Abou-Abd-Allah* marcha contre lui en personne, et ce ne fut qu'après plusieurs années d'une lutte opiniâtre, qu'il parvint à vaincre les rebelles et à les disperser. La plupart s'enfoncèrent dans les déserts. *Isehaq* se réfugia dans *Mehedie*, où il soutint un long siège. Il fut cependant obligé d'avoir recours à la clémence de *Mohammed*, qui lui pardonna ; mais ce bienfait ne fut payé que par l'ingratitude. L'année suivante, *Isehaq* se révolta de nouveau, et la guerre ne fut terminée que par la destruction totale de son armée et la conquête des *Baléares*. La tête de l'émir *Abd-Allah*, frère d'*Isehaq*, fut envoyée à *Maroc*. *Isehaq*, plus heureux, avait pris la fuite le jour où son parti fut exterminé ; réfugié dans le désert, il y vécut ignoré jusqu'à sa mort.

Mohammed, paisible enfin dans sa capitale de *Maroc*, ne songeait qu'à jouir des douceurs de la paix, lorsque des envoyés d'Espagne vinrent l'arracher à la mollesse du harem en lui faisant entendre les cris de détresse des musulmans d'outre-mer. L'*Andalousie* était envahie par les armées chrétiennes ; *Alphonse* de Castille ravageait les champs de *Séville* et de *Cordoue*, et les envoyés accouraient demander au souverain d'Afrique et d'Espagne vengeance pour ses villages détruits et ses sujets massacrés. En apprenant ces désastreuses nouvelles, *Mohammed* fit proclamer l'*el-djehad*, et l'Afrique entière sembla se lever à sa voix pour répandre sur l'Espagne les flots de sa population. L'armée mit une année entière pour se former et débarquer à *Algésiras*. Ce n'était pas seulement l'Espagne qui était menacée par ces immenses préparatifs d'invasion, mais la chrétienté toute entière. Le pape *Innocent III* répondit à l'*el-djehad* des Africains en faisant prêcher une croisade en *Europe*. De tous côtés, en *France*, en *Allemagne*, en *Italie*, on courut aux armes ; de nombreux croisés passèrent les *Pyrénées* pour venir au secours de leurs frères d'Espagne. Les plaines de *Tolosa*, au pied des montagnes de la *Sierra-Morena*, furent la sanglante arène où les deux nations combattirent pour leurs destinées. Dans ce grand et solennel duel, les Barbares de l'Orient, incessamment poussés vers l'Occident, dont ils rêvaient toujours la conquête, furent enfin définitivement vaincus (609 h. 1212 J.-C.), et l'étendard rouge (1) des *Almohades* fuyant devant la croix, fut le triomphe de la liberté sur le fatalisme. Victorieuse, la formidable armée des musulmans eût inséré l'Espagne et peut-être l'Europe entière dans ce cercle sans issue pour le progrès, contre lequel se débattent encore les sectateurs du Coran. Vaincue, elle laissa tomber sans appui l'empire des *Almohades*, et prépara, en fractionnant la puissance colossale des Africains, la ruine de l'*islamisme*, désormais impuissant de ce côté contre la *chrétienté*. *Mohammed*, après cette sanglante défaite (2), alla cacher dans son *harem* de

(1) *Abd-el-Moumen* avait substitué l'étendard rouge à l'étendard blanc choisi par *El-Mohdi* lors de ses premières victoires.

(2) Les Espagnols donnent à cette bataille le nom de bataille des

Maroc son désespoir et sa honte. Il mourut bientôt, empoisonné, dit-on, pour prévenir les excès auxquels le portait un caractère ombrageux qu'avaient aigri les revers. Il avait désigné son fils *Abou-Yacoub-Ioussef*, surnommé *El-Mostancir-Billah* (1), pour son successeur.

Abou-Yacoub avait à peine onze ans lorsque son père mourut. Ce n'était pas la main débile d'un prince mineur qui pouvait raffermir la puissance fondée par *Abd-el-Moumen*, chancelante encore du coup terrible qui venait de lui être porté. Entouré de ministres perfides qui séparaient complètement leurs intérêts de celui de l'état, *Abou-Yacoub* voyait, sans pouvoir y porter remède, l'usurpation démembrer son empire, et ceux qui auraient dû l'éclairer de leurs conseils être les premiers à profiter de son inexpérience. Il était d'un caractère faible et craintif, fuyant le travail et recherchant avidement le plaisir ; renfermé dans son harem, il restait complétement étranger aux affaires. Après un règne insignifiant de dix années, il échappa par la mort à la mauvaise fortune qui allait l'atteindre. Épuisé par les excès, il mourut à la fleur de l'âge sans laisser de postérité.

La mort de ce fantôme de souverain devint dans tout l'empire le signal des troubles et de la révolte. *Abou-el-Melik*, *Abd-el-Wahab*, frère de *Mohammed-en-Nacer*, se crut appelé par sa naissance à recueillir l'héritage de son neveu *Abou-Yacoub* ; mais huit mois après, les mêmes cheiks qui lui avaient donné le pouvoir le dépo-

---

plaines de Tolosa, *de las novas de Tolosa ;* les musulmans l'appellent *el-aquab* العقاب, ou la punition.

(1) المستنصر بالله *El-Mostancir-Billah*, qui demande la protection de Dieu.

sèrent, et pour prévenir les tentatives qu'il aurait pu faire pour remonter sur le trône, ils le firent assassiner.

Pendant que ces événements se passaient à *Maroc*, *Abd-Allah-Abou-Mohammed*, surnommé le Juste (1), fils de *Yacoub-el-Mançour* et oncle d'*Abou-Yacoub*, s'était fait déclarer souverain indépendant à *Murcie*; mais lorsqu'il voulut faire cesser les désordres qui avaient été les instruments de son élévation, il se fit autant d'ennemis qu'il s'était fait auparavant de partisans. Tous les oualis se réunirent contre lui, et finirent par le faire étrangler dans son lit. *Abou-Ali*, surnommé *El-Mamoun* (2), son frère, lui succéda. *Abd-el-Wahab* ayant été, à cette époque, assassiné à *Maroc*, il se fit élire souverain d'*Afrique* et d'*Espagne*. *El-Mamoun*, homme de mérite et politique habile, s'occupa à rechercher quelle était la cause des maux qui déchiraient l'empire jadis si puissant d'*El-Mohdi*, de cette instabilité funeste qui, à chaque changement de souverain, le menaçait de destruction et de ruine. Il crut l'avoir trouvé dans les usurpations progressives d'autorité des cheiks, du diwan et du medjeless institués par le législateur du Tinmal. Pour couper le mal dans sa racine, il résolut de changer cette forme constitutive, qui dans les circonstances critiques n'était plus qu'un obstacle. Il ne voulut plus souffrir d'autre puissance que celle du souverain, d'autre loi que sa volonté suprême. Les cheiks, dont il détruisait par ses innovations et l'influence et l'autorité, se liguèrent unanimement contre lui, et proclamèrent pour légitime successeur d'*Abou - Yacoub-Ioussef-el-Mostancir*

---

(1) العادل *El-Adel*, le Juste.
(2) المأمون *El-Mamoun*, l'illustre, le bien famé.

Billah, Yahya-ben-en-Nacer, deuxième fils de *Mohammed-Abou-Abd-Allah-en-Nacer*, dont ils avaient d'abord méconnu les droits. Ils le firent solennellement reconnaître à *Maroc* par le peuple. *Yahya* partit avec des troupes, et passa en Espagne pour combattre son oncle *El-Mamoun*, qualifié par les cheiks d'usurpateur. Celui-ci, prévenu de la marche de *Yahya*, s'avança au-devant de lui. Les deux rivaux en vinrent aux mains aux environs de *Sidonia*. La fortune se déclara pour *El-Mamoun*, et Yahya vaincu chercha un refuge dans les montagnes. Aussitôt que les affaires d'Espagne permirent à *Mamoun* de s'absenter, il passa en Afrique pour se venger des cheiks *almohades* et rompre enfin la résistance qu'ils opposaient à ses innovations. Son départ s'exécuta avec tant de secret et de diligence, qu'il arriva inopinément à *Maroc* sans que personne s'attendît à son arrivée soudaine. Il avait amené avec lui un corps de cavalerie nègre et andalouse. A peine arrivé, il fit arrêter tous les cheiks membres des deux conseils, et, sans vouloir entendre leur justification, il les fit tous décapiter en sa présence.

Après cette sanglante exécution, il s'appliqua à mettre immédiatement en pratique ses projets de réforme. La constitution d'*El-Mohdi* fut entièrement abolie, et sa doctrine proscrite. Il fut défendu de prononcer dans les prières publiques le nom du législateur des *Almohades*. Ce nom disparut également dans les légendes des monnaies, et les châtiments les plus sévères empêchèrent d'en faire mention dans les actes publics et privés.

Pendant qu'*El-Mamoun* assurait son autorité en Afrique par des mesures sévères, elle lui échappait en Espagne, où la révolte éclatait de tous côtés. *Abou-Abd-Allah-Mohammed-ben-Houd*, cheik *djoua* d'origine arabe, prit les armes contre les *Almohades*, et se fit proclamer souverain des musulmans d'Espagne. *El-Mamoun* se hâta d'accourir, mais c'en était fait, le terme fatal de la domination des Africains en Espagne était arrivé. Après une longue et sanglante bataille, *El-Mamoun* fut battu aux environs de *Tarifa*, et rejeté en Afrique. Cette victoire rendit Ben-Houd maître de Séville, Grenade, Merida; il reçut le nom d'*El-Metoukel-ala-Allah* (1), et prépara par de nouveaux succès la formation du royaume de Grenade, qui eut encore quelque gloire et fut le dernier refuge des musulmans refoulés à l'extrémité de la péninsule ibérique. D'un autre côté, Jacques d'Aragon enlevait les Baléares aux *Almohades*. Les Arabes de la province de *Feriquia*, qu'avait soumis *Yacoub-el-Mançour*, reprenaient les armes; El-Moumen ne put résister aux chagrins que lui causaient tant de désastres, il mourut près de Maroc, et avec lui tombèrent les dernières espérances des *Almohades*. Leur puissance se débattit encore quelque temps dans les convulsions de l'agonie. *Abou-Mohammed-Abd-el-Wahab*, fils d'*El-Mamoun*, essaya vainement de la faire revivre. Élu à *Maroc* par le peuple, son règne ne fut qu'une longue et impuissante lutte contre les factions sans cesse renaissantes. Il mourut après dix ans d'une autorité toujours contestée, jamais affermie (640 h. 1242 J.-C.), laissant pour successeur son frère *Abou-el-Hassan*, plus connu sous le nom de *Saïd*. Pendant le règne de ce prince, les gouverneurs des provinces de *Fez*, de *Tremecen* et de *Tunis*, se révoltèrent ouvertement. *Grammeur-Hassan-ben-Zian*, Ber-

---

(1) المتوكل على الله *El-Metoukel-ala-Allah*, celui qui met sa confiance en Dieu.

bère de la branche *zenète* des *Megraoua* (1), appartenant à l'ancienne maison souveraine de *Tremecen*, alors vassale des *Almohades*, se souleva dans cette province, qu'il tenait pour le souverain de *Maroc*. *Saïd* marcha aussitôt contre lui, et *Grammeur-Hassan*, trop faible pour lui résister en face, parvint à le faire assassiner par trahison. Se jetant ensuite sur l'armée, que la mort de son chef avait plongée dans la consternation et le trouble, il la défit complètement, et demeura, par cette victoire, maître de la province.

Après la mort de *Saïd*, les *Almohades* élurent à *Maroc*, pour les commander, *Omar-ben-Abou-Ibrahim*, son neveu. *Omar* continua à lutter contre les factions avec une alternative constante de succès et de revers. Sous lui parut *Yahya-Abd-el-Haq*, qui devait fonder dans le Maroc une dynastie nouvelle. *Yahya*, comme *Grammeur-Hassan*, était *Zenète* d'origine et appartenait à la branche de cette tribu appelée les *Beni-Meriin*. Il s'empara de *Fez* et de *Tezza*, battit les *Almohades* entre *Fez* et *Mequinez*, et prit le titre de *Moula-Cheik* (2). *Omar* fut obligé de souffrir toutes ces usurpations, auxquelles il ne pouvait plus s'opposer. Pendant un voyage qu'il fit à *Tinmal* pour visiter le tombeau d'*El-Mohdi*, dont la mémoire avait été réhabilitée par les successeurs d'*El-Mamoun*, *Abou-*

(1) Les *Megraoua* passent, parmi les Arabes, pour les premiers fondateurs de Tremecen. Après la chute des *Beni-Zian*, les *Megraoua* furent dispersés. La tribu des *Aïacha*, près de l'embouchure du *Cheliff*, et celle des *Grammera*, dont il existe quelques tentes mêlées à celles des *Douairs*, passent pour être *Megraoua*.

Le caïd qui, sous les Turcs, commandait à la tribu des Aïacha, était appelé aussi caïd megraoua.

(2) مولاي شيخ *Moula-Chiqr* (moula, maître, seigneur).

el-Ola-Idris, son parent, surnommé *Abou-Nebouts* (le père de la massue) (1), s'unit au prince des *Beni-Meriin* qui commandait à *Fez*, pour achever de le déposséder. C'était le successeur de *Yahya-ben-Abd-el-Haq*, *Abou-Ioussef-ben-Abd-el-Haq*, son fils, qui était alors *Moula-Cheik* à *Fez*. *Abou-Nebouts* lui proposa de garantir, pour lui et ses successeurs, la propriété indépendante de la moitié de l'empire d'*Omar*, s'il voulait l'aider à conquérir l'autre moitié. Cette offre fut acceptée. *Omar*, retenu dans une ville dont *Abou-Nebouts* avait gagné les habitants, voulut se sauver de sa prison, et fut assassiné par un esclave qui l'accompagnait (665 h. 1267 J.-C.). *Abou-Nebouts* ne tarda pas à recevoir le prix de sa trahison. *Ioussef-ben-Abd-el-Haq*, après s'être servi du traître, lui fit la guerre pour se dispenser de remplir les conditions de leur alliance. Après trois ans de combats, *Abou-Nebouts* fut tué dans une sanglante bataille. Les derniers débris des *Almohades* périrent dans cette journée; ceux qui échappèrent au désastre allèrent cacher dans le désert leur tête menacée. Ainsi finit misérablement cette puissance naguère colossale qui avait donné pendant cent cinquante-deux ans arabiques (148 de l'ère vulgaire) des lois à toute l'Afrique, et fait trembler la chrétienté. Les *Beni-Meriin* (2) se trouvèrent ainsi maîtres du *Mogrob-el-Aqci*, et étendirent plusieurs fois leur domination sur les provinces de *Tremecen* et même de *Tunis*.

A l'orient, les Arabes, que *Yacoub-el-Mançour* avait ramenés à l'obéissance, s'étaient soulevés au déclin de la

(1) أبو نبوث *Abou-Nebouts*. Voir la note sur les noms.

(2) بنى مريّن *Beni-Meriin*.

puissance des *Almohades*. Ils s'étaient rendus maîtres de *Tunis*, et étaient restés depuis lors indépendants dans la *Feriquia*. *Ioussef-Ben-Abd-el-Haq*, délivré de son rival dans le *Maroc*, avait envoyé pour les soumettre un Berbère de la tribu de *Mouçamouda*, *Abd-el-Hedi-ben-Abou-Hafça*, avec une flotte de vingt navires et une petite armée. *Abd-el-Hedi*, en arrivant à *Tunis*, avait trouvé la ville ruinée par les incursions des Arabes. Il parvint, plutôt par sa sagesse que par la force des armes, à les rejeter peu à peu hors des villes de cette province, et y établit la domination des *Beni-Meriin*. Ce fut à cette époque qu'eut lieu la malheureuse expédition de saint *Louis* à *Tunis* (668 h. 1270 J.-C.). Le roi y mourut de la peste. *Charles d'Anjou*, son frère, qui avait conquis à la tête des *Provençaux* le royaume des Deux-Siciles, accourut au secours des *Français*, et rendit tributaire *Omar-el-Mostançir-Billah*, fils d'*Abd-el-Hedi*, qui avait succédé à son père, et *Tunis* fut ainsi enlevé à la souveraineté des *Beni-Meriin* de *Maroc*. *Abd-el-Hedi-Abou-Hafça* est la tige de la famille souveraine des *Beni-Hafçi*, qui a occupé *Tunis* et la *Feriquia*, soit indépendante, soit tributaire, jusqu'à la venue des *Turcs*. *Hammida*, dernier membre de cette maison, fut dépossédé par *Krair-ed-Din* (1).

Cependant, quoique le patronage que l'*Afrique* s'était acquis sur l'*Espagne* depuis l'extinction des *Abdérame* allât en s'affaiblissant de jour en jour, et que par la division de la grande puissance africaine il ne menaçât plus la péninsule, il continuait à subsister encore. *Mohammed II*, fils et successeur de *Mohammed-el-Hamar*, fondateur du royaume de

(1) Troisième époque, Établissement des Turcs.

Grenade, pressé par *Alphonse le Savant* (el Sabio), roi de *Léon* et de *Castille*, auquel s'étaient joints les gouverneurs révoltés de *Cadix*, *Malaga* et *Comares*, appela à son secours *Abou-Ioussef*, fils d'*Abd-el-Haq*, souverain de *Maroc*, et pour le décider à lui envoyer des secours, il lui concéda en toute propriété les deux villes de *Tarifa* et d'*Algésiras*. *Abou-Ioussef* passa en Espagne. Après quelques succès qui furent de peu d'utilité pour les intérêts de son allié, il finit par s'emparer de *Malaga*, au détriment de celui-ci. Il ne jouit pas long-temps du fruit de sa trahison; il mourut bientôt après à *Algésiras*, laissant pour successeur *Abou-Yacoub*, son fils (685 hég. 1286 J.-C.).

Abou-Yacoub, maître du pouvoir, s'empressa de faire la paix avec *Sanche III*, dit *le Brave*, fils et successeur d'*Alphonse*, et de partir pour l'Afrique afin d'y assurer son autorité. N'ayant pas d'ennemis à combattre, ni dans le *Maroc*, ni en *Espagne*, il pensa à tourner ses armes du côté de *Tremecen*, où commandaient les *Beni-Zian*, successeurs de *Grammeur-Hassan*. Il marcha en personne à la conquête de cette province, ancienne dépendance de *Maroc*, et vint assiéger la capitale. Voyant que le siége trainait en longueur, il laissa, pour le continuer, son frère, *Abi-Saïd*, qui s'en empara après une résistance de sept ans. C'est à cette époque que les Arabes font remonter la fondation de *Mançoura* (1), que les *Beni-Meriin* bâtirent dans leur camp. *Abi-Saïd* embellit par de nombreux monuments sa nouvelle conquête. Il se fit appeler

---

(1) منصورة *Mançoura*, la victorieuse; ainsi nommée en mémoire de la victoire des Beni-Meriin. C'était autrefois une ville à un quart de lieue de Tremecen; elle n'a plus à présent ni maisons ni habitants. Il ne subsiste plus debout que les tours de l'enceinte et le minaret de la mosquée.

Émir-el-Mselemin, et se rendit maître de la plus grande partie du *Mogrob-el-Ousth*. Quelques villes de la côte, *Mostaganem*, *Arziou*, etc., tinrent encore pour les *Beni-Zian*, et c'est dans cette dernière ville que se retirèrent avec leurs trésors les souverains déchus de *Tremecen*. Depuis ce temps, *Arziou* prit le nom d'*Arziou* des *Beni-Zian*.

Les trésors des *Beni-Zian* sont un thème sur lequel l'imagination des Arabes a brodé mille contes merveilleux. D'après les croyances populaires, les *Beni-Zian* cachèrent à cette époque leurs richesses dans la *Sebkra* d'*Arziou* (1), dans un endroit appelé *Djira* (2), et lorsque les successeurs de *Grammeur-Hassan* redevinrent puissants dans le pays, la caverne de *Djira* fut encore le point où ils déposèrent leurs nouveaux trésors. Quelques *talebs* seuls, au moyen d'un *djedouel* mystérieux connu d'un petit nombre, ont le droit de pénétrer dans cette caverne, invisible aux yeux des profanes qui ne connaissent pas la formule enchantée, le *sésame* merveilleux. Ce droit ne procure du reste que la vue de ces trésors; entré dans la caverne, vous arrivez après maints détours sur les bords d'un courant d'eau large et profond, qui roule les flots rapides d'une eau plus chaude que l'huile bouillante; de l'autre côté de cet infranchissable obstacle, vous apercevez distinctement une multitude innombrable de *tellis* (3) remplis de pièces d'or. *Mohammed-el-Kebir*, un des beys les plus remarquables qui dans ces derniers

---

(1) سبخة Terrains salans.

(2) جيرة *Djira*.

(3) تلّيس *Tellis*, espèce de grand sac en laine servant à mettre le blé.

temps ait gouverné la province d'*Oran* pour les Turcs (1), chercha s'il ne pourrait pas découvrir ces fabuleuses richesses. Il fit sonder dans tous les sens la *Sebkra* pour trouver la caverne enchantée, et ne rencontra rien. Honteux de sa crédulité, il se vengea en faisant une razia sur la tribu insoumise des *Harrar*. Il rapporta en effet un trésor, disent les Arabes; mais il le devait à ses éperons et non à ses fouilles dans la *Sebkra* (2).

Abou-Yacoub séjourna plusieurs années en Afrique sans retourner en Espagne. Le roi de *Grenade*, *Mohammed*, profitant de cette absence prolongée, avait employé la corruption pour rentrer en possession d'une ville que la trahison avait enlevée à son père. Il s'était emparé de *Malaga*, qu'un ouali infidèle lui avait livrée. Mais, craignant la vengeance du souverain de *Maroc*, il s'était assuré l'alliance et les secours de *Sanche III*, roi de *Léon* et de *Castille*. Irrité en effet de la trahison de son ouali, *Abou-Yacoub* fit diverses tentatives pour en obtenir vengeance et recouvrer la ville qu'il avait perdue. Il se préparait à passer en Espagne, avec des forces considérables qu'il avait réunies à *Tanger*, lorsque la flotte de *Sanche* vint détruire sur la côte d'Afrique les bâtiments destinés au transport de ses soldats en Espagne. *Abou-Yacoub*, découragé par ce revers, renonça à une tentative devenue impossible; *Sanche*, au contraire, exalté par le succès, alla assiéger *Tarifa*, dont il parvint à s'emparer (691 h. 1292 J.-C.).

Quelques années après, *Abou-Yacoub*, voyant qu'il ne possédait plus en Espagne que la seule ville d'*Algésiras*,

---

(1) Voir la quatrième époque, Gouvernement des beys.

(2) خزنة متاع شبير Le trésor de l'éperon, *kiozna-mtâa chabir.*

convaincu du reste que toute entreprise sur l'*Andalousie* ne pouvait plus qu'être funeste à l'*Afrique*, céda cette place à *Mohammed*, moyennant une somme d'argent (695 hég. 1296 J.-C.).

L'abandon volontaire d'*Algésiras* effaça de la presqu'île ibérique le dernier vestige des pas de ces hordes sauvages, qui l'avaient foulée pendant plus de deux siècles. C'était au tour de l'Espagne, de l'Espagne chrétienne, de réagir sur l'Afrique. Le champ de bataille allait changer, et ce n'était plus en *Andalousie* que les Africains et les Espagnols devaient de nouveau se rencontrer.

Les successeurs d'*Abou-Yacoub* ne surent point conserver entière la puissance qu'il leur avait léguée, et l'empire fondé par *Abd-el-Haq* ne tarda pas à être démembré. Un nouveau pouvoir, sorti aussi des *Beni-Meriin*, se posa indépendant à *Fez* : *Osman-er-Rada*, qui commandait dans cette province pour *Yacoub*, se souleva contre les descendants de ce prince. *Saïd*, à *Tremecen*, avait aussi rejeté de ses neveux le vasselage qu'il avait accepté venant de son frère. Son fils, *Abou-el-Hassem*, qui lui succéda (730 h. 1330 J.-C.), s'empara de *Fez*, dont il dépouilla *Osman-er-Rada*, et se rendit maître de *Mostaganem* et *Arziou*, qui tenaient encore pour les *Beni-Zian*, força ces derniers à se reconnaître tributaires. Il assit solidement son autorité sur une grande partie du *Mogrob-el-Ousth*, et mourut en laissant à son fils une puissance assez importante et bien établie. C'est à cette époque que le *Mogrob-el-Ousth*, qui jusque alors n'avait été qu'un annexe, soit de la *Feriquia*, soit du *Mogrob-el-Aqci*, commence à jouer un rôle indépendant, et naît pour ainsi dire à la vie politique.

Trois états se forment : le royaume de *Tunis*, le

royaume de *Tremecen* et les royaumes du *Greurb*. Nous comprendrons sous cette dénomination tous les différents petits royaumes de *Suz*, de *Fez*, de *Maroc*, etc., qui, sous les *Beni-Outtas* et les premiers *chérifs*, divisèrent le *Mogrob-el-Aqci*. Nous allons à présent nous occuper exclusivement du royaume de *Tremecen*, et nous ne parlerons de la *Feriquia* et du *Mogrob-el-Aqci* que dans les rapports que ces deux parties peuvent encore avoir avec le royaume de *Tremecen*.

Abi-Abd-Allah ne pensa pas à de nouvelles conquêtes; content de l'héritage que lui avait assuré son père, il songea à embellir les villes de ses possessions. On lisait encore, il y a quelque temps, l'inscription suivante, gravée sur une table de marbre dans la grande mosquée de *Mostaganem*; nous l'y avons copiée nous-même.

« Louanges à Dieu (1), maître des mondes, et une heureuse fin à ceux qui craignent le Seigneur. Celui qui a ordonné la construction de cette mosquée est le béni,

(1). الحمد الله رب العلمين و العافية
للمتقين * امر ببنيان هذا الجامع المبارك
و تشييده مولانا السلطان الاعز ابى عبد
الله على امير المسلمين المجاهد في
سبيل الله رب العلمين ابو الحسن
ابن مولانا ابى سعيد ابن مولانا
امير المسلمين ابن يوسف ابن عبد الحق
وصل الله تأبيده و بلغه من فعل
الخير بغيته و مقصوده و ذلك في
عام ٧٤٢ و حبس عليه خلد الله
مفاخره و ابد اثاره الكريد و ماثره
حانوتين ثنتين بالسيف الكبير

le sublime, le sultan, notre maître respecté, *Abi-Abd-Allah-Ali*, prince des musulmans, ardent dans la voie de Dieu, maître de mondes. Son père, *Abou-el-Hassan*, était fils de notre maître, *Abi-Saïd*, prince des croyants, fils de *Ioussef*, lequel était fils d'*Abd-el-Haq*. Cette mosquée a été élevée pour la glorification de l'Éternel, et pour être au fondateur, suivant son désir et sa volonté, une œuvre méritoire. Il l'a bâtie l'année 742 (1343 J.-C.), et il a constitué en habous (que Dieu éternise sa mémoire et rende ineffaçables les traces de sa générosité!) deux boutiques situées sur le grand marché, dont la porte est tournée du côté du sud, et mitoyennes à la maison de *Ben-Abi-Aroua*. Plus, de deux moulins, dont le premier est au

وفتح بابـاهمـا قبلة و هما الـحـانـوتـان
بــدار ابن ابي عَرْوَهْ * و فُرْنَينْ احدُ هما
فىٰ هذا الجامع و الاخر عن يمين
الخارج من باب البلاد *
و ثلاث جرار زيت من الزيت
المستفاد في العشر لتصروب
غلات الربع المـذكـور في مرتب
الامام و الخطـيب و فراة الحـزب
و المؤذنين و الحصر بعد الرَّمْ و
الاصـلاح و يصرب الزيـت المذكور
في الاستصباح و يتولى النظر في
ذلك وصرفه حيث ذكر
القاضى و الخطيب و عشرة من
اهـــل الخير و ان هلما ينبـع الله
بدلك الهفام العلي و ضاعف اجره
و اطال بقا. ٥ *

sud de la mosquée, et l'autre, à droite en sortant du quartier qu'on appelle *la ville*; plus, de trois mesures de bonne huile, provenant de l'*achour* (1), pour l'usage de la dite mosquée. Les revenus provenant de ces habous seront partagés entre l'imam, le taleb prédicateur, le lecteur du Coran, les moeddens. Une partie des fonds sera réservée pour l'achat des nattes, après la construction de la mosquée, pour le balayage, etc. L'huile sera brûlée en tout temps. Les lampes seront allumées jour et nuit ; et ceux qui seront employés à ce que ces fonds soient dépensés comme il vient d'être dit, seront le cadi, le prédicateur et dix hommes de bien de la ville. (Que Dieu soit propice à l'illustre personne du fondateur ! qu'il rende son souvenir éternel, et que les traces de sa mémoire ne soient jamais effacées !) »

Nous ne citerons des descendants d'*Abi-Abd-Allah-Ali*, dont nous ne donnerons pas la nomenclature incertaine, que *Soltan-Mendas*, avec lequel finit la domination des *Beni-Meriin* dans le pays. *Soltan-Mendas* était ainsi appelé parce qu'il habitait de préférence la ville de ce nom située dans le pays de *Flita*, et dont il ne reste plus à présent que les ruines et les tours d'enceinte. Le frère de *Soltan-Mendas*, auquel on donne le nom de *Ben-Abbad*, commandait dans *Oran*. Il avait rassemblé à *Mersa-el-Kebir* des navires corsaires qui allaient faire des incursions sur les côtes d'Espagne; et ce fut de son temps qu'*Abou-Fares*, de la famille souveraine des *Beni-Hafça* de *Tunis*, fit une expédition contre le royaume de *Tremecen*, d'où il chassa les *Beni-Meriin* et mit fin à leur domination. Les *Beni-Meriin* se retirèrent, en grande

(1) Voir la note sur l'*achour*.

partie, dans le royaume de *Fez*, où commandaient encore des membres de cette famille. Quelques-uns restèrent cependant dans le pays en acceptant la domination du vainqueur. Il existe encore, au-dessus de *Mascara*, une *kabila* importante, les *Beni-Merianin*, appelés improprement *Beni-Merianin*, qu'on prétend descendants de cette famille souveraine. Les *Beni-Meniarin* ont hérité de la réputation de leurs ancêtres, et passent encore pour grands sorciers. Les *Beni-Meriin*, disent les chroniques arabes, avaient trouvé le moyen de faire de l'or; ils lisaient l'avenir dans les étoiles (1); ils expliquaient le langage du tonnerre, et pouvaient prédire les événements futurs, soit au moyen du sable qu'ils jetaient sur une table noire (2), soit au moyen de chiffres qu'ils combinaient d'une certaine manière et dont eux seuls avaient le secret (3).

Abou-Fares mit à la place des *Beni-Meriin*, pour gouverner le pays comme tributaire, la famille berbère des *Beni-Ifferen*. *Soltan Igremour*, premier chef des *Beni-Ifferen*, commanda onze ans dans le *Mogrob-el-Ousth*, et fit construire une enceinte nouvelle à la ville de *Tremecen*. Le tribut que payaient à Tunis les *Moulouk-Beni-Ifferen* consistait en argent, blé et orge. Les céréales, principalement tirées des belles plaines de *Zidour*, étaient apportées auprès de *Raschgoun*, où les galères de *Tunis* venaient les charger.

Abou-Fares, après avoir soumis le royaume de *Tremecen*, retourna dans la *Feriquia*, et laissa à Bougie son fils *Abd-el-Aziz* pour y commander sous la suzeraineté de

---

(1) خط النجوم *Kreth-el-nedjoum*, écriture des étoiles. Voir, à la fin du volume, la note sur les croyances et superstitions.

(2) خط الرمل Écriture du sable.

(3) خط الحساب Écriture des chiffres.

Tunis. Les descendants d'*Abd-el-Aziz* se sont maintenus dans le petit état de Bougie, vassaux et souvent indépendants, jusqu'à l'époque où *Don Pèdre de Navarre* vint s'emparer de cette place (916 hég. 1510 J.-C.)

Sous *Abd-el-Moula*, successeur de *Soltan-Igremour*, les *Beni-Ifferen* furent dépossédés par les *Beni-Zian*, qui les chassèrent de *Tremecen* et ressaisirent ainsi le pouvoir, qu'ils conservèrent jusqu'à la venue des *Turcs*. *Abd-el-Moula* se réfugia à *Tekedempt*, ville importante de ce temps-là, mais qui finit par être ruinée pendant les guerres longues et sanglantes de ces deux familles rivales. Après la prise de cette ville, les *Beni-Ifferen* furent dispersés de tous côtés. Il en existe encore une petite tribu entre les *Beni-Seroual* et les *Medjehar*. La beauté des filles des *Beni-Ifferen* est proverbiale dans le pays; ils ne se marient qu'entre eux (1).

Sidi-Abd-er-Rahman-el-Medjeboud (2) disait à cette époque de *Tremecen*, dans laquelle se succédaient rapidement tous ces pouvoirs après s'être brisés : « *Tremecen* est l'aire raboteuse dans laquelle se brise la fourche du moissonneur; combien de fois les faibles, les enfants, les vieillards, n'ont-ils pas été abandonnés dans ses murs (3)?

(1) Bien qu'*Abd-el-Kader* prétende être de pure race arabe, et appartenir aux Mehals, c'est-à-dire aux Arabes des diverses invasions qui se sont, à différentes époques, jetés sur l'Afrique (*Mehals*, de مَحَلَّة armée), il paraît, au dire des habitants du pays, qu'il sort des Berbères *Beni-Ifferen*, et descend de cet *Abd-el-Moula*, qui a commandé autrefois à *Tekedempt*.

(2) المجبود D'or, bouche d'or, *el-medjeboud*.

(3) تلمسان درسى فوبة فيها يتهرسوا من الهدارى فى زنغها سا بقاوا من دراري

Les *Beni-Zian* de *Tremecen* eurent de longues et fréquentes guerres contre les *Beni-Meriin* de *Fez* et de *Mequinez*. Cependant sous les souverains de cette famille ce petit royaume atteignit un grand état de prospérité. *Tremecen* devint l'entrepôt de tout le commerce de l'intérieur. Le *tibbar*, l'ivoire, les plumes d'autruche, les cuirs préparés, etc., formaient de grandes branches de commerce, sources fécondes de richesses pour les habitants du pays. Tous ces produits, transportés à *Oran*, y étaient achetés à grands frais par les marchands vénitiens; et leurs galéasses, qui remplissaient le port de *Mersa-el-Kebir*, les transportaient en *Europe*. Les souverains de *Tremecen* avaient à *Oran* une douane qui percevait de riches impôts sur tous les objets d'importation et d'exportation. L'*Europe* donnait à l'*Afrique*, en échange de ses produits, des armes, des verroteries de Venise, des étoffes de toute espèce, etc. « *Oran*, disait-on alors, est su-
» périeure à toutes les villes par son commerce; c'est le
» paradis du malheureux; celui qui vient pauvre dans ses
» murs en sort riche (1). »

Mais il paraît que le luxe et les richesses avaient corrompu les mœurs, car *Sidi-Mohammed-ben-Aurari*, marabout très-vénéré qui vivait du temps des *Beni-Zian*, lança contre cette ville la malédiction suivante :

« *Oran* (2), ville de l'adultère, voici une prédiction qui

Telemsan dersa quouia fiha itchersoua men el-medari fi zenq-ha ma bequaoua men derari.

(1) وهران للبيع و شرا لنفسها لبلاد
فيها المسكين يستضر

(2) من جا فقير ثم ابر
وهران العسفة

» s'accomplira : « L'étranger viendra dans tes murs jus-
» qu'au jour du renvoi et de la rencontre (1). »

Quelques souverains de *Tremecen* ont frappé monnaie à leurs coins. Ces monnaies, dont les vieux habitants du pays prétendent avoir vu des pièces, sont devenues très-rares; on les appelait des *ziani*. Il y avait des *ziani* de cuivre, des petits *ziani* d'argent valant sept *mouzounats*, et des *ziani deheb* (*ziani d'or*) semblables aux doublons d'Espagne, mais plus grands et plus minces. Un ancien imam du bey *Osman*, qui habite actuellement *Mostaganem*, prétend en avoir eu un tout récemment entre les mains ; il portait, nous a-t-il assuré, sur une de ses faces, l'inscription suivante : « Il n'y a pas d'autre dieu que Dieu, le souverain, le véritable (2); » et sur le revers le nom du prince régnant, avec la date de l'année de l'hégire où la pièce avait été frappée. Celui qu'il avait en sa possession portait : « Frappé par *Abd-er-Rahman* l'année 814 (3). »

بعتك بيع الموافقة
النصارى ثمّ لفا
حتى يوم البعث و اللفا

(1) Voici comment la mosquée explique cette expression, *le jour du renvoi et de la rencontre* : Lorsque le monde sera détruit, et qu'il ne restera plus que Dieu seul, il sèmera l'esprit sur nos tombeaux, et nous nous lèverons. C'est alors qu'il nous *enverra* dans un lieu où tout le monde sera rassemblé, et où tous se *rencontreront.* »

امنين تنفرظ الدنيا و ما يبقى حتى واحد الا الله ديك الساعة يزرع الله فينا الروح في قبورنا و نقوموا امنين نقوموا يبعثنا للرحبة الى فيها يلتقوا الناس الكل ويتلفوا

(2) لا الله الا الله الملك الحقي

(3) ضرب عبد الرحمن سنة ٨١٤

Nous n'avons pu, malgré toutes nos démarches, nous procurer une de ces pièces. Les Juifs recherchent beaucoup les *ziani deheb* ; ils prétendent que l'or en est très-pur. Il paraît cependant, d'après *Marmol*, que les derniers princes de cette maison en avaient singulièrement altéré le titre.

Les souverains de *Tremecen* vivaient avec magnificence, et le bruit des richesses que renfermait leur capitale a plusieurs fois armé contre eux les princes leurs voisins. Le roi de *Mequinez*, entre autres *Soltan-el-Khal*, qui joue un grand rôle dans les contes populaires des Arabes, séduit par l'espoir de se rendre maître des fabuleux trésors de cette grande ville, vint l'assiéger. Voici, suivant les chroniques, l'aventure qui excita sa cupidité. Un jour qu'il était allé faire ses prières à la mosquée, il laissa, suivant la coutume, son cheval à la porte sous la garde d'un *saïs* (1). Pendant que le maître priait, le palefrenier s'endormit, et un voleur, profitant de son sommeil, coupa les *ferdats* (étrivières) (2), et emporta les magnifiques étriers d'or qu'elles soutenaient. Le *saïs*, en se réveillant, s'aperçut du vol, et craignant que son maître ne punît sévèrement sa négligence, il se sauva. Après avoir erré pendant plusieurs jours, il arriva un soir à *Tremecen* et demanda en entrant l'hospitalité de Dieu (3). Elle lui fut donnée chez le *caïd* des chasses du roi (4). Le *caïd* reçut de son mieux son hôte, et lui demanda après le repas

(1) سايس *Saïs*, palefrenier.

(2) فردة Ce sont les lanières en cuir, qui, dans les selles arabes, supportent les étriers.

(3) ضيافة الله على ثلاثة L'hospitalité de Dieu pour trois jours.

(4) قايد السلاق Le caïd des *lévriers*.

l'où il était, d'où il venait, et quelle était sa famille. Par un singulier hasard, il reconnut dans le fugitif un de ses parents. Il le prit sous sa protection et lui promit d'apaiser la colère du sultan son maître et de le faire rentrer en grâce. En effet, deux jours après il lui donna une lettre, et le conduisant à l'endroit où étaient renfermés les chiens de la chasse du roi, dont il avait la garde, il enleva à l'un d'eux son collier (ce collier était d'or pur (1) orné de pierres précieuses), et le remit à son parent en lui disant : Voilà qui te servira d'*aman*. De retour à *Mequinez*, le *saïs* fit à son maître un récit pompeux de ce qu'il avait vu dans *Tremecen la capitale* (2). *Soltan-el-Khal*, fort et puissant, voulut avoir en sa puissance la ville dépositaire de tant de trésors; mais il l'assiégea vainement, car, dit la chronique,

<blockquote>Elle avait sept remparts et sept enceintes,
Et ses maîtres ne dormaient ni jour ni nuit (3).</blockquote>

Il fut obligé de lever le siége, après être resté trois ans sous ses murs.

Mais les *Beni-Zian*, dit toujours la chronique, orgueilleux de leur puissance et de leur longue domination sur le pays, oublièrent que la justice est la seule base inébranlable de tout pouvoir. Déjà depuis long-temps les populations gémissaient sous l'oppression de leur tyrannie et de leurs violences, lorsque le ciel lui-même se chargea de punir leurs iniquités. *Moula-Ibmatsmeud*, qui

---

(1) ينبوس Or sans alliage.

(2) بلاد سلطانة La ville des sultans.

(3) سبعة اسوار و سبعة ادوار
و موالي ما يرقدوا ولا في الليل ولا في النهار

régnait à *Tremecen*, avait une brillante et nombreuse famille. Quarante fils, beaux guerriers, valeureux soldats, faisaient sa gloire, son bonheur, et semblaient assurer pour long-temps le pouvoir entre les mains de ses descendants. Forts de leur puissance, fiers de leurs innombrables richesses, ils croyaient que tout devait plier devant leurs caprices, et ils ne reculaient devant aucun excès pour satisfaire leur plus petite volonté. La chasse était une des passions à laquelle ils se livraient avec le plus d'ardeur. Un jour, après une longue course, ils arrivèrent à la *fontaine des Poissons* (1); une jeune femme y était assise avec son enfant, se reposant après s'être désaltérée. Un des fils du sultan lui demanda à boire; la jeune femme lui présenta la coupe en détournant la tête (elle n'avait pas son voile). Pourquoi te caches-tu de moi? lui dit le jeune homme en colère; ne vois-tu pas que je suis le fils du sultan? Fidèle au devoir de toute musulmane, qui ne doit se montrer sans voile qu'à son mari (2), la jeune femme ne céda point aux menaces du prince, qui, furieux de cette résistance, poussa son cheval sur elle, la foula aux pieds, et fit dévorer l'enfant par ses chiens : cette horrible action, à laquelle tous ses autres frères avaient applaudi, attira sur eux la malédiction du ciel. Dès ce moment, la puissance des *Beni-Zian*, frappée par la main de Dieu, ne cessa d'aller en décrois-

(1) عين الحوت *Aïn-el-Hout* : la fontaine des poissons, aux environs de Tremeceu.

(2) Une femme peut aussi se montrer sans voile à son *mahrem* مَحْرَم. C'est ainsi qu'on désigne les proches parents, les parents au premier degré, ceux avec lesquels il est défendu de se marier, محرم في الازواج *mahrem fi el-zouadj*.

ant. La discorde se glissa peu à peu parmi les nombreux
nfants de *Moula-Ibmatsmeud*; l'anarchie s'établit dans
es tribus. Les *Madi-Ouna*, les *Haït-ben-Tamer*, dans les
laines qui environnent *Oran*, les *Mehadjah* et les *Abd-
l-Ouad* sur le *Sig*, etc., se firent de longues et cruelles
,uerres. Les Arabes *Mehals* enfin, profitant de toutes ces
lissensions, se soulevèrent dans la province, qu'ils rem-
lirent de désolation et de ruines. Ils s'emparèrent de
Mostaganem, Mazagran, Tenes, etc., et se déclarèrent in-
lépendants. Les *Beni-Mezegrenna* et les habitants de la
Metidja cessèrent de reconnaître l'autorité des souverains
e *Tremecen*; enfin, par la permission de Dieu, et pour
lernière punition, ce royaume fut ravagé par les incur-
ions des chrétiens avant de devenir la proie des *Adjem* (1).

Hammid-el-Abid (diminutif de *Hamed-el-Abd*), le premier chef de ces *Mehals* réunis en tribu, qui vinrent s'é-
tablir à *Mostaganem* (2), fit une position importante de
e point, qui n'était auparavant qu'une petite ville peu

(1) عجمي *Adjami*, *Adjem*, les Turcs, et en général tous
ceux qui ne parlent pas arabe. Ce nom s'applique plus spécialement
aux Persans.

(2) مستغانم *Meustegranem*. Les Arabes donnent deux étymologies
à ce nom : suivant les uns, *Meuste-granem* n'est autre chose que
مسك الغنم *meusk-el-granem*, abondance pour les troupeaux ;
meusk, c'est, à proprement parler, une grande outre dont les Arabes
se servent pour apporter de l'eau dans leur tribu. Au figuré il se prend
pour *abondance* ; abondance pour les troupeaux, bon pâturage pour
les troupeaux; d'autres prétendent qu'au temps des *Beni-Meriin*,
lorsque *Abi-Abd-Allah-Ali* arriva dans cet endroit, qui n'était alors
qu'un petit village, il rencontra deux enfants dont l'un tenait en main
un morceau de roseau, et le présentait à l'autre en lui disant : *Meuce
kranem* مص خرانم *Suce kranem*; c'était un morceau de canne à sucre
qu'il lui offrait. *Abi-Abd-Allah* adopta ce nom pour sa ville.

considérable. Il l'entoura de remparts, et y fit construire le fort que les Arabes appellent encore le fort des *Mehals* (1), et auquel nous avons donné le nom de fort des Cigognes. Il avait trois filles dont la mémoire est restée chère aux habitants de cette ville. Elles voulurent chacune la doter de quelques établissements utiles. *Seffouana* fit creuser les aqueducs qui existent encore pour conduire l'eau dans la ville ; *Melloula* fit planter une grande partie des jardins environnants, et bâtir la porte à laquelle on donna le nom de *porte des Sauterelles* (2), parce que l'année où elle fut construite, une plaie de sauterelles désola le pays ; et *Mançoura* donna son nom à une mosquée qu'elle fit élever, et où elle a été enterrée (3).

Les *Mehals* établirent solidement leur autorité sous *Hammid-el-Abid*. Ils ne possédaient, il est vrai, que quelques villes : *Mostaganem, Mazagran, Mazouna* et *Tenes* leur obéissaient ; mais toutes les tribus arabes et berbères du *Sahel*, depuis *Mostagan* jusqu'en dessous de *Miliana*, dans la *Metidja*, reconnaissaient leurs lois (4). Pour renfermer les céréales, produit de l'*achour* que lui payaient toutes ces tribus, *Hammid-el-Abid* fit con-

---

(1) برج المحال *Bordj-el-Mehal*.

(2) باب الجراد *Bab-el-Djerad*.

(3) جامع لّلة منصورة *Djama l'alla Mançoura*.

(4) Les Arabes chantent encore une chanson dans laquelle les *Mehals* se glorifient de leur indépendance et de leur puissance. En voici le refrain :

مانا من الشريف ماذا من تلمسان
مانا من الزاير ماناشى زاوية

« Nous n'appartenons pas au chérif, ni au roi de Tremecen. Nous ne dépendons pas d'Alger. Nous sommes de braves guerriers. »

struire de nombreux *matamores* (1) sur la hauteur qui commande *Mostaganem*. C'est à l'endroit où avaient été creusés les *matamores* d'*Hammid-el-Abid* que fut construite plus tard la petite ville de *Matamore*. *Hammid-el-Abid* fit jeter aussi un pont sur le *Sig* et un sur le *Chellif*. On montre encore les ruines du *Kahtara* du *Sig*, qui avait été bâti, disent les Arabes, avec un ciment composé de plâtre, d'œufs et d'huile. Comme ils ont toujours une histoire à attacher à toutes les pierres, à tous les endroits remarquables de leurs solitude, ils racontent que ce fut la vengeance d'un saint marabout qui détruisit ce pont. Du temps de la puissance des *Mehals*, une *kabila* de cette tribu souveraine, les *Abd-el-Ouad*, s'était établie sur le *Sig*, dont elle s'était arrogé la propriété. Elle exigeait même quelquefois un droit de péage sur le pont d'*Hammid-el-Abid*; les *Mehadjats*, tribu voisine des *Abd-el-Ouad*, vinrent solliciter d'eux, à une époque d'une grande sécheresse, la permission d'arroser leurs terres. Les *Abd-el-Ouad* exigèrent, pour accorder cette autorisation, une somme exorbitante, que les *Mehadjats* ne pouvaient payer. Alors, *Sidi-Ahmara-Madj*, marabout des *Mehadjats*, dont la *quobba* (2) existe encore sur le *Sig*, demanda à Dieu, par ses prières (3), de punir l'avarice et la dureté des *Abd-el-Ouad*. Dieu exauça le marabout; il fit tomber une grande quantité de pluies qui firent reverdir

(1) *Matamores* ou *silos*, espèces de caves souterraines où les Arabes renferment leurs grains.

(2) قبّة *voute*. C'est le nom donné aux petites chapelles où certains marabouts sont enterrés.

(3) حنّ علينا يا جواد
ماردنا ماء عبد الواد

les moissons des *Mehadjats*, presque desséchées, et qui, en faisant grossir le *Sig*, entraînèrent le pont dont s'étaient emparés les *Abd-el-Ouad*. Les Turcs, ajoutent les Arabes, ont essayé plusieurs fois, à l'époque de leur domination, de rétablir le pont d'*Hammid-el-Abid*; ils n'ont jamais pu y parvenir. Les progrès toujours croissants des successeurs de ce chef heureux menaçaient d'anéantir entièrement la puissance des *Beni-Zian*, lorsqu'une grande et nouvelle révolution éclata dans le pays, et vint engloutir à la fois, et la puissance nouvelle des *Mehals*, et l'autorité chancelante des *Beni-Zian*.

Après une lutte de huit siècles, les *Morisques* avaient enfin été chassés d'*Espagne*. Le royaume de *Grenade* venait de tomber sous les coups d'*Isabelle* et de *Ferdinand*; le dernier roi de *Grenade*, *Abou-Abd-Allah*, s'était réfugié en *Afrique*; un grand nombre de *Maures*, expulsés par les décrets de *Ferdinand*, avaient passé le détroit (1499, 1ᵉʳ décret d'expulsion; 1500, 2ᵉ décret.) En abordant les côtes inhospitalières d'*Afrique*, loin d'être reçus comme des frères malheureux, les pauvres exilés furent, en grand nombre, pillés et massacrés par les Arabes. Plus de cent mille personnes, au dire des historiens, souffrirent la mort sous les formes les plus hideuses, dans l'espace de quelques mois après leur expulsion (1). On raconte, dans la province d'Oran, que soixante barques, montées par ces *Andalous* qui fuyaient l'Espagne pour rester fidèles à leur religion, furent surprises par le mauvais temps en se rendant à Oran, et jetées à la côte non loin de la *Meqta* (2); les habitants des plaines de

---

(1) *Mills. Mahometism's history*.

(2) مقطع *Meqta*, gué. Le *Sig* et l'*Habra* se perdent dans les marais

Habra accoururent pour les dépouiller. Une jeune fille voulant sauver du pillage une bague précieuse qu'elle avait au doigt, l'avala. Cette action n'échappa point à la rapacité des voleurs, qui, pour ne pas laisser échapper ce trésor, tuèrent la jeune fille, fouillèrent dans ses entrailles et en arrachèrent leur proie. Craignant ensuite que d'autres richesses n'eussent été soustraites de cette manière à leur avidité, ils massacrèrent sans pitié presque tous les malheureux *Morisques*. Ce qui se sauva de cet horrible massacre se réfugia au petit village de *Mazagran*. La haine que les habitants de *Mazagran* avaient conservée pour les gens de l'*Habra* était attribuée au souvenir de cette épouvantable action. Tous ces maux soufferts par les malheureux exilés ne firent qu'accroître la haine qu'ils portaient déjà à leurs persécuteurs, à ceux qui les avaient chassés de leur patrie.

Disséminés sur tous les points de la côte, ils vinrent donner une nouvelle activité aux courses et aux brigandages des forbans qui infestaient ces parages. Pour réprimer leur insolence, les galères portugaises ne tardèrent pas à paraître devant *Oran*.

D'un autre côté, *Aroudj* et *Krair-ed-Din*, les hardis corsaires, étaient nés dans l'île de *Midelli*, l'ancienne *Lesbos* (887 hég. 1482 J.-C.). C'était désormais sur un nouveau théâtre que la chrétienté et l'islamisme allaient en venir aux mains. C'était sur ce coin de terre que l'Atlas dispute aux sables des déserts, que la fortune du plus grand roi chrétien devait plier devant celle d'un heureux aventurier.

---

d'où sort une nouvelle rivière qui va se jeter dans la mer. C'est le gué de cette rivière qu'on appelle *Meqta*.

TROISIÈME ÉPOQUE.

ÉTABLISSEMENT DES TURCS.

DE 1500 A 1563 (J.-C.).

Déjà depuis plusieurs années la puissance des Maures avait cessé d'exister en Espagne (1). Des décrets d'expulsion, rendus à diverses époques, avaient chassé de l'Europe les derniers musulmans, et les avaient refoulés dans les pays d'où ils étaient partis à l'époque de la conquête. Disséminés dans toutes les villes de la côte d'Afrique, ils étaient venus y mêler leurs désirs de vengeance à la haine religieuse de tout musulman pour le nom chrétien. *Brescar* (*Gunugus*), *Cherchel*, l'ancienne *Césarée*, se re-

(1) On a vu dans les époques précédentes que la population musulmane qui s'était établie sur le sol de l'Espagne avait été formée par le mélange des *Arabes* et des *Berbères* qui, successivement et à diverses époques, avaient envahi cette contrée. De la fusion qui s'opéra entre les vainqueurs et ceux qu'ils avaient autrefois vaincus, il s'était formé, pendant les longues guerres de l'*Espagne* contre la *chrétienté*, et surtout dans les dernières luttes du royaume de *Grenade* contre les rois catholiques, une nation compacte et homogène que nous avons appelée *maure*, *morisque*. Les *Maures andalous* ne doivent point être confondus avec ceux que la nouvelle classification de M. Davezac appelle Maures de race mélangée, et qui occupent, avec les *Maures* de race pure, la *côte de l'Atlantique* depuis les états de *Sidi-Hescham* jusqu'au *Sénégal*. Ces derniers proviennent du mélange des *Berbères* indigènes avec les *Arabes* le plus anciennement émigrés en Afrique sous la conduite de *Melek-Afriki*. Les Mogrebins appellent ces Maures andalous الاندلس *el-Andeless*.

levaient de leurs ruines pour donner asile aux proscrits. Des fustes nombreuses, montées par d'audacieux corsaires, sortaient des ports de la Méditerranée et de l'Océan, infestaient les mers, et venaient jeter l'effroi sur les côtes d'*Espagne* et d'*Italie*. En vain, pour arrêter ces brigandages, les Portugais s'étaient-ils emparés, depuis le roi *Alphonse*, de *Tanger*, de *Ceuta*, d'*Arzile*, d'*El-Caçar-Segrir* (876 h. 1471 J.-C.), *Velez de Gomere*, *Oran*, *Bougie*, *Tunis*, etc., sur la Méditerranée; *Safie*, *Azamor*, *Rabat*, *Mamore*, sur l'Océan, continuaient avec insolence leurs courses et désolaient tous ces parages.

En 906 (1501 J.-C.), *Dom Manuel de Portugal*, envoyant une flotte dans le Levant au secours des Vénitiens, avait donné l'ordre aux généraux qui commandaient sa flotte de s'emparer de *Mers-el-Kebir*, et d'y laisser garnison. Ils firent en effet une tentative sur cette place; mais les *Africains* repoussèrent avec bonheur cette première agression. Arrivée en vue d'*Oran*, la flotte resta trois jours entiers en croisière, et le mauvais temps empêcha le débarquement des troupes. Prévenus ainsi longtemps d'avance de l'attaque qui les menaçait, les habitants eurent le temps de se rassembler et de se préparer à la défense. Les différentes manœuvres des Portugais avaient fait deviner le lieu choisi pour la descente, et les *Arabes* ayant saisi avec résolution les premiers désordres du débarquement, se jetèrent sur les *Portugais*, en prirent et tuèrent un grand nombre; les autres, épouvantés, se sauvèrent dans leurs navires, qui mirent aussitôt à la voile sans essayer de nouvelles tentatives.

Enorgueillis par ce succès, les habitants d'*Oran* continuèrent leurs courses et leurs descentes sur les côtes d'Espagne. Postés à l'entrée du détroit, ils attaquaient et capturaient les galions qui, déjà à cette époque, revenaient chargés des richesses du Nouveau-Monde. Pour mettre enfin un terme à leurs brigandages, Don Diego de Cordoue (1) vint, cinq ans après cette défaite des *Portugais*, attaquer *Mers-el-Kebir* (2). Le roi *Ferdinand d'Aragon* lui confia des forces considérables pour conduire cette opération. La flotte était sous les ordres de *Raymond de Cardonne*, et portait cinq mille hommes de débarquement. Sortie du port de *Malaga*, elle vint mouiller après une heureuse traversée dans le golfe d'*Oran*, à l'ouest de *Mers-el-Kebir*. Le débarquement eut lieu sans obstacle, sur la belle plage de sable qui s'étend depuis le cap *Falcon* jusque auprès du fort (3). Après une défense vigoureuse, les *Arabes* cédèrent aux progrès d'un siége régulier, et se retirèrent à *Oran* (911 h. 1505 J.-C.). *Don Diego de Cordoue* fut nommé gouverneur de sa nouvelle conquête.

Il était depuis peu de temps établi à *Mers-el-Kebir*, lorsqu'il fut prévenu par ses espions qu'un grand rassemblement d'*Arabes* avait lieu dans les environs de *Miserghin*; qu'ils y étaient avec leurs tentes et leurs troupeaux, et qu'il serait facile d'y faire un grand butin. Don Diego, voulant à la fois inspirer une terreur salutaire aux Arabes au commencement de son commandement, et profiter de l'occasion qui s'offrait à lui d'approvisionner sa place aux dépens de l'ennemi, sortit pendant la nuit avec une partie de son monde.

Les Arabes, pris à l'improviste, furent mis en déroute

---

(1) Don Diego Fernandez de Cordova, marquis de Comarès.

(2) مرسَى الكبير *Mersa-el-Kebir*, le grand port.

(3) Cette rade est appelée par les Arabes مرسَى راس الاعرشفَ *Mersa-ras-el-Archefa*.

et abandonnèrent tous leurs bagages aux Espagnols. Le butin était immense et le nombre des prisonniers considérable. Mais au retour, quelques soldats espagnols s'étant imprudemment avancés jusqu'en vue d'*Oran*, il sortit de la ville un corps nombreux de cavalerie qui tomba sur les chrétiens embarrassés de leurs prises, les harcela de toutes parts et les mit en fuite, en leur enlevant tout ce qu'ils avaient pris aux *Arabes*.

Les Espagnols perdirent beaucoup de monde dans cette affaire. *Don Diego*, dont le cheval fut tué dans le combat, fut sur le point de tomber entre les mains de l'ennemi, et ne dut son salut qu'à la fuite. Peu de temps après cet échec, il passa en *Espagne*, laissant pour commander en son absence le colonel *Martin d'Argote*.

Jeanne, qui fut plus tard femme de *Philippe*, fils de l'empereur *Maximilien*, régnait depuis six ans sur l'*Espagne*, sous la tutelle de *Ferdinand le Catholique* ; *Ximenès* (1), cardinal, archevêque de *Tolède*, était premier ministre. *Don Diego de Cordoue*, voulant avoir vengeance de sa défaite, s'adressa au cardinal ministre, et lui assura que la ville d'*Oran* ne résisterait point à une attaque bien combinée. *Ximenès*, fanatique ennemi des *Maures* et de tous les sectateurs de l'*islam*, qui avait conseillé l'infraction aux articles du traité de *Grenade*, par lesquels l'égalité de tous les sujets du royaume espagnol avait été reconnue et la tolérance de la religion mahométane solennellement promise (2), se laissa facilement séduire par

---

(1) Frère François Ximenès de Cisneros, cordelier, archevêque de Tolède, primat d'Espagne du titre de *Balbine*, élevé au cardinalat, sous le titre de *cardinal d'Espagne*, en 1507, premier ministre de *Ferdinand V*.

(2) *Mahometism's history by Ch. Mills*, tome IV.

l'idée d'une place importante enlevée aux infidèles. Il prit à cœur cette entreprise, dont il voulut lui-même faire tous les frais, et il ne négligea rien pour en assurer la réussite.

Don Diego s'était ménagé des intelligences avec un riche Juif d'*Oran*, que les habitants du pays appellent *Ben-Zouwawa*, et qui entretenait pour son commerce des relations étendues avec les ports espagnols. Ben-Zouwawa promit au cardinal de lui livrer la ville. Dès lors une expédition fut résolue, et les préparatifs furent poussés avec vigueur. Enfin, au mois de mai de l'année 1509, une flotte considérable, sortie de *Carthagène*, se dirigea sur *Oran*. Elle portait quinze mille hommes de débarquement, aux ordres de *Don Pedro de Navarre*, capitaine habile et renommé. Le cardinal *Ximenès* avait voulu assister en personne à ce triomphe de la croix sur le croissant.

Arrivée à la hauteur d'*Oran*, la flotte garda le large; mais plusieurs navires, appartenant à *Ben-Zouwawa*, montés par des soldats espagnols, vinrent mouiller à la nuit tombante dans la rade d'*Oran*. Ils s'approchèrent, à la faveur de l'obscurité, du point où est aujourd'hui le fort *Lamoun*, où étaient alors les magasins du Juif. Les *Espagnols* débarqués s'emparèrent de la porte qui leur fut livrée par deux douaniers du roi de *Tremecen*, gagnés par *Ben-Zouwawa*. Le lendemain, les habitants d'*Oran* virent la bannière d'*Espagne* flotter sur la porte de la mer, et la rade pleine de vaisseaux castillans débarquant des soldats. Vaincus sans avoir pris les armes, ils renoncèrent à défendre la ville, et l'abandonnèrent à ses nouveaux maîtres.

Don Diego joignit à son premier titre celui de gouverneur d'*Oran*. Le fort qui fut bâti par les *Espagnols* au lieu de leur débarquement, et appelé par eux *Castillo de la mona* (le château du singe), a reçu des Arabes, en mémoire de la trahison de *Ben-Zoucawa*, le nom de *Bordj-el-Ihoudi*, le fort du Juif.

Pour fermer la Méditerranée aux pirates africains, *Don Pedro de Navarre* alla, après l'occupation d'*Oran*, s'emparer de *Bougie*. Quatorze navires, portant dix mille hommes de troupes, firent voile pour cette place au commencement de l'année 1510 : la population, qui se montait, d'après *Marmol*, à plus de dix-huit mille habitants, prit la fuite à l'approche de la flotte, et le général espagnol entra dans la ville sans coup férir. Il fit construire le fort *Moussa* et jeter les fondements de la *Casbah*, qui ne fut achevée que sous *Charles-Quint*. L'année suivante, le même général bâtit sur une des îles des *Beni-Mezegrenna* un château, que les *Espagnols* appelèrent le *Pegnon d'Alger* (1). Déjà, en 1508, *Velez de Gomere* avait vu une forteresse commandant son port s'élever par les ordres de *Don Pedro*; de sorte qu'à l'exception de celui de *Tunis*, tous les ports de la *Méditerranée*, qui servaient de repaires aux forbans, se trouvèrent sous le canon des *Espagnols*. D'un autre côté, la prise de *Safie* en 1508, celle d'*Azamor* en 1514, par *Dom Manuel* de *Portugal*, réprimaient complètement les courses des pirates sur les côtes de l'*Océan*. La *péninsule* se trouva ainsi pour le moment entièrement à l'abri de leurs insultes.

Ferdinand le Catholique voulait pousser plus loin ses conquêtes et élargir sa domination en *Afrique*, mais d'abord la sainte ligue contre la *France* dans laquelle le fit entrer le pape guerrier *Jules* II, et plus tard les troubles survenus après les événements de *Ravennes*, empêchèrent

---

(1) *Peñon*, rocher élevé.

l'exécution de ses projets. A sa mort, qui arriva en 1516, les *Espagnols* possesseurs d'*Oran* n'étaient point encore sortis de leurs murs.

La sécurité dont jouissait momentanément la *Méditerranée* par la répression de la piraterie devait bientôt être troublée. Dans ce siècle fécond en caractères grands et singuliers à la fois, les deux fils d'un potier de l'île de *Lesbos* allaient paraître en triomphateurs dans ces mers. Leurs flottes nombreuses, ressemblant aux escadres des grands souverains plutôt qu'aux légers armements des corsaires, devaient dominer depuis les *Dardanelles* jusqu'au détroit de *Gibraltar*, et renverser la faible digue par laquelle les princes chrétiens avaient cru se mettre à l'abri des incursions des barbares. *Aroudj* et *Krair-ed-Din* allaient organiser en grand sur la plage africaine ce système de piraterie qui a désolé la Méditerranée pendant plus de trois cents ans.

Les différents auteurs qui ont écrit sur ces deux frères fameux ne s'accordent point sur le lieu de leur naissance. *Marmol* prétend qu'ils étaient *Siciliens*; d'autres les font naître à *Midelli*, l'ancienne *Lesbos ;* les uns disent que leur père était potier ; d'autres qu'il était corsaire, et l'appellent *Yacoub-Reïs*, chrétien d'origine et mahométan de religion. Leur mère était de *Marchienne* en *Andalousie*, et avait été enlevée sur mer.

Aroudj (1) et *Krair-ed-Din* (2) naquirent, le premier l'an 887 (1482 J.-C.) ; le second, l'année suivante. Deux autres fils de *Yacoub*, *Élias* et *Isahac* moururent par accidents dans leur vie aventureuse, et n'ont pas laissé de traces dans l'histoire. Les deux autres se sont rendus

---

(1) عروج *Aroudj*.

(2) خير الدين Le bien de la religion.

fameux par la création de la régence d'Alger, cette puissance singulière et terrible jetée sur les limites du monde barbare et menaçant l'Europe civilisée, qu'elle a épouvantée pendant plus de trois siècles.

Au commencement de sa carrière de pirate, *Aroudj* (1) fut pris par une galère de *Rhodes* et conduit en esclavage dans cette île. C'est peut-être dans la constitution militaire des chevaliers de cet ordre, qu'il eut le loisir d'étudier pendant sa captivité, qu'il puisa plus tard l'organisation de son *oudjac* (2) d'*Alger*. Il parvint bientôt à briser ses fers et à s'évader. Il rejoignit *Krair-ed-Din*, et ce fut alors que réunissant de plus grands moyens, les deux frères coururent de nouveau les mers, désolant l'*Archipel* et les côtes d'*Espagne*, et amassant des richesses considérables par les prises nombreuses qu'ils firent sur la chrétienté. Ils accueillirent sur leurs navires des aventuriers de tous les pays qui contribuèrent par leur audace à répandre la terreur de leur nom déjà fameux. Quelques années après la réunion des deux intrépides corsaires, on les voit, comme deux potentats, prêter le secours de leurs armes au sultan *Bajazet* contre *Sélim*, soudan d'*Egypte*, puis reparaître avec des forces imposantes sur les côtes d'Afrique, et ravager avec vingt-six galères tous les parages de la Méditerranée.

(1) Les Arabes donnaient et donnent encore la qualification de *baba* بابا, non seulement aux pachas et beys turcs de la régence, mais encore à tous les Turcs sans exception. Il est probable que le surnom donné au conquérant d'Alger est dû au mot *Baba-Aroudj* بابا عروج (Barbe-Rousse) mal prononcé par les Européens, et non à la couleur contestée de sa barbe. Ce qui tendrait à donner du poids à cette opinion, c'est que ce nom passa comme nom de famille d'abord au frère d'Aroudj, ensuite à son neveu.

(2) وجاف *Oudjac*, bataillon, régiment.

Devenus assez forts pour tenter de plus grandes et de plus difficiles entreprises et pour s'imposer en maîtres, *Aroudj* et *Krair-ed-Din* cherchèrent sur la plage africaine un point où ils pussent déposer leurs prises et se réfugier au besoin. La ville de *Bougie* leur convenait sous tous les rapports, et ils résolurent de l'enlever aux Espagnols, qui l'occupaient depuis trois ans. Mais toutes leurs tentatives furent vaines, leurs attaques furent repoussées, et *Aroudj* ayant eu un bras emporté, renonça pour le moment à son entreprise (918 hég. 1513 J.-C.).

L'année suivante, les deux frères s'étant ménagé des intelligences dans le pays des *Kabyles*, vinrent tenter une seconde fois le siége de cette place. Elle fut inutilement canonnée pendant vingt-quatre jours. Étonnés d'une aussi longue résistance, manquant d'ailleurs de munitions, *Aroudj* et *Krair-ed-Din* levèrent le siége et se séparèrent pour se retrouver à *Alger*, deux ans plus tard, maîtres d'une destinée qu'ils n'avaient point encore osé soupçonner.

Pour réparer l'échec qu'il venait d'éprouver devant *Bougie*, *Aroudj* alla s'emparer de *Gigelli* ou *Gigel*, qu'occupaient les *Génois* (1), et *Krair-ed-Din* se rendit dans l'*Archipel*.

Alger, appelée par les indigènes de l'intérieur *Belad-beni-Mezegrenna* (2), la ville des *Beni-Mezegrenna*, et par les corsaires qui hantaient ces parages, *Djezaïr-el-Greurb* (3), les îles du couchant, *Djezaïr-beni-Meze-*

---

(1) Gigel est le premier point de la régence où les Turcs se soient établis; aussi, sous leur gouvernement, les habitants de cette ville jouissaient-ils de grands priviléges.

(2) بلاد بني مزغني *Belad-beni-Mezegrenna.*

(3) جزاير الغرب جزاير بني مزغني *Djezaïr-el-Greurb, Djezaïr-beni-Mezegrenna.*

grenna (les îles de *Beni-Mezegrenna*), faisait, comme nous l'avons dit, partie du royaume de *Tremecen*, mais s'était rendue à peu près indépendante au déclin de la puissance des *Beni-Zian*, et obéissait à un chef de son choix. *Selim-Eutemi*, né d'une famille riche et puissante de la *Metidja*, gouvernait alors *Alger*. Il résolut de marquer son avénement au pouvoir par une action éclatante aux yeux des musulmans, et prétendit chasser les *Espagnols* du *Pegnon*. Pour réussir dans cette difficile entreprise, il appela au secours de ses armes *Aroudj*, qui venait d'être repoussé à *Bougie*. Celui-ci couvrit d'une apparence de zèle religieux la joie que lui procura cette invitation, et arriva en toute hâte dans cette ville, dont il résolut dès lors de se rendre maître.

Établi dans *Alger* avec les trois cents Turcs qui l'avaient suivi, *Aroudj* déploya d'abord une activité extraordinaire pour le service de la religion contre les infidèles, et se créa bientôt une grande influence sur les habitants par sa piété. Lorsqu'il fut certain de la faveur populaire, il disposa peu à peu des emplois les plus importants et les distribua à ses *Turcs* et à ses créatures. Le pouvoir de l'imprudent *Selim* s'effaça de jour en jour; enfin, l'auxiliaire finit par devenir le véritable souverain. Épouvanté des progrès et des menées d'*Aroudj*, *Selim* sortit d'*Alger* et se réfugia dans la *Metidja*; mais bientôt rappelé dans la ville par les protestations de sincérité et de dévouement de son perfide allié, il paya de sa vie son aveugle confiance. Il fut étranglé à la porte *Bab-Azoun* avec la toile de son turban.

Les circonstances étaient graves, les chrétiens du *Pegnon* pressaient la ville, et l'*Espagne* préparait, disait-on, une expédition formidable. Dominés par l'ascendant moral d'*Aroudj*, les habitants d'*Alger* acceptèrent forcément son usurpation, et il s'empara sans effort d'un gouvernement dont il pouvait seul supporter le poids. Pour jouir avec plus de sécurité de son pouvoir usurpé, il le plaça sous la protection du Grand-Seigneur, et *Alger la guerrière* devint vassale de la *sublime Porte*.

Dès ce moment le rôle d'*Aroudj* changea et grandit avec sa fortune. Il ne fut plus seulement le corsaire aventureux promenant en triomphateur sur les mers son audacieux pavillon, il se montra à la fois le politique habile qui sait concevoir et l'homme d'énergie qui sait exécuter. Seul, sans ressources, avec quelques pauvres matelots turcs, en présence de populations nombreuses et aguerries, ayant à se défendre contre les attaques de la puissante Espagne, il osa avoir la pensée de s'établir dans un pays inconnu, il osa en rêver la domination, et il eut le bonheur de réussir dans son entreprise. Il appela à lui tous les *reïs* (1) de l'*Archipel*, il attacha à sa fortune tous les Turcs sans aveu, tous ceux que l'espoir d'une vie heureuse et facile pouvait séduire et entraîner à sa suite.

Krair-ed-Din, cependant, après avoir croisé long-temps sur les côtes de l'*Italie*, revint conduire ses prises à *Gigel*. Il y apprit avec surprise l'événement qui avait élevé son frère. Il fit aussitôt voile pour *Alger*, et vint mettre à sa disposition et ses ressources et son courage. *Aroudj* était occupé à maintenir les *Espagnols* du *Pegnon*, il envoya *Krair-ed-Din* à *Cherchel* pour y faire diversion et arrêter les mouvements des Arabes de l'intérieur. Il voulait punir le cheik de cette ville des relations ouvertes qu'il ne cessait d'entretenir avec les chrétiens.

---

(1) رَيِس *Reïs*, capitaine de navire, de corsaire ; tous ceux qui commandent à un bâtiment quelconque.

Selim-Eutemi laissait après lui un fils nommé *Yahia*, qui, épouvanté de la mort de son père, était allé chercher un refuge chez les *Espagnols* d'*Oran*. Le gouverneur de cette place, comprenant tout le parti qu'on pouvait tirer d'une circonstance si favorable aux intérêts de l'Espagne, parvint à intéresser le cardinal *Ximenès* en faveur de ce jeune homme, dépouillé de l'héritage de sa famille. Le cardinal, qui gouvernait l'Espagne pendant la minorité de *Charles-Quint*, saisit avec empressement le prétexte de faire rentrer le fils de *Selim* dans ses droits, pour essayer de détruire la puissance naissante des deux corsaires, dont l'établissement sur ces côtes commençait à lui porter ombrage, en étendant en même temps l'influence espagnole dans le pays. La Méditerranée était plus que jamais infestée par la piraterie. Les corsaires d'*Alger* échappaient au canon du *Pegnon* en allant mouiller, suivant d'*Aranda*, soit dans la petite anse qui est un peu à l'est de *Bab-Azoun*, soit à *Matifous* et dans la rade de *Sidi-Ferruch*. Ces positions, dans les mains d'*Aroudj* et de *Krair-ed-Din*, la terreur des navigateurs, allaient devenir des repaires inexpugnables si l'on ne se hâtait de les en chasser.

Une flotte de quatre-vingts navires, portant huit mille hommes de débarquement, sortit des ports de l'*Espagne*. *Francesco de Vero*, maître de l'artillerie, qui s'était déjà distingué sous *Don Pedro de Navarre*, eut le commandement des troupes. La position devenait critique pour *Aroudj* ; mais sa bonne fortune triompha de ce nouveau péril. Après quelques succès insignifiants, les troupes espagnoles, battues, furent rejetées dans leurs navires, et une tempête furieuse brisant leurs bâtiments, livra les malheureux naufragés au fer du vainqueur; si bien, dit *Marmol*, qu'en pensant traverser la puissance de

Barberousse, on l'éleva à un plus haut point (921 hég. 1516 J.-C.).

Dès ce moment, *Aroudj*, libre et paisible possesseur d'*Alger*, songea à donner à son pouvoir une organisation régulière. Le principe constitutif de cette organisation gouvernementale, dont la tradition fit honneur à *Baba-Aroudj*, consistait dans la permanence du pouvoir entre les mains des soldats des *oudjacs*, recrutés en dehors du pays, et dans l'exclusion formelle des fils des *Turcs* (*Courouglis*) des hautes fonctions du gouvernement. Ces deux bases plaçaient le gouvernement militaire d'*Alger* dans les mêmes conditions que la république militaire des chevaliers de *Rhodes*. Pour donner, d'ailleurs, une sanction religieuse à sa constitution, il en attribua l'idée première à un marabout très-renommé dans le pays, à *Sidi-Abd-er-Rahman-el-Talebi*, dont il sut exploiter la popularité au profit de cette institution. *Sidi-Abd-er-Rahman* avait dit : « Laissez la mer aux gens du pays; que vos fils ne soient jamais *kerassa* (1), et le pouvoir ne sortira pas de vos mains. » Son organisation fit naître quelques oppositions et suscita de nombreux mécontentements. Il sut briser les unes par la force de sa volonté, et imposa silence aux autres par la terreur. Pour être toujours indépendant des *Arabes* et des *Berbères*, il choisit en dehors du pays ceux par lesquels il voulait d'abord gouverner le pays, bien persuadé que les populations viendraient à lui du moment où il pourrait se passer d'elles; du moment où il aurait pour lui la force,

---

(1) On entendait par *kerassa* les cinq hauts fonctionnaires du gouvernement : le *pacha*, le *kraznadji*, le *krodja-el-kreil*, l'*aga* et l'*oukil el-heurdj-mtâa-bab-ez-zira*. (Cinquième partie, Organisation militaire.)

la seule autorité qui commande le respect et l'obéissance aux vaincus. *Aroudj* fit pour sa ville ce qu'il avait fait autrefois pour sa flotte : corsaires, renégats, malfaiteurs, gens sans aveu, tout fut appelé, tout fut accueilli ; et c'est de ces étranges éléments qu'il sut tirer cette force brutale et hardie qui pouvait seule imposer à ces turbulentes populations ; et l'organisation de ces éléments fut telle, que la constitution des *oudjacs* d'*Aroudj* a persisté jusqu'à nos jours.

Cependant les *Mehals*, devenus tout puissants dans le pays, s'alarmèrent des progrès rapides que faisaient les *Turcs*. Leur chef, un des descendants d'*Hammid-el-Abid*, embrassa la cause des habitants de la *Metidja*, et rassembla une armée dans les environs de *Tenes*. *Aroudj*, prévenu de cette levée de boucliers, confia le gouvernement d'*Alger* à son frère *Krair-ed-Din*, et vint au-devant d'*Hammid-el-Abid* avec quinze cents Turcs et mille cavaliers andalous, que ses galères avaient transportés d'Espagne à Alger à l'époque de leur expulsion, et dont il s'était fait des partisans dévoués. Pour éviter que, pendant son absence, les habitants ne profitassent de la faiblesse de la garnison qu'il laissait dans la ville, il choisit parmi les principaux d'entre eux vingt otages qu'il emmena avec lui.

Les deux armées se rencontrèrent sur l'*Oued-Djer*, à cinq lieues de *Belida* ; et la grande supériorité numérique des *Arabes* ne put résister au courage, au bon ordre, aux arquebuses des Turcs et à l'impétuosité des Maures andalous. *Hammid-el-Abid*, vaincu, n'osa pas regagner *Tenes*. *Aroudj* entra dans la ville, qu'il abandonna au pillage, déclara son territoire réuni au territoire d'*Alger*, et s'en fit reconnaître souverain. Poursuivant son expédition victorieuse, il laissa successivement garnison dans *Medeah*, qui obéissait aux *Mehals*, et dans *Miliana*, qui était indépendante depuis la décadence des *Beni-Zian* de *Tremecen*.

Pendant que la puissance toujours croissante des Turcs menaçait d'envahir tout le pays, les membres de la famille souveraine des *Beni-Zian*, au lieu de se réunir pour faire face à l'ennemi commun, se disputaient entre eux les lambeaux d'un pouvoir près de leur échapper. *Mohammed-ben-Zian* était mort, laissant trois fils, *Abou-Abdeli*, *Abou-Zian* et *Abou-Yahia*. *Abou-Abdeli* avait succédé à son père; mais étant mort lui-même encore jeune, son oncle *Bou-Hamou* s'empara du pouvoir au détriment d'*Abou-Zian*. Ce dernier ne pouvant faire valoir ses droits par la force, conspira contre *Bou-Hamou*, qui, ayant découvert le complot, le fit jeter en prison. Il y était oublié depuis plusieurs années, lorsque *Aroudj*, parcourant le territoire de *Tenes*, apprit les dissensions de *Tremecen* et le mécontentement des habitants, qui, tyrannisés par *Bou-Hamou*, désiraient ardemment retourner sous la domination du fils de leur ancien maître. Espérant faire tourner ces mésintelligences au profit de son ambition, *Aroudj* se fit des partisans dans cette ville, dont il convoitait la possession; et un jour, à l'improviste, il se présenta devant ses murs. Surpris par cette résolution hardie, sachant d'ailleurs qu'il ne pouvait compter sur l'affection de ses sujets, *Bou-Hamou* prit la fuite, et se retira à *Fez*.

Les habitants de *Tremecen*, sans se défendre contre *Aroudj*, ne lui ouvrirent cependant leurs portes qu'après lui avoir fait jurer sur le Coran de ne commettre aucune exaction, et de replacer *Bou-Zian* sur le trône. *Aroudj* promit tout par serment. Il n'était pas homme à reculer devant un parjure quand il méditait un crime.

A peine eut-il été introduit dans la ville, que *Bou-Zian*, extrait de son cachot, fut étranglé avec toute sa famille, et *Aroudj* prit possession de *Tremecen* au nom du Grand-Seigneur.

Le souverain fugitif de *Tremecen*, *Bou-Hamou*, entretenait un grand commerce avec *Oran*, et fournissait cette ville de toutes les denrées nécessaires à la subsistance de sa garnison et de ses habitants. *Aroudj*, devenu maitre, défendit, sous les peines les plus sévères, toutes relations de commerce avec les chrétiens. Les Espagnols souffraient beaucoup de cette mesure. *Bou-Hamou*, connaissant leur position précaire, écrivit, de *Fez*, au gouvernement d'*Oran*, que, si on voulait l'aider à rentrer dans *Tremecen*, il ferait bientôt cesser leur misère, et renaitre, comme par le passé, l'abondance dans leurs magasins.

Le marquis de *Comarès*, gouverneur d'*Oran*, comprit combien la position des Espagnols sur la côte d'Afrique devenait incertaine en présence d'un pouvoir hostile et menaçant qui s'établissait solidement à l'intérieur. Il sentit que resserré entre des populations ennemies et la mer, qui pouvait lui être fermée par les pirates, il allait se trouver, pour ainsi dire, à la discrétion de cette nouvelle puissance. Il résolut donc de s'opposer à son développement, en se servant, à l'imitation d'*Aroudj*, de la division pour la combattre. Sur son rapport, Charles-Quint donna l'ordre de faire sortir une partie de la garnison d'*Oran* en faveur du souverain dépossédé; et le colonel *Martin d'Argote* eut le commandement de cette expédition. Il se dirigea d'abord sur *Calah*, qui avait reçu garnison turque, s'en empara; et pour se venger des nombreuses pertes qu'il avait éprouvées devant cette ville, il fit passer la garnison au fil de l'épée. De *Calah*, les troupes espagnoles se dirigèrent sur *Tremecen*. A leur approche, *Aroudj* se retira dans le *mechouar* (1), s'y défendit vaillamment, et fit plusieurs sorties vigoureuses, qui n'arrêtèrent cependant en rien la marche régulière du siége. Convaincu enfin de l'inutilité de la défense, pressé d'ailleurs par le manque de vivres et de munitions, il espéra pouvoir tromper la surveillance des Espagnols, et tenta de s'évader par un souterrain avec toutes les richesses qu'il put emporter. Mais *Martin d'Argote* mettait trop de prix à la tête de son ennemi pour n'être point sur ses gardes. Averti à temps, il se mit à la poursuite d'*Aroudj*, et l'atteignit sur les bords du *Rio-Salado* (2), près des ruines d'une ancienne forteresse. Pour arrêter les poursuivants, dit *Marmol*, Barberousse laissait couler de temps en temps de l'or et de l'argent par les chemins. Mais comme le chef espagnol s'était mis à ses trousses en personne, cet artifice fut inutile. *Martin d'Argote* acheta chèrement la défaite du tyran, qui fut tué avec tous ses gens. *Garzia de Tineo*, officier espagnol, abattit *Aroudj* et lui coupa la tête. Après ce succès, *Martin d'Argote* retourna à *Tremecen*, où il fut reçu avec de grandes acclamations « pour avoir délivré le pays d'une pareille peste (3). » (924 hég. 1518 J.-C.).

Ainsi mourut, à l'âge de quarante-quatre ans, sans laisser de postérité, *Aroudj Barberousse*, le fondateur de la régence d'*Alger*. L'histoire a placé à peine son nom au-

---

(1) المشوار *El-mechouar*, la citadelle.

(2) واد الملح *Ouad-el-malehh*, la rivière salée.

(3) La tête et la veste du corsaire, qui était de velours rouge brodé en or, furent envoyées au gouverneur d'Oran, qui fit présent de la veste au monastère de Saint-Jérôme de Cordoue, où elle servit à faire une chape qui portait le nom de *Barberousse* (Marmol).

dessus de ceux des brigands fameux. *Aroudj*, cependant, par les seules ressources de son audace et de son génie, a créé cette puissance qui a résisté non seulement aux soulèvements des populations guerrières du *Mogrob*, impuissantes contre elle dès l'origine, mais qui a bravé encore pendant plus de trois siècles les attaques de presque tous les puissants états de l'Europe.

Bou-Hamou rentra à *Tremecen*, où l'attendait, de la part du peuple inconstant, une réception magnifique. Fidèle à ses engagements, il fut toute sa vie dévoué aux Espagnols, se reconnut vassal et tributaire de *Charles-Quint*, et paya chaque année au gouverneur d'*Oran* une redevance de douze mille ducats d'or, douze chevaux et six gerfauts femelles (1).

Krair-ed-Din apprit avec consternation la mort de son frère. Resté dans *Alger* avec une faible garnison et une population inquiète et remuante à gouverner, il crut d'abord ses affaires désespérées ; et pour échapper aux attaques probables du gouverneur d'*Oran* et de son allié le souverain de *Tremecen*, il s'apprêta à reprendre la mer, et à recommencer sa vie de corsaire avec la flottille de vingt-deux galiotes qui mouillait dans la rade d'*Alger*. Il croyait en effet que les vainqueurs profiteraient de l'épouvante causée par la mort d'*Aroudj* pour envahir tout le territoire usurpé. Quelques corsaires dévoués à sa fortune le détournèrent de son projet de retraite, et lui conseillèrent, au nom de la religion, de lutter contre l'adversité. Raffermi par leurs exhortations et encouragé par l'inactivité de ses ennemis, *Krair-ed-Din* s'appliqua à s'assurer l'entière succession de son frère. Doué d'un caractère souple et adroit, il ne tarda pas à s'attirer la

(1) Le don des gerfauts ou faucons était un signe de vasselage.

bienveillance des esprits et l'affection de la multitude fanatique, en faisant parade d'un grand zèle contre les infidèles, et en fréquentant les gens de loi et de religion. Pour s'acquérir de la popularité, il flatta la haine et l'instinct sanguinaire des masses, en leur abandonnant les têtes d'un grand nombre de prisonniers chrétiens. Toutes ces menées le conduisirent au but de ses espérances. Il fut reconnu souverain d'*Alger*, et confirmé dans ce titre par le Grand-Seigneur. Il sentit cependant que ses seules forces seraient insuffisantes s'il était obligé de tenir tête à un ennemi nombreux et discipliné, et il comprit qu'abandonné à ses propres ressources, il succomberait infailliblement sous les attaques prochaines des Espagnols. La trêve momentanée qui existait entre *Alger* et l'*Espagne* ne pouvait être de longue durée; et la garnison qui occupait toujours le fort du *Pegnon* était sans doute destinée à protéger l'entrée des chrétiens dans la ville. *Krair-ed-Din* revenant au projet d'*Aroudj*, désirait à tout prix chasser les Espagnols de leur poste. Il se décida donc à envoyer une ambassade à Constantinople, pour demander au sultan protection et secours, en lui faisant représenter de quelle utilité pouvaient être le port et la ville d'*Alger* à l'islamisme contre la chrétienté. Le Batcha (1) de Constantinople accueillit favorablement les envoyés de *Krair-ed-Din*. Il lui envoya deux mille Turcs bien disciplinés, et publia un firman par lequel il autorisait tous ceux qui voudraient passer en Afrique à s'embarquer aux frais de l'état, en leur promettant, à *Alger*, une organisation semblable à celle des janissaires (2).

1) باجا C'est le nom que les Arabes donnent au Grand Seigneur.

2. Le nom de *janissaire* vient des deux mots turcs *indji-cheri* يكيجرى, nouveaux soldats. Ce nom fut donné par le derviche

Les craintes de *Krair-ed-Din* n'avaient pas été sans fondement; le danger qu'il avait su prévoir ne tarda point à éclater. *Charles-Quint*, instruit par le marquis de *Comarès* du brillant succès de ses armes à *Tremecen*, se décida à tenter de chasser définitivement les Turcs de la Barbarie. L'occasion de venger la défaite de *Francesco de Vero* ne pouvait d'ailleurs se présenter sous un aspect plus favorable. L'empereur n'hésita point à la saisir. Les préparatifs d'une expédition furent ordonnés, et *Hugo de Moncade*, vice-roi de *Sicile*, fut chargé de la commander (1).

La flotte prit terre à *Oran* et à *Bougie*, et après s'être renforcée de quelques troupes dans cette dernière ville, elle vint mouiller dans le fond de la rade d'*Alger*, le 17 août 1518. L'armée se composait d'environ sept mille hommes de débarquement. Le général *Marino de Ribera*, qui avait le commandement du siège, alla se retrancher avec quinze cents hommes sur la colline (2) où fut bâti plus tard le *fort l'Empereur*. Là, au lieu de continuer activement les travaux d'un siège régulier, ce général attendit vainement les troupes que le vassal de l'empe-

ture *Hadji-Bektach* à la nouvelle milice que l'on formait avec de jeunes captifs chrétiens instruits dans la loi musulmane. Le nom de *janissaire*, souvent cité dans les écrits sur le pays, n'était point employé pour désigner les soldats de la milice turque. Les soldats des *oudjacs* portaient le nom de *iouldach*.

(1) *Hugo de Moncade*, prieur de Messine, bailli de Sainte-Euphémie, fut élevé à la vice-royauté de Naples après la mort de Charles Lanoy. Cet intrépide général, à la fois homme de mer et habile officier de terre, périt dans un combat contre les galères de France commandées par *Lautrec*.

(2) La colline connue sous le nom de فذية الصابون *Coudiat-es-Sabouin*, la colline du savon.

reur, le souverain de *Tremecen* devait fournir. Ce retard devint funeste aux Espagnols.

Huit jours après le débarquement, le jour de la *Saint-Barthélemy*, il s'éleva une tempête furieuse qui brisa les navires et noya plus de quatre mille hommes de l'armée espagnole. La partie des troupes qui était débarquée regagna en toute hâte le petit nombre de vaisseaux échappés au naufrage, et après avoir essuyé de nouvelles et nombreuses avaries, alla débarquer à *Ivice*.

La gloire de *Krair-ed-Din* fut alors à son comble, et *Alger la bien gardée* (1) sembla être l'objet de la protection et de la faveur spéciale d'*Allah*. Ses chantiers s'enrichirent des débris des vaisseaux chrétiens ; un firman du Grand-Seigneur déclara son territoire province *turque*, et *Krair-ed-Din* reçut l'autorisation de faire battre monnaie (2).

Le successeur d'*Aroudj* porta bientôt plus loin ses vues ambitieuses ; il songea à se rendre maître de cette riche province de *Tremecen* qui avait été si funeste aux armes de son frère. Le prétexte qu'il cherchait pour l'envahir ne tarda pas à se présenter.

Bou-Hamou, rétabli à *Tremecen* par les Espagnols, observa fidèlement, comme nous l'avons dit, les clauses de son traité avec l'empereur ; mais à sa mort, l'ambition divisa ses deux fils *Messaoud* et *Moula-Abd-Allah*. *Krair-ed-Din*, au moyen de quelques intelligences qu'il avait achetées dans le pays, favorisa puissamment *Messaoud*, qui s'empara du pouvoir en dépossédant son frère aîné,

1) الجزائر المحروسة *El-Djezaïr-el-meharoussa*.

2) Ce fut après le désastre de la flotte espagnole que *Krair-ed-Din* fit entourer de remparts la ville d'Alger, qui jusque là n'avait été que très-peu fortifiée.

de sorte, dit *Marmol*, qu'en mettant aux prises les Espagnols et le sultan *Messaoud*, *Krair-ed-Din* se ménagea son entrée dans le royaume.

Moula-Abd-Allah, pour faire valoir ses droits méconnus, réclama l'assistance de l'ancien allié de son père, et obtint de *Charles-Quint* la promesse de faire prévaloir la justice de sa cause. En effet, le comte d'*Alcaudète*, gouverneur d'*Oran*, reçut l'ordre de faire sortir de cette place mille hommes auxquels devaient se joindre les nombreux partisans qu'*Abd-Allah* prétendait avoir dans le pays; quatre cents cavaliers se rallièrent seuls au souverain légitime. Ce petit corps de troupes, aux ordres de *Don Alphonse de Martinez*, en vint aux mains avec la nombreuse cavalerie de *Messaoud* dans le défilé qui fut nommé depuis ce combat le *Défilé de la Chair* (1). La valeur ne put suppléer au nombre ; les mille hommes d'*Alphonse* furent écrasés, à peine vingt d'entre eux parvinrent-ils à s'échapper et à gagner *Oran*. Le chef espagnol lui-même fut fait prisonnier, et *Martin d'Argote*, qui faisait partie de cette expédition, perdit la vie dans le combat.

De nouvelles troupes arrivèrent bientôt à Oran pour venger l'affront reçu par les armes espagnoles, et, sur de nouveaux ordres de l'empereur, le comte d'*Alcaudète* sortit à la tête de dix mille hommes, et livra, à une journée de marche de *Tremecen*, un combat sanglant aux troupes de *Messaoud*, qui n'osa pas attendre son vainqueur dans sa capitale, et se jeta dans l'*Angad* (2). *Tremecen* ouvrit ses portes au comte d'*Alcaudète*, et *Abd-Allah*, remis en possession de ses droits usurpés, ratifia les traités de son père *Bou-Hamou*, et accepta comme lui la

---

(1) شعبة اللحم Combat de *Chabat-el-Laham*.

(2) Désert d'*Angad*, à quelques lieues au-delà de Tremecen.

suzeraineté de l'empereur. Le comte d'*Alcaudète*, après une retraite pénible, continuellement inquiétée, et dans laquelle il donna de grandes preuves d'habileté, rentra dans *Oran*.

Soutenu par la politique turque, *Messaoud*, après le départ du comte, rassembla dans l'*Angad* une armée avec laquelle il vint assiéger son frère dans *Tremecen*. *Abd-Allah* sortit pour le combattre et le mit en déroute; mais les habitants ne lui avaient pas pardonné d'avoir appelé les chrétiens à son aide, et, comme il revenait triomphant, ils lui fermèrent les portes de la ville. Exposé au ressentiment de ses sujets, et craignant les attaques de son frère, le malheureux *Abd-Allah* se retira du côté d'Oran avec quelques cavaliers, qui l'assassinèrent en route.

Messaoud, rappelé dans *Tremecen*, et redoutant la vengeance des Espagnols, chercha à étayer son pouvoir précaire sur une puissance qui pût le protéger; il se déclara tributaire de *Krair-ed-Din*, reçut garnison turque, fit frapper monnaie au coin d'*Alger*, et dut faire dire, dans toutes les mosquées des places soumises à son commandement, la *krotba* au nom du Grand-Seigneur (1).

---

(1) الخطبة *El-krotba*. C'est la prière publique prescrite par le *Coran*, que les musulmans doivent dire dans les mosquées pour le chef de l'autorité temporelle. Du temps des Turcs, la *krotba* était dite dans toute la régence au nom du Grand-Seigneur. Aujourd'hui, même dans les villes qui nous appartiennent, la *krotba* est dite, soit au nom du seul souverain musulman qui prenne encore le titre de *calife*, l'empereur de Maroc, soit au nom d'*Abd-el-Kader*. Voici la *krotba* usitée chez les sommites :

« Grâces au Très-Haut, à cet Être suprême et immortel qui n'a ni dimensions ni limites, qui n'a ni femmes ni enfants, qui n'a rien d'égal

Introduits dans la ville comme auxiliaires, les Turcs

à lui, ni sur la terre ni dans les cieux, qui agrée les actes de componction de ses serviteurs, et pardonne leurs iniquités. Nous croyons, nous confessons, nous attestons qu'il n'y a de *Dieu* que *Dieu* seul, *Dieu* unique, lequel n'admet point d'association en lui. Croyance heureuse à laquelle est attachée la béatitude céleste. Nous croyons aussi en notre seigneur, notre appui, notre maître *Mohammed*, son serviteur, son ami, son prophète, qui a été dirigé dans la vraie voie, favorisé d'oracles divins, et distingué par des actes merveilleux : que la bénédiction divine soit sur lui ! O mon Dieu ! bénis *Mohammed*, l'émir des émirs, le coryphée des prophètes, qui est parfait, accompli, doué de qualités éminentes ; la gloire du genre humain, notre seigneur et le seigneur des deux mondes, de la vie temporelle et de la vie éternelle. O mon Dieu ! bénis *Mohammed* et la postérité de *Mohammed*, comme tu as béni *Abraham* et sa postérité ! Certes tu es adorable, tu es grand, ô mon Dieu ! fais miséricorde aux *califes* orthodoxes, distingués par la doctrine, la vertu et les dons célestes dont tu les as comblés, ceux qui ont jugé et agi selon la vérité et la justice ; ô mon Dieu ! soutiens, assiste, défends ton serviteur le sultan N....., perpétue son empire et sa puissance.

» O mon *Dieu!* exalte ceux qui exaltent la religion, avilis ceux qui l'avilissent ; protège les soldats musulmans, les armées orthodoxes, et accorde-nous salut, tranquillité, prospérité, à nous, aux pèlerins, aux militaires, aux citoyens en demeure comme aux voyageurs sur terre et sur mer, enfin à tout le peuple musulman. Salut à tous les prophètes et à tous les envoyés célestes ! Louanges éternelles à ce *Dieu* créateur et maître de l'univers. Certes, Dieu ordonne l'équité et la bienfaisance ; il ordonne et recommande le soin des proches ; il défend les choses illicites, les péchés, les prévarications ; il nous conseille d'obéir à ses préceptes et de les garder religieusement dans la mémoire. » (*Mouradjea d'Ohsson*, tome II, page 214.)

La *krotba* الخطبة, la *sekka* السكة, ou le droit de faire battre monnaie, la *gada* القادة, c'est-à-dire le cheval conduit devant quelqu'un en signe de vasselage (قاد, conduire par la bride), sont les prérogatives par lesquelles la souveraineté est reconnue dans un pays musulman.

ne tardèrent pas à en devenir les véritables dominateurs. Les garnisons furent insensiblement augmentées, tous les points fortifiés du royaume se trouvèrent bientôt entre leurs mains, si bien que, lorsque, plus tard, ils voulurent occuper définitivement le pays, la puissance des *Beni-Zian* s'était éteinte d'elle-même et sans secousse. On remarquera à cet égard qu'à Tremecen, comme à Mostaganem et dans plusieurs autres villes, les Turcs n'arrachèrent pas violemment le pouvoir à ceux qu'ils avaient vaincus. Ils le laissèrent habituellement au contraire aux mains de ceux qu'ils voulaient déposséder. Ce n'était que plus tard, après qu'ils avaient usé les anciens gouvernants, après qu'ils avaient paralysé leur influence, qu'ils finissaient par se substituer à eux.

C'est à cette époque que remonte l'occupation de *Mostaganem* par les Turcs. Cette place, ainsi que celles de *Tenes*, *Mazouna*, etc., etc., était au pouvoir des *Arabes Mehals*, qui, au déclin de la puissance des *Beni-Zian*, s'étaient rendus, comme nous l'avons dit, puissants dans le pays; ils ne reconnaissaient que nominativement l'autorité des sultans de Tremecen, et obéissaient à la famille noble parmi les nobles (1) d'*Hammid-el-Abid*. Une flotte considérable sortie d'Alger, et une armée partie de Tremecen, vinrent assiéger cette place. La porte appelée *Bab-el-Hadid* (2) fut surprise de nuit par les Turcs; ils pénétrèrent dans la ville et massacrèrent une partie de la population. Le quartier qu'on nomme *El-Belad* (3) fut livré au pillage, et *Ioussef* ne conserva le pouvoir

(1) جيّد من الجواد *Djeid-men-el-djouad*.
(2) باب الحديد *La porte de fer*.
(3) البلاد *La ville*.

qu'après avoir reconnu la souveraineté d'Alger et livré le fort des Cigognes (1) aux soldats des *oudjacs*.

Cependant le souverain de Tunis de la famille des *Beni-Hafsi*, *Moula-Mohammed*, prit ombrage du développement de la puissance de *Krair-ed-Din*, et chercha à créer, dans Alger même, des embarras à son dangereux voisin. Il employa la séduction pour lui enlever ses plus fidèles serviteurs. Le cheik arabe *Hamed-ben-el-Cadi*, le plus ancien allié d'*Aroudj*, celui à qui il avait dû une partie de ses succès, se laissa gagner par *Moula-Mohammed*. Cette défection fut le signal d'un soulèvement général ; de tous côtés, à l'est et à l'ouest, les Arabes se révoltent; la guerre est déclarée. Les Turcs envoyés par *Krair-ed-Din* contre les Tunisiens, trahis par les affidés de *Moula-Mohammed*, sont battus dans les défilés de *Felissa*; et dans Alger même, un complot formé par les principaux habitants de la ville contre la vie du frère d'*Aroudj*, n'échoue que par un heureux hasard. La conspiration, découverte fortuitement par un soldat de l'*oudjac*, est révélée à *Krair-ed-Din*. Celui-ci fait aussitôt convoquer à la mosquée les notables d'Alger, et s'y rend lui-même accompagné de ses Turcs d'élite. Dès qu'il est entré, il fait fermer les portes sur lui, et ordonne de sang-froid la mort de tous ceux qu'on lui avait désignés comme traîtres.

Dégoûté cependant d'une ville où sa vie était chaque jour menacée, il prit le parti de s'en absenter pour quelque temps. Il en confia le commandement à un *diwan* composé des habitants les plus influents, et partit pour reprendre sa vie de corsaire, avec douze galiotes armées. Il choisit pour centre de ses expéditions aventureuses

(1) المحال برج *Bordj-el-Mchal.*

Gigel, la première ville de la côte d'Afrique qui avait appartenu aux Turcs, et se mit à courir les mers avec autant de bonheur qu'autrefois. Pendant trois ans, il porta le trouble dans le commerce européen, et jeta la terreur sur tous les points de la côte de la Méditerranée.

Le cheik arabe révolté, *Hamed-ben-el-Cadi*, avait profité de l'absence de *Krair-ed-Din* pour forcer les postes militaires, et chasser d'Alger le peu de Turcs qui y étaient restés; quelques bâtiments du corsaire ayant été reçus à coups de canon par les habitants de la ville, *Krair-ed-Din* vint mouiller à Sidi-Ferruch, et marcha sur Alger. *Hamed-ben-el-Cadi* s'avança à sa rencontre, et fut battu dans ces mêmes plaines qui ont vu fuir devant nous les héritiers de la puissance des Barberousse.

Rentré précipitamment dans *Alger*, *Hamed* parvint à réunir encore un assez grand nombre de partisans pour tenter de nouveau le sort des armes; mais, effrayés des progrès des Turcs, les Arabes achetèrent la paix en assassinant leur chef. *Krair-ed-Din*, rentré dans *Alger*, y rétablit les choses comme par le passé. Il signala les premiers jours de son installation par des vengeances sévères. Son ancien *aga*, *Cara-Hassan*, s'était aussi révolté, à l'instigation d'*Hamed*; réfugié dans *Cherchel*, où l'avait poursuivi la colère de son maître, *Cara-Hassan* ne put échapper à sa destinée. Livré par quelques soldats de l'*oudjac* qui s'étaient attachés à sa fortune, il fut étranglé par ordre du vainqueur.

Ce fut après avoir surmonté les difficultés que suscitait contre lui la crainte de son heureuse audace et la jalousie de ses succès, que *Krair-ed-Din* forma la résolution de renverser la citadelle du *Pegnon*, cette tour gênante, qui était un obstacle à tous ses projets, et de débarrasser *Alger* du voisinage incommode des *Espagnols*.

Les circonstances étaient favorables pour tenter ce coup de main. Par l'incurie du gouvernement espagnol, la famine désolait la place depuis plusieurs jours, et les secours demandés par le gouverneur n'arrivaient pas. *Krair-ed-Din* se hâta de profiter de cette heureuse occasion ; une batterie fut construite sur la terre-ferme, à environ deux cents mètres du *Pegnon*, et des galères armées d'artillerie vinrent s'embosser sous le canon du fort.

L'attaque commença le 6 mai, et après un feu de dix jours consécutifs la place se trouva ouverte par plusieurs brèches. La plus grande partie des assiégés avait succombé, le reste se mourait de fatigue et de faim. L'assaut fut ordonné, mais les Turcs ne trouvèrent sur la brèche, pour la défendre, que le vieux gouverneur *Martin de Vargas*, qui, seul, l'épée à la main, essaya encore de s'opposer à leur passage. Accablé par le nombre, atteint de plusieurs blessures, prêt à défaillir, il fut pris et conduit à *Krair-ed-Din*, qui souilla sa victoire par un crime inutile. *Martin de Vargas* ayant refusé, malgré toutes ses sollicitations, d'embrasser l'islamisme, il le fit périr sous le bâton. Maître de la tour du *Pegnon*, *Krair-ed-Din* la fit raser, et se servit de ses matériaux pour construire la jetée qui joint les îlots à la terre ferme.

Cependant le Grand-Seigneur n'avait jusque alors trouvé dans son empire aucun homme de mer capable de lutter contre *André Doria*. Il jeta les yeux sur *Krair-ed-Din*, dont la grande réputation s'était étendue jusqu'au sérail. *Ibrahim-Pacha*, le grand vizir, qui avait une grande influence sur l'esprit de *Soliman*, le détermina à faire venir le vieux corsaire, dont les succès avaient fait oublier l'origine. *Krair-ed-Din*, en recevant le *kret-chérif* (1) qui le nommait capitan-pacha, se hâta d'accourir pour recueillir la gloire et les honneurs que lui promettait sa haute fortune ; il partit en laissant à *Alger* son jeune fils *Hassan* à la garde de son parent *Celebi-Ramadan*, et pour gouverner Alger en son absence, l'eunuque *Hassan-Aga*, qu'il avait enlevé dans une descente en Sardaigne. *Hassan-Aga* avait été élevé auprès de *Krair-ed-Din* comme son fils et jouissait de toute sa confiance.

Arrivé à Constantinople, il eut à lutter contre les nombreux envieux de sa gloire et de son bonheur, qui ne lui pardonnaient point une faveur qu'il n'avait cependant pas recherchée ; mais il déjoua toutes les intrigues, dit *Sandoval*, en décrivant merveilleusement ses anciens exploits, ses plans de guerre et ses vues élevées sur le développement de la puissance musulmane. Après s'être débarrassé de toutes ces entraves, *Krair-ed-Din* sortit enfin de Constantinople avec une flotte formidable composée de quatre-vingts galères et de vingt flûtes, montées par huit cents *janissaires* et huit mille soldats. A la tête de l'armement le plus considérable qui fût sorti de Constantinople, *Krair-ed-Din* ravagea toutes les côtes d'Italie, et jeta l'épouvante jusque dans Rome. Il allait s'entendre avec le roi *François* Ier pour le siége de Gênes, lorsque de nouveaux ordres du sultan le détournèrent de cette opération. Changeant alors de route, il se tourna vers l'Afrique et vint fondre sur le royaume de Tunis.

(1) خط شريف Expression arabe signifiant noble, royale signature, autographe impérial.

Biserte et la *Goulette* sont enlevées par surprise ; *Krair-ed-Din* pénètre dans Tunis avec six mille hommes, livre plusieurs combats aux habitants, chasse le prince régnant *Moula-Hassan*, et ramenant à lui l'esprit populaire par les ressources de sa politique souple et insinuante, il prend possession de Tunis au nom du Grand-Seigneur, et s'en fait nommer souverain par acclamation.

Cette nouvelle conquête épouvanta les états chrétiens; Malte et la Sicile tremblèrent, et Charles-Quint, craignant pour ses possessions d'Italie, sollicité d'ailleurs par le grand maître de Rhodes, qu'il avait établi dans Malte avec ses chevaliers, et par le souverain dépossédé de Tunis, résolut de se mettre à la tête des forces chrétiennes pour chasser les Turcs de leur nouvelle conquête. Il rassembla des divers points de ses vastes états la plus formidable armée navale que la chrétienté eût armée contre les infidèles depuis les croisades. Quatre cents voiles, parmi lesquelles se trouvaient quatre-vingt-dix galères royales, sortirent vers la mi-juin des ports de la Sardaigne.

C'était un sujet de rendre grâces à Dieu, dit *Marmol*, que de voir tant de beaux navires, et l'on eût dit que c'était une forêt qui voguait sur l'eau. Vingt-cinq mille hommes, douze mille Espagnols, sept mille Allemands, quatre mille Italiens, presque tous vieux soldats, deux mille genets d'Espagne et l'élite de la noblesse, composaient l'armée et l'imposant cortège de l'empereur.

Krair-ed-Din n'avait pas de forces capables de résister à un pareil armement; la *Goulette* fut emportée d'assaut; Tunis se rendit et fut livré au pillage. Vingt-cinq mille chrétiens esclaves furent rendus à leur patrie, et *Moula-Hassan* fut replacé sur le trône de Tunis, à la charge de reconnaître, pour lui et les siens, la suzeraineté de l'Espagne. L'occupation à perpétuité de la *Goulette* par une garnison espagnole, l'abolition de l'esclavage dans tous les états de Tunis, l'exclusion de tous corsaires de ses ports, enfin, pour tous les chrétiens, la liberté du commerce, le droit de bâtir des églises et des monastères dans toutes les villes dépendant du souverain de Tunis, et d'y suivre les pratiques de leur religion, telles furent les conditions stipulées par Charles-Quint et acceptées par *Moula-Hassan*, qui dut encore payer, en signe de vasselage, un tribut de douze mille ducats d'or, douze chevaux et douze faucons.

Mais quelque glorieux qu'eussent été pour l'empereur les résultats de son expédition, le but le plus important n'avait pas été atteint. *Krair-ed-Din*, l'effroi des chrétiens, s'était sauvé avec quatre mille Turcs et tous ses trésors. Il avait gagné par terre Bone, où une partie de sa flotte avait été mise à l'abri. L'empereur envoya vainement *André Doria* avec trente galères et deux mille soldats pour chercher à s'emparer des navires du corsaire. Il n'était plus temps, *Krair-ed-Din* les avait déjà fait partir avec son infanterie, et il s'était lui-même dirigé sur Alger avec sa cavalerie. Une garnison espagnole, sous le commandement d'*Alvar Gomez Zagal*, fut laissée dans Bone par *André Doria*. Alvar, avec mille hommes de pied et vingt-cinq chevaux, fit dans la province de Bone de brillantes *grazia* contre les Arabes et contre les Turcs de Constantine (1). La province entière était à peu près pacifiée jusqu'au *passage des Anes* (2)

---

(1) Constantine était tombée au pouvoir des Turcs peu de temps après l'expédition de Tunis, sous le règne de Moula-Hassan.

2) *Medjaz-el-Hamar* مجاز الحمر.

lorsqu'il mourut. Après la mort de son gouverneur, cette place fut abandonnée, et le souverain de Tunis ne pouvant la conserver, les Turcs d'Alger s'en emparèrent sous *Salahh-Reïs*, après la prise de Bougie.

Krair-ed-Din arrivé à Alger, trouva dans le port de cette place une flotte de plusieurs galères armées qu'*Hassan-Aga* lui avait conservée. Il reprit pour quelque temps, en arrivant, la direction des affaires de la régence, puis, confiant de nouveau le commandement à *Hassan-Aga*, il se remit en mer, et ne tarda pas à se montrer dans la Méditerranée plus puissant qu'avant sa défaite, et à se venger avec usure, par les prises nombreuses et les descentes qu'il fit sur toutes les côtes des pays chrétiens, de l'échec qu'il avait éprouvé.

Cependant, après avoir désolé les îles et les côtes de ces parages, et enlevé sur divers points une grande quantité d'esclaves, le capitan-pacha de Soliman songea à quitter définitivement Alger, le théâtre de ses triomphes, le berceau de sa fortune. Il partit pour Constantinople avec sa maison (1) et ses trésors, laissant toujours au commandement de la puissance qu'il avait créée, *Hassan-Aga*, son favori.

Le départ de *Krair-ed-Din*, loin de calmer l'audace des corsaires d'Alger, sembla au contraire donner une nouvelle activité à leurs insolences. Les alarmes continuelles qu'ils jetaient sur le littoral d'Espagne forcèrent à établir de distance en distance ces tours de veille qui

---

(1) La maison d'un musulman se compose des femmes et des esclaves. « Comment se porte ta maison? » dit-on à un musulman, كيواش دارك. Il n'est point convenable de lui demander des nouvelles de ses femmes.

servaient à prévenir les habitants des surprises des barbaresques en signalant leur approche. Accompagnés sur terre et sur mer par le meurtre, l'incendie et le pillage, ces terribles pirates avaient, pour ainsi dire, interrompu le commerce de la Méditerranée. Les réclamations universelles de l'Europe, l'honneur de venger l'humanité et le droit des nations outragées, tout engageait le vainqueur de Tunis à ajouter un nouveau lustre à sa gloire par la destruction de ceux qui se posaient ainsi en ennemis de tout ce qui naviguait sur les mers. Charles-Quint, dont cette mesure servait en outre la politique, se décida donc à tenter l'expédition d'Alger.

La saison n'était déjà plus favorable pour une pareille entreprise ; on approchait de ce mois que les Arabes, dans leur division de notre année solaire, appellent *Nou-nebired-Abou-en-Nou*, novembre le père des tempêtes (1), le *Nuageux* (2), *El-Kessem* (3) (la séparation du beau et du mauvais temps). Malgré les observations d'*André Doria* sur l'époque avancée de la saison, des ordres furent donnés en Espagne et en Italie, et les préparatifs, poussés avec vigueur, furent bientôt terminés. Une flotte de cent seize voiles (65 galères et 51 transports), montée par douze mille matelots et portant vingt-quatre mille hommes de débarquement (22,000 hommes d'infanterie, 2,000 de cavalerie), mit enfin à la voile vers le milieu du mois d'octobre de l'année 1541, se dirigeant vers *Mayorque*, où devaient se concentrer toutes les forces. Les prévisions des hommes expérimentés et prudents, qui craignaient pour cette tentative la période des vents

---

(1) نونبرد ابو النو Novembre, père de la tempête.

(2) المغيوم *El-Megrioum.*

(3) القسم La division, la séparation.

d'automne, toujours dangereuse pour ces parages, ne tardèrent malheureusement pas à se réaliser. A peine sortie de ses ports, la flotte fut assaillie par de violents coups de vent, et *Charles-Quint* put prévoir dès lors que sa précipitation, en repoussant tous les conseils, avait compromis une opération dont le succès eût été indubitable en temps plus opportun.

Après une traversée longue et difficile, les vaisseaux mouillèrent en rade d'*Alger* le 21 octobre, et la grosse mer ayant retardé le débarquement des troupes, il n'eut lieu que le dimanche 23. La descente s'opéra sans obstacle, entre l'embouchure de l'*Arach* et *Alger*, presque à hauteur du lieu connu dans le pays sous le nom d'*El-Hammam* (1).

Alger ne pouvait opposer à ce formidable armement que huit cents soldats turcs de l'*oudjac* (2) et cinq ou six mille Andalous, qui, expulsés pour la plupart de Grenade, devaient venger sur ces rivages les humiliations dont les avaient accablés les nouveaux maîtres de leur patrie d'adoption. Mais *Alger* la guerrière avait pour repousser les infidèles la protection d'*Allah* (3); elle avait pour elle ces puissants auxiliaires, qui lui ont été si long-temps fidèles, les orages; elle avait pour elle la confiance que lui donnait en sa fortune les prédictions de la *Guezana* (devineresse) (4), dont déjà deux fois les pro-

(1) الحَمَّام *El-hammam*, les bains.

(2) Une partie des soldats de l'*oudjac* était allée prêter main forte au chérif qui fondait une dynastie nouvelle dans le *Greurb-el-Djouani* (le Maroc).

(3) المحروسة بالله *El-mahroussa-bellah*, la bien gardée par Dieu.

(4) فزانة *Guezana*. La prédiction de la sorcière d'Alger est citée par tous les historiens qui ont parlé de l'expédition de Charles V sur

phéties s'étaient accomplies. Aussi *Hassan-Aga* répondit-il avec fierté à l'envoyé de *Charles-Quint*, qui le sommait de se rendre, « que l'armée d'Espagne ayant déjà péri deux fois devant cette place, elle pourrait bien y périr une troisième, et que pour lui il y ferait de son mieux. »

Le 24 octobre, les troupes ayant été débarquées, l'armée se forma, se mit en marche, et alla bivouaquer à *El-Hammam*. Le 26, elle se porta sur *Alger*, dont elle enveloppa les murs, et *Charles-Quint* vint poser sa tente à *Sidi-Yacoub*, sur la colline de *Coudiat-es-Saboun*, à l'endroit où *Hugo de Moncade* avait déjà fait flotter les étendards castillans, et où a été construit le fort l'*Empereur*.

Le lendemain aurait sans doute vu tomber les murs de l'orgueilleuse cité, si un de ces événements fatals, devant lesquels toute puissance humaine s'humilie et s'efface, n'était venu changer tout-à-coup les espérances de victoire en un épouvantable désastre.

Pendant la nuit de ce jour où les premières difficultés avaient été si heureusement surmontées, la ville et le camp semblaient attendre dans le recueillement l'instant qui devait éclairer le triomphe et la défaite, lorsque la tempête éclata, mugissante et furieuse; des torrents de pluie tombèrent sans interruption; les soldats, sans abri, engourdis et démoralisés par le froid, purent à peine re-

---

Alger. Voici ce qu'en dit Marmol : Il courait dans Alger une prophétie d'une sorcière qui avait déjà prédit le naufrage de *Vero* et la défaite de *Moncade*, à quoi elle ajoutait une autre d'un prince chrétien, dont la perte devait être bien plus grande que celle des deux premiers. Cette prophétie était d'autant plus crue, que de trois articles il y en avait deux qui s'étaient trouvés véritables. (Marmol, tome II, Paris, 1667).

pousser une attaque audacieuse, tentée au jour naissant par *Hassan-Aga*. Vainement *Charles-Quint* s'avança en personne à la tête des Allemands contre les barbares; vainement les chevaliers de Malte les poursuivirent jusqu'à la porte *Bab-Azoun*, où le brave *Ponce de Bellangé*, qui portait l'étendard de la religion, vint ficher son poignard. Les Turcs ressortirent bientôt en force; les chevaliers furent repoussés et payèrent chèrement leur courageux exemple. C'en était fait, le découragement avait succédé à la confiance, et la brume en se dissipant vint montrer à l'armée épouvantée les débris de cent cinquante navires qui jonchaient la plage. Le reste de la flotte avait cherché derrière le cap *Matifou* un abri contre la tempête.

Ainsi ce n'était point assez des désastres qu'avait essuyés l'armée, elle voyait toutes ses ressources englouties, et il ne lui restait plus en perspective qu'une mort sans combat ou les horreurs de la famine. Après une nouvelle nuit passée sous le coup de l'orage, il fallut songer cependant à rejoindre à *Matifou* les vaisseaux de *Doria* échappés au naufrage. Il fallait pour cela exécuter avec des soldats découragés, affaiblis par la faim, une retraite de trois journées de marche devant un ennemi féroce, qu'enivrait le fanatisme et l'orgueil du succès. Cette marche fut lente, pénible et semée d'obstacles; les pluies avaient détrempé le sol et considérablement enflé les torrents; il fallut construire sur l'*Arach* un pont avec les débris de la flotte. Les Algériens et les Arabes, harcelant l'armée, ne lui laissaient pas un instant de repos; ils se précipitaient comme une nuée d'oiseaux de proie sur les malheureux qui tombaient, accablés de fatigue et de faim. Après trois journées de cruelles souffrances, l'armée arriva enfin à proximité de la flotte, où elle trouva quelques vivres et un peu de repos avec un temps meilleur.

Cependant deux hommes, doués de ce caractère fortement trempé qui ne se laisse point abattre dans les circonstances difficiles, pensèrent que tout espoir n'était point encore perdu, et que l'on pouvait recommencer la lutte avec les ressources qui restaient à l'empereur.

Fernand Cortès, le conquérant du Mexique, et le comte d'*Alcaudète*, gouverneur d'Oran, proposèrent un retour offensif sur Alger, dans le conseil des principaux capitaines qui fut assemblé par l'empereur. Ces deux généraux promettaient le succès, si on leur laissait le commandement absolu de l'armée et la liberté de choisir les hommes qui leur inspiraient encore quelque confiance. Mais, soit que *Charles-Quint* jugeât que les soldats étaient trop profondément démoralisés pour pouvoir se relever, même à la voix de ces deux généraux célèbres, soit qu'il ne voulût pas que d'autres pussent réussir quand il avait échoué, il rejeta leurs avis, et les troupes se rembarquèrent. Assaillis en mer par de nouveaux orages, c'est à peine si la moitié des hommes qui composaient cette brillante et nombreuse armée revit la patrie.

Les conséquences de cette expédition désastreuse ont pesé pendant plus de trois siècles sur l'Europe entière. C'est, à n'en pas douter, à la terreur qui resta imprimée dans tous les états chrétiens à la suite de cette funeste défaite, qu'il faut attribuer la résignation pusillanime avec laquelle ils supportaient depuis cette époque l'insolence des corsaires barbaresques, lorsque la France, prenant entre ses mains la cause des nations, vengea enfin le grand empereur, et fit disparaître de ces côtes le gouvernement de ces brigands des mers.

A la suite de ce brillant succès de l'islamisme sur la

chrétienté, *Hassan-Aga* fut nommé par *Soliman*, pacha, gouverneur titulaire d'Alger, et *Krair-ed-Din*, qui vivait retiré à *Péra*, put deviner avant sa mort qu'un long avenir était réservé au gouvernement dont il était le fondateur (1).

Le nouveau pacha, pendant la période de sa puissance, établit solidement la domination turque dans le pays, et de son temps l'influence espagnole fut complétement détruite à Tremecen. Il eut pour successeur *Hassan-Baba-Aroudj*, fils de *Krair-ed-Din*.

A peine l'élu de la Porte eut-il pris possession de son pachalik, qu'il eut à défendre le roi de Tremecen, son tributaire, contre les attaques du puissant chérif de Maroc. En 613 (1508 J.-C.), un pauvre marabout, sorti de la *Zaouia* des chérifs dans la province de *Darah*, *Mohammed-ben-Hamed-el-Hossini*, se prétendant de la descendance d'*Hossein*, fils d'*Ali*, avait jeté les fondements de cette puissance. Ses fils, *Hamed* et *Mohammed*, continuèrent l'œuvre de leur père ; ils s'acquirent une grande influence dans le pays, en entraînant la population à la guerre sainte. Depuis *Dom Manuel*, les Portugais étaient maîtres de la plupart des villes de la côte d'Afrique que baigne l'Océan, et ils tâchaient, au déclin de la puissance des *Beni-Outtas* (2), d'étendre leur domination dans l'intérieur. *Mohammed*, le plus jeune des fils du chérif, les battit et leur enleva la position importante du cap d'*Aguer*. Mais l'ambition ne tarda pas à diviser ceux qu'elle avait réunis ; *Mohammed*, après divers combats, parvint

(1) *Krair-ed-Din Barberousse* mourut plusieurs années après cette grande expédition, en mai 1548, dans son château de *Bixatar*, à *Stamboul*.

(2) Les Beni-Outtas avaient succédé aux Beni-Meriin dans le Maroc.

à déposséder son frère aîné, et se trouva ainsi maître des petits royaumes de *Sus* et de *Maroc*; il marcha alors contre *Fez*, dont il s'empara en chassant *Hamed-el-Outassi*, le dernier des *Beni-Outtas*. Orgueilleux de ses rapides succès, il envoya ses trois fils, *Abd-Allah, Abd-el-Kader* et *Abd-er-Rahman*, à la conquête de la ville de *Tremecen*. Après s'être emparé de cette place, Abd-Allah répandit ses troupes dans la province, et vint même insulter les remparts d'*Oran* (1). Pour réprimer l'audace de ces nouveaux conquérants, *Hassan-Baba-Aroudj* sortit d'*Alger* avec toutes ses forces, rencontra l'armée des chérifs aux environs de *Mostaganem*, la défit complètement, rentra dans *Tremecen*, qu'ils abandonnèrent après cette défaite, et y rétablit le vassal du Grand-Seigneur. Cependant, malgré sa victoire, le descendant des *Barberousse* ne put résister aux intrigues de ses nombreux ennemis de Constantinople. Après la mort de *Krair-ed-Din*, son fils dut succomber à leurs manœuvres jalouses ; le nom seul du fondateur de l'*oudjac* d'*Alger*, de celui qui avait conquis à la Porte le pachalik du Mogrob, ne fut plus assez puissant pour sauver *Hassan* d'une disgrâce. Il fut dépossédé par *Salahh-Reïs*, nouvel élu du diwan.

Salahh-Reïs, homme entreprenant et habile, jugea que le gouvernement d'Alger n'avait plus aucun intérêt à conserver à *Tremecen* une autorité incapable de se soutenir par elle-même. Ayant appris que *Moula-Hassan*, dernier prince des *Beni-Zian*, avait eu quelques relations

---

(1) On prétend que c'est à cette époque que la ville d'*Arbal* (*Arlailah*), fut complètement ruinée. *Arbal* était située au pied de la montagne de *Tessalah*, à six lieues sud d'Oran, et avait été déjà saccagée une fois par les émirs almoravides.

avec le comte d'*Alcaudète*, gouverneur d'*Oran*, il s'empara de ce prétexte pour se débarrasser de lui; comme il n'était plus ni utile ni dangereux, il se contenta de le chasser de la ville. Réfugié à *Oran*, *Moula-Hassan* y mourut de la peste, trois ans après son exil; il laissa un fils qui passa en Espagne, s'y fit chrétien sous le nom de don Carlos, et obtint sous Philippe II quelque établissement en Castille.

Ainsi s'éteignit sans bruit, étouffée plutôt par la politique des Turcs que détruite par leurs armes, cette dynastie des *Beni-Zian*, dont la longue domination sur le pays n'avait pas été sans gloire.

Devenus maîtres absolus de *Tremecen*, les Turcs s'y maintinrent, malgré toutes les tentatives que firent plus tard les souverains de *Fez* pour s'emparer de cette place, qui fut dès lors tenue pour le pacha d'Alger par un simple gouverneur militaire.

Salahh-Reïs n'avait point oublié l'agression du *chérif* de *Maroc* contre un vassal de la Porte, et il ne laissa point échapper l'occasion d'en tirer vengeance. Il profita des dissensions qui régnaient dans le royaume de Fez pour embrasser la cause de *Bou-Hassan*, fils d'*Hamed*, et pour pénétrer dans le pays (956 hég. 1550 J.-C.). *Hamed*, fils aîné de *Mohammed-ben-Hamed-el-Hossini*, avait été dépossédé, comme nous l'avons dit plus haut, par son frère *Mohammed*, qui était alors maître de tous les pays du *Greurb*. Le pacha marcha contre lui; *Fez* capitula; *Bou-Hassan* fut replacé sur le trône qu'avait occupé son frère, et *Salahh-Reïs* revint à Alger chargé d'un immense et riche butin (1).

(1) Les traditions populaires prétendent qu'en se rendant d'Alger à Fez, pour assiéger cette ville, *Salahh-Reïs* passa par le tombeau de la

Les inquiétudes ambitieuses du pacha ne furent point calmées par cette brillante conquête : il jura de ne se reposer que lorsqu'il aurait arraché Bougie et Oran aux Espagnols, et chassé de la côte le dernier chrétien.

Depuis quarante-cinq ans, Bougie était au pouvoir des rois de Castille ; une garnison de cinq cents hommes répartis dans trois forteresses gardait la ville sans se hasarder à sortir des murs, car, dit Marmol, « les peuples de ces montagnes sont gens belliqueux, et ils courent sans cesse la contrée avec plusieurs arquebusiers. » Quinze fustes ou galères armées de canons entrèrent tout-à-coup dans son port, et une armée considérable vint par terre assiéger ses remparts. Trop faibles pour défendre les trois positions qu'ils occupaient, les Espagnols abandonnèrent le fort *Moussa* et se retirèrent dans la *Casbah* et dans le fort de la mer. Quarante soldats défendirent pendant cinq jours ce dernier poste contre les attaques du pacha, qui finit par l'emporter d'assaut. *Alphonse de Peralte* se maintint vaillamment dans la *Casbah* pendant vingt-quatre jours ; au bout de ce temps, n'attendant plus de secours, réduit par la famine à la dernière extrémité, il rendit sa place par une capitulation qui lui donnait, à lui et à tous les chrétiens, la vie sauve et les moyens de passer en Espagne.

Salahh-Reïs, parjure à sa parole, fit esclave tous les Espagnols, à l'exception du gouverneur et de vingt hommes à son choix.

Charles-Quint, irrité de la perte de cette place impor-

---

chrétienne قبور رومية *kebour Roumia*, et qu'il voulut faire démolir ce monument, croyant y trouver quelques trésors ; mais au moment où les chrétiens captifs commençaient à y travailler, des milliers de guêpes sortirent des interstices des pierres, et chassèrent les travailleurs.

tante, fit traduire *Don Alphonse de Peralte* en conseil de guerre; il fut condamné à mort pour n'avoir pas su mourir à son poste, et eut la tête tranchée sur la grande place de Valladolid.

Constant dans ses projets, *Salahh-Reïs* ne fut pas plus tôt maître de Bougie, qu'il songea à aller s'emparer d'Oran. Mais craignant de ne pas réussir avec ses seules ressources, il envoya son fils *Mohammed* en ambassade près du Grand-Seigneur. Il promettait au sérail l'expulsion complète des chrétiens, si la Porte s'engageait à lui fournir quelques galères armées. Les propositions du pacha furent favorablement écoutées dans le *divan*, qui accorda des secours et autorisa toutes les entreprises des Algériens. *Salahh-Reïs* s'embarqua à Alger pour aller au-devant des quarante galères qu'on lui envoyait de Constantinople. Mais la peste l'arrêta à hauteur de *Matifou*. Rentré dans Alger, il ne survécut que trois jours aux atteintes de sa maladie.

Salahh-Reïs avait désigné pour son successeur un renégat génois nommé *Yahia*, qu'il avait pris en grande amitié. Mais le gouverneur de la *Casbah*, *Hassan*, Corse d'origine, s'empara de l'autorité, fit empoisonner *Yahia*, et obtint du sultan la confirmation de son pouvoir usurpé.

Hassan Corse profita des galères du Grand-Seigneur, y joignit toutes celles que possédait le gouvernement d'Alger, et conduisit devant Oran sa flotte montée par trois mille matelots turcs, tandis qu'une armée considérable venait l'assiéger par terre. Le gouverneur d'Oran, Martin de Cordoue, comte d'*Alcaudète*, instruit des formidables préparatifs que faisait contre lui le pacha d'Alger, se hâta d'en donner avis au gouvernement espagnol. La reine Jeanne, qui gouvernait l'Espagne en l'absence de *Don Philippe* son mari, fit passer en Afrique des troupes, des munitions et des vivres. Ainsi préparé à tout événement, Martin de Cordoue attendit avec confiance le choc de toutes les forces musulmanes.

Hassan investit la place, et commença un siége régulier. Il s'était déjà emparé de la *Tour des Saints* (1), et il serrait de fort près la ville, lorsque le Grand-Seigneur, pour arrêter les ravages d'*André Doria* dans l'Archipel, rappela ses galères. Privé d'un aussi puissant secours, *Hassan* fut obligé de lever le siége, ce qu'il ne fit pas sans éprouver des pertes considérables. Délivré de la présence des Algériens, le comte d'*Alcaudète* sortit d'Oran pour tirer vengeance des tribus des environs, qui avaient prêté assistance à l'armée turque. Alors, dit-on, furent détruits les deux villages d'*Agbal* et de *Guizda*, dont on voit encore les ruines (2) non loin d'Oran.

Après ce succès, le gouverneur d'Oran passa en Espagne et vint à Valladolid, où il reçut l'accueil le plus flatteur de la reine Jeanne. Voulant profiter de l'influence que lui avait donnée dans le pays sa belle défense et la retraite des Turcs, il demanda au grand conseil de guerre six mille hommes pour attaquer Mostaganem. La possession de cette place devait faciliter la prise d'Alger, à laquelle le gouvernement espagnol pensait toujours, et pour laquelle le chérif de Maroc, ennemi des Turcs, promettait des secours. Les plans du comte rencontrèrent des opposants dans le grand conseil; cependant il finit par obtenir ce qu'il demandait, et il s'embarqua

---

(1) Ce fut après ce siége que fut construit le fort *San-Fernando*, que les Arabes appellent *Ras-el-Aïn*, et dont la nécessité fut démontrée par la prise facile de la *Tour des Saints*.

(2) C'est à *Agbal* que se trouve la source de *Crestella*, renommée par la bonté de ses eaux.

à Malaga, suivi de beaucoup de noblesse d'Andalousie et du royaume de Grenade qui avait demandé à faire volontairement partie de cette expédition.

L'armée partit d'Oran le 26 août 1558 ; elle se composait de six mille cinq cents hommes d'élite, et emmenait avec elle quelques pièces d'artillerie, traînées par les soldats. A l'approche des Espagnols, les Maurisques, habitants de *Mazagran*, et les populations des environs de Mostaganem, se jetèrent dans la ville, bien décidés à faire bonne défense.

L'armée passa par la *Sebkra* (1) d'*Arzew*, et eut devant *Mazagran* un vif engagement avec les troupes sorties de Mostaganem pour la combattre. Les musulmans furent repoussés et rejetés dans leurs murs. Le général espagnol après ce premier succès concentra ses forces sur le terrain dont il était resté maître, attendant là les secours en vivres et en approvisionnements qu'on devait lui expédier d'Espagne. Mais, par un malheureux contre-temps, les quatre galères chargées de munitions, faisant voile pour Mostaganem, furent rencontrées par cinq galiotes turques qui les capturèrent, et l'armée, dépourvue de vivres, eut la douleur de voir passer sous ses yeux, convoyés par la flottille algérienne, ces navires en qui reposaient toutes ses espérances et la presque certitude du succès.

Le général espagnol ne voulut cependant pas renoncer à son entreprise ; il espérait trouver des vivres dans la place, et il se décida à l'attaquer. Comme il n'avait pas de projectiles pour ses canons, il fit abattre le portail de marbre de la ville de *Mazagran* et en fit faire treize boulets. Ce fut avec cet approvisionnement, porté

---

(1) Terrains salants.

sur l'arçon des selles de ses cavaliers, qu'il s'avança contre Mostaganem. Les Turcs de la garnison et les Maures de la ville sortirent pour combattre l'avant-garde, mais ils furent repoussés et poursuivis jusqu'au pied des murailles. Quelques Espagnols, parmi lesquels on cite un jeune enseigne, escaladèrent même le mur d'enceinte, et l'armée serait sans doute entrée ce jour-là dans la ville, si le général n'eût ordonné la retraite. Il voulut procéder par un siége régulier; ses lenteurs le perdirent.

Hassan Corse était mort empoisonné par la milice, et *Hassan-Baba-Aroudj* avait été nommé une seconde fois par la Porte pour le remplacer. Prévenu du siége de Mostaganem, il se hâta de réunir toutes ses forces pour accourir à la défense d'une place de cette importance. Bientôt les drapeaux rouges se montrant à l'horizon annoncèrent sa présence. L'armée algérienne vint camper en vue des Espagnols.

Le comte d'*Alcaudète* aurait dû dès lors commencer son mouvement de retraite ou écouter les conseils de son fils, qui lui proposait de tomber de nuit, avec quatre mille hommes, sur l'armée du pacha, et d'enlever son camp. Irrité des obstacles qu'il rencontrait et de la mauvaise fortune qui s'acharnait à sa poursuite, le général rejeta tous les avis, et ordonna une nouvelle attaque.

Les assiégés, exaltés par la présence des Algériens, se défendirent avec vigueur et repoussèrent bravement les assaillants. Pressé enfin par le manque absolu de vivres, par la crainte d'une attaque simultanée des Turcs et des habitants, le général se décida à la retraite; ce mouvement, commandé à l'improviste et exécuté pendant la nuit, se fit avec tant de désordre et de précipitation, qu'un grand nombre de soldats blessés ou malades furent abandonnés. Leurs cris apprirent bientôt aux Espagnols que les Turcs, prévenus de la retraite, s'étaient mis à leur poursuite (1).

Pendant la route, une pièce de canon se renversant, brisa son affût; le comte, au lieu de l'enclouer et de l'abandonner, perdit du temps à la relever et donna aux Algériens une avance dont ils surent profiter; au point du jour, ils attaquèrent l'arrière-garde.

Les Espagnols tombaient de besoin et de lassitude; incapables de se servir de leurs armes, ils les jetaient et se débandaient pour courir en masse aux fontaines de *Mazagran*. Le fils du comte, *Don Martin*, fit des efforts de bravoure inouïs pour sauver l'honneur castillan d'une déroute honteuse; le général espagnol lui-même tenta plusieurs fois de rallier les fuyards, mais ce fut en vain, les troupes ne résistaient point à l'impétuosité des Turcs. Enfin, dit *Marmol*, le cheval du comte se cabra en entrant dans *Mazagran* et le jeta par-dessus la croupe, de sorte qu'il fut foulé aux pieds par ses soldats, qui, ayant plus soin de leur salut que de leurs devoirs, fuyaient les Turcs qui étaient à leurs trousses. Comme il était déjà vieux, il perdit l'haleine et mourut, rendant cette place fameuse par son désastre et par la perte de tant de gens. Son corps, relevé par les Turcs, fut présenté à *Hassan-Pacha*, qui voulut voir un aussi brave homme, et *Don*

---

(1) Abd-er-Rahman-Abou-Hamid, marabout, dit à cette époque en parlant de Mostaganem :

سلطانها سعيد * ومثبتها شهيد * وظالمها ما يموت كبريد *

« Son véritable roi est Saïd, marabout, enterré près de Mostaganem. (On supposait que c'était par sa protection que la ville avait été sauvée des mains des chrétiens.) Ceux qui sont morts pour sa défense sont des martyrs; ceux qui voudront l'opprimer périront misérablement. »

Martin, son fils, qui regagna *Oran* avec les fuyards échappés au yatagan des Turcs, le racheta; il fut inhumé à *Oran* (1).

Établi à *Mostaganem* et à *Mazagran*, *Hassan-Pacha* ne laissa ni trêve ni relâche aux Espagnols. Il ordonna à tous les gouverneurs qui relevaient de son autorité de préparer leurs contingents. *Cochupare*, capitan-pacha de sa flotte, partit pour *Azew*, où il devait débarquer une partie du matériel de siége et attendre de nouvelles instructions. Laissant ensuite *Ali-Chirivi* pour gouverner *Alger* pendant son absence, il partit de cette ville au commencement du printemps de l'année 1563 J.-C. 913 hég. Se dirigeant sur *Mostaganem*, il passa par *Mazagran* et par la plaine de *Cirat*. Le passage de l'*Habra* et du *Sig* était gardé par le gouverneur de *Tremecen*; il vint s'arrêter aux puits de *Diego Perez* (puits d'*Arzew*). Là, les équipages débarqués par *Cochupare* le rejoignirent, et les flûtes algériennes reçurent l'ordre d'aller s'embosser entre *Mers-el-Kebir* et *Oran*.

Des puits de *Diego Perez*, *Hassan-Pacha* couvrit la plaine de cavaliers, qui allèrent reconnaître *Oran* jusque sous ses canons. *Don Alphonse* de Cordoue, qui avait succédé au comte d'*Alcaudète*, son père, commandait alors la ville. *Hassan* ayant réuni en conseil tous les chefs de son armée, il fut résolu qu'on commencerait par l'attaque de *Mers-el-Kebir*, afin d'assurer un refuge à la flotte.

Immédiatement après l'adoption de ce plan, les Algériens allèrent attaquer le petit fort *Saint-Michel* (2). Don

(1) Les Arabes donnent au comte d'*Alcaudète* le nom injurieux de *fortass* برطاس (le teigneux).

(2) Le fort Saint-Michel était une redoute revêtue en maçonnerie, dont on voit encore les ruines sur la hauteur qui commande Mers-el-Kebir.

Martin de Cordoue, frère de *Don Alphonse*, était gouverneur de *Mers-el-Kebir* et de *Saint-Michel*. Il défendit ce poste avancé avec une rare intrépidité, et ne le céda que lorsque les murs, rasés de toutes parts, n'offrirent plus aucun abri aux défenseurs. Le gouverneur de Constantine et les meilleurs soldats du pacha payèrent de leur vie ce sanglant avantage.

Renfermé dans le fort de *Mers-el-Kebir*, *Don Martin* se défendit avec autant de bonheur que d'audace contre tous les efforts de l'armée et de la flotte turque. Le pacha fit établir cinq batteries qui foudroyèrent le fort, et renversèrent en deux jours toutes les défenses, de sorte qu'on pouvait passer à cheval par les brèches. Il s'avança plusieurs fois jusque sous les murailles pour donner l'exemple à ses soldats. Réduit à la dernière extrémité, n'ayant plus qu'environ quatre cents hommes pour repousser l'ennemi, le gouverneur espagnol traita toujours le pacha avec un superbe dédain. *Hassan* l'ayant fait sommer de se rendre, en l'éclairant sur sa détresse, *Don Martin* répondit à son parlementaire : « Qu'il s'étonnait que le chemin étant si facile, il n'osât l'essayer. » Le pacha, irrité, conduisit lui-même ses troupes à un nouvel assaut, et combattit pendant quatre heures à leur tête. Vaincu de nouveau, il rentra dans ses lignes après avoir perdu près de cinq cents hommes. *Mohammed-Chibali*, gouverneur de *Calda*, fut tué dans cette dernière attaque.

Don Martin correspondait fréquemment avec le gouverneur d'Oran. Il l'instruisait des mouvements de l'ennemi, des heures présumées des attaques, et *don Alphonse*, sortant de ses murs, venait inquiéter les assaillants sur leurs derrières. La correspondance se faisait pendant la nuit, par des nageurs qui traversaient la rade de *Mers-el-Kebir*, et passaient au travers de la flotte ennemi. Les Turcs ayant découvert ce stratagème, placèrent un poste de trois cents hommes à la pointe du rocher qui se trouve entre *Mers-el-Kebir* et *Oran*, espérant par ce moyen intercepter toute communication. Ces mesures furent inutiles ; les secours attendus d'Espagne ne pouvaient tarder d'arriver ; et lorsque *Hassan* redoublait d'efforts, *Don Martin* se multipliait pour sauver ces débris où il s'était déjà couvert de gloire.

Hassan livra encore deux assauts terribles, qui lui coûtèrent quinze cents hommes, le gouverneur de *Tremecen*, et plusieurs chefs de l'armée turque. Furieux de rage et de honte, il jeta son turban, qui roula jusqu'au pied des remparts, en s'écriant, dit *Marmol* : « O musulmans ! se peut-il que quatre coquins de chrétiens vous résistent ainsi dans une pareille bicoque ! »

Cependant, les vaisseaux réunis de *Don Pedro de Padilla*, *André Doria* et *Don Francesco de Mendoza*, formèrent une flotte de trente-trois galères, qui fit voile pour *Oran*. Les navires turcs levèrent l'ancre à son approche, et allèrent s'enfermer dans le port d'Alger. *Hassan-Pacha*, forcé à la retraite, leva le siège et se retira confus à *Mostaganem*, après avoir perdu ses meilleures troupes dans dix-huit jours d'infructueuses attaques (913 hég. 1563 J.-C.).

Après cette belle défense des Espagnols d'Oran, *Hassan* craignit qu'ils ne songeassent de nouveau à étendre leur influence dans le pays. Rappelé lui-même à Alger après l'échec qu'avaient essuyé ses armes, il pensa qu'il convenait de créer dans la province une autorité capable de leur résister par elle-même ; il songea donc à réunir en une seule main les différents pouvoirs indépendants les uns des autres, que les gouverneurs des diverses villes se partageaient entre eux.

Comme le petit nombre de soldats de la milice qui lui restait ne lui aurait pas permis de tenir le pays par les Turcs seuls, il eut recours aux indigènes. Parmi ces populations sans nationalité, sans liens communs, sans cesse divisées par des haines, des rivalités de caste et de tribus, il en choisit quelques-unes qu'il appela à partager avec le vainqueur le fruit de la conquête ; il institua les *Maqrzens* (1).

C'est de cette époque que l'on fait dater l'organisation de la province d'*Oran* en *beylik*. Cette organisation fut étendue plus tard aux autres provinces du gouvernement d'*Alger* ; nous ne nous occuperons pour le moment que de ce qui est relatif à la province d'*Oran*, et nous ne parlerons dès à présent des autres dépendances du *pachalik* que dans les rapports qu'elles ont pu avoir avec le *beylik* d'*Oran*.

(1) مخزن *Maqrzen*, magasin, arsenal ; ce sont en effet ces tribus alliées qui constitueront désormais le véritable arsenal des forces des beys.

QUATRIÈME ÉPOQUE.

GOUVERNEMENT DES BEYS.

PREMIÈRE PARTIE.

BEYS DE LA PROVINCE D'ORAN.

Après avoir établi les premières bases de ce pouvoir ainsi reconstitué, *Hassan-Baba-Aroudj* retourna à Alger, où l'appelaient de graves intérêts (968 hég. 1563 J.-C.). Il laissa dans le pays, pour y asseoir son organisation nouvelle, et lui donner toute l'extension qu'elle demandait, un soldat de la milice, homme d'action et d'intelligence, nommé *Bou-Kredidja*, auquel il donna quatre-vingts tentes turques (1). Afin d'être plus en dehors des atteintes des chrétiens d'Oran, et de pouvoir agir plus immédiatement sur les populations, le nouveau bey chercha un point situé dans l'intérieur du pays, et au centre des tribus, pour y établir le siége du beylik. Il choisit *Mazouna* (2), petite ville entre *Mostaganem* et

---

(1) خَبَى *Kreubba,* tente. La tente turque se composait de vingt-trois hommes. (Organisation militaire des Turcs.)

(2) *Mazouna* paraît avoir été construite par les gens du pays. Cette ville, jadis importante, fut ruinée dans les guerres des Beni-Zian et des Beni-Meriin. La présence des beys la fit sortir de ses ruines. Les habitants, corrompus sans doute par la fréquentation de la soldatesque turque, passaient pour de fort mauvais musulmans. Sidi-Hamed-ben-Ioussef, marabout très-vénéré de Miliana, qui a laissé sur

— 164 —

Tenes(1), à une lieue au nord du *Chellif*(2). *Bou-Kredidja* se montra digne en tous points de la confiance d'*Hassan*. La sévérité de son gouvernement contint les séditieux et les mécontents, amena à l'obéissance les insoumis ; et les priviléges qu'il sut accorder à propos à ceux qui se ralliaient à la cause turque, lui firent de nombreux partisans dans le pays. Il nomma des *kaïds* dans les différentes villes, détermina la nature et la quotité de l'impôt

toutes les villes de la régence des sentences qui sont devenues des dictons populaires, a dit en parlant des habitants de Mazouna :

يحجوا بكبارهم بصغارهم
و تاكلهم النار بترابهم بحجارهم

« Pleins d'un grand zèle pour le pèlerinage, ils y amènent leurs vieillards et leurs enfants ; mais eux, leurs enfants, les pierres et la terre de leur ville, seront dévorés par le feu de l'enfer. »

(1) Le même Sidi-Hamed-ben-Ioussef a dit en parlant de Tenes :

تنيس
مبنية على دنس
ماها دم
هواها سم
و الله بن يوسف ما يبات ثم

« Tenes,
Ville bâtie sur du cuivre,
Son eau est du sang,
Son air est du poison ;
Certes Ben-Ioussef ne voudrait pas passer une seule nuit dans ses murs. »
(Ces lignes riment en arabe.)

(2) Le Chellif sort par soixante-et-dix sources سبعون عيون du pied des monts Ouennaseris. C'est le cours d'eau le plus considérable de l'ancienne régence ; les Arabes l'appellent سلطان وبدان le roi des fleuves ; et prétendent, avec leur exagération habituelle, que, comme le Nil, il croît en été.

que devaient payer les *rayas* (1); et dès la seconde année de son administration, il put aller lui-même, accompagné de ses Turcs et de ses *maqrzens*, porter au pacha, à Alger, l'impôt prélevé dans son beylik.

Le premier kaïd envoyé par *Bou-Kredidja* à Mostaganem était un Arabe des *Medjehar*, nommé *Mouloud-ben-Guettat*, homme énergique considéré dans sa tribu. Il existe un document curieux, c'est celui qui donne les redevances que devait payer, dès cette époque, le kaïd de Mostaganem (2) au bey de la province. Ces redevances consistaient en :

   800 ziani d'or.
   300 mesures de blé.
   300 mesures d'orge.
    80 tass de beurre (3).
    70 chevaux ou mulets de bât (4).
     3 chevaux de gada (5) choisis parmi les plus beaux du pays.

Après *Bou-Kredidja*, auquel une longue administration

---

(1) رعايا *Ráya*, sujets. C'était le nom donné par les Turcs à tous les Arabes payant l'impôt, à tous ceux qui n'étaient point maqrzen.

(2) Mostaganem était alors une ville riche, une ville de luxe. Sidi-Hamed-ben-Ioussef a dit en parlant de Mostaganem :

اهل مستغانم
مطلعين البلغا
على حس الهضعة

« Mostaganem, dont les habitants se hâtent de relever les talons de leurs belgras pour courir plus vite après un bon morceau. »
Les *belgras* sont les larges pantoufles jaunes que les gens riches portent par dessus leurs autres souliers, et qu'ils ne chaussent pas habituellement.

(3) طاس Le *tass*, ou mesure de beurre, équivalait à peu près en poids à trente livres d'Alger.

(4) (5) قادي C'est l'action de conduire un cheval par la bride (de la racine قاد); c'est un signe de vasselage fort anciennement usité chez

permit d'établir sur des fondements solides la puissance des beys dans la province, vint *Souag* de *Mazouna*, qui continua avec succès l'œuvre de son prédécesseur. Les marabouts, gens qui couvrent généralement leur ambition du prétexte de la religion, et dont la voix a toujours eu tant d'influence sur ces populations ignorantes et fanatiques, commençaient déjà à cette époque à s'agiter sous le joug des Turcs. Bien que *sonnites* comme les *Mogrebins*, et appartenant à un des quatre rites orthodoxes de l'*islam*, les Turcs parussent devoir être à l'abri de tout soulèvement religieux, un Arabe, *Mohammed-ben-Ali*, parvint à exciter contre eux le fanatisme des tribus, en les représentant comme des musulmans sans croyance. Il s'était fait un parti puissant dans la province, et, retiré dans les montagnes de *Medjadja*, il appelait tous les fidèles *ardents dans la voie de Dieu*. Cette insurrection menaçait de devenir dangereuse pour l'autorité à peine affermie du bey. *Souag*, sans donner le temps au marabout ambitieux d'entraîner dans sa rébellion les populations restées soumises, marcha contre lui avec les seuls Arabes de son *maqrzen*. Il le rencontra chez les *Beni-Maddoun*, lui livra combat, le défit complètement, et se rendit maître de sa personne. *Souag* lui infligea d'abord la punition par laquelle les Arabes eux-mêmes font justice (1) des hypocrites et des faux marabouts. Il le fit

---

les Arabes ; il consiste à conduire un cheval, qu'on tient par la bride, à celui dont on reconnaît par là la souveraineté. Comme on choisissait pour cette cérémonie les plus beaux chevaux ; on entend généralement par chevaux de *gada*, des chevaux de premier choix. La *gada* est aussi appelée سيرة *sirat*, de سير aller au pas. Tous les chevaux qui ne sont point chevaux de *gada* sont appelés chevaux de charge, *mta-el-aouvir* متاع الوزر.

(1) Les faux marabouts sont promenés sur un âne, le dos tourné

promener sur un âne dans les tribus qui avaient favorisé sa révolte, et finit par le faire décapiter dans le chef-lieu du beylik. *Souag* mourut peu de temps après, empoisonné par sa femme.

Il eut pour successeur *Seiahh-Bey*, dont les descendants existent encore dans la ville de Mazouna. Pendant tout le temps que dura son autorité sur le pays, il lutta avec une alternative constante de succès et de revers contre les tribus insoumises des Berbères montagnards, et mourut après avoir administré pendant onze ans le beylik d'Oran.

Il fut remplacé par *Saad-Bey*, qui, plus heureux que son prédécesseur, fit reconnaître l'autorité turque aux *Kabyles* situés entre *Mazouna* et *Miliana* jusqu'à la tribu puissante alors des *Begraz*, dans la chaîne de *Medjadja*.

Nous ne continuerons pas à donner la série plus ou moins authentique des beys, au nombre de onze, qui se succédèrent à *Mazouna* depuis *Saad*. Cette nomenclature incertaine de noms obscurs ne nous présenterait que le tableau d'une lutte incessante des vaincus contre les vainqueurs, des opprimés contre les oppresseurs, des tentatives quelquefois heureuses, souvent malheureuses, des Turcs contre les tribus nomades de l'*Angad*, et contre les Berbères réfugiés dans leurs montagnes. Nous passerons de *Saad* au bey *Chaban*, qui a laissé dans le pays un nom plus connu par les démonstrations impuissantes qu'il fit contre les chrétiens d'Oran, et par la mort qu'il trouva sous les murs de cette ville.

Pendant la période que nous passons sous silence,

---

la tête de l'animal. Cette punition est exprimée en arabe par le mot يطوفوا الرُّكْبَان.

Alger fut le théâtre de révolutions importantes dont nous devons parler, parce qu'en changeant la forme constitutive du gouvernement de la régence, elles modifièrent les rapports des provinces avec la capitale. Au commencement du dix-septième siècle, la milice s'était soustraite à l'autorité des pachas envoyés par la Porte, les avait réduits à un simple rôle d'observation passive (1), et n'obéissait plus qu'à un *daï* (2) choisi dans son sein. La régence fut alors soumise à un gouvernement militaire despotique dont le chef était électif. Aussi, comme dans tout gouvernement où l'élection est la base de l'autorité souveraine, des tentatives ambitieuses, toujours légitimées par le succès, vinrent-elles souvent ensanglanter les avenues du pouvoir. La milice, qui se donna alors de nouvelles lois, institua les *noubas*, sous l'autorité immédiate des agas turcs ou *courouglis*, indépendants des beys. Les *noubas* devaient être forcément relevées chaque mois, tandis qu'auparavant, elles n'étaient changées qu'à la volonté des pachas. A cette époque furent encore établis les trois positions des *iouldachs* de la milice (3).

Pendant le même intervalle de temps, les Espagnols d'Oran, bien qu'ils ne tentassent plus de grandes expéditions au dehors, étaient parvenus à étendre leur in-

---

(1) Le pacha du Grand-Seigneur fut embarqué de vive force en 1710, et ramené à Constantinople. *Baba-Ali-bou-Seba*, l'auteur de cette mesure violente, prit pour lui le titre de pacha, et fut confirmé par la Porte.

(2) داى *Daï*, en turc, oncle, patron ; cette dénomination n'est point connue des Arabes.

(3) Voir le chapitre qui traite de l'Organisation militaire des Turcs dans la province d'Oran.

fluence. Les *Beni-Amer*, ou plutôt les *Benou-Amer* (1), qui prétendent descendre de la famille des *Hammid-el-Abid*, étaient devenus nombreux et puissants : ils occupaient tout le pays compris entre les chaînes de *Telgat*, *Tessalah*, le *Zenboudj-el-Ousth* (2) et *Oran*. Attirés d'abord dans la ville des chrétiens pour y faire le commerce, ils avaient fini par faire alliance avec eux, pour se soustraire à l'oppression des Turcs, et même par se mettre à leur solde. Le bey *Chaban*, craignant l'accroissement de cette influence, devenue menaçante pour son autorité, songea à en arrêter les progrès. Il rassembla toutes les forces de son beylik et vint assiéger *Oran*. Les *Beni-Amer*, retirés sous les murs de la ville (3), combattirent vaillamment avec leurs alliés. *Chaban*, en tentant d'inutiles efforts, fut atteint par une balle chrétienne. Mort dans la guerre contre les infidèles, il mérita les honneurs d'un tombeau, qui fut construit, après l'abandon d'Oran par les Espagnols, à l'endroit où il avait été enterré (4).

Au moment où le bey *Chaban* fut tué, *Mohammed-Bakedach* était pacha d'Alger. Il élevait dans son palais un

---

(1) Les Arabes les appellent quelquefois, pour faire allusion à leur alliance avec les infidèles, les *Benou-dammer*. *Dammer-alihoum-Allah* دمر عليهم الله que Dieu les extermine.

(2) Le *Zenboudj-el-Ousth* زنبوج الوسط ; un zenboudj de ce nom existe chez les *Sbiheu*.

(3) Ils abandonnèrent, dit-on, à cette époque, un fort que leur avaient bâti les Espagnols dans la plaine de Meletta, près des bains de Bou-Hadjir. Les ruines de ce fort, détruit par le bey Chaban, portent le nom de *Bordj-Querrafa* برج قرافا.

(4) C'est la *quobba* à laquelle nous avons donné le nom de Marabout de Sidi-Chabal.

jeune homme qu'il aimait beaucoup, *Mustapha*, qui fut surnommé plus tard *Bou-Chelagram* (1). Le jeune favori obtint du pacha d'être envoyé à *Mazouna* à la place du bey *Chaban*. Plein d'ardeur et d'ambition, il arriva dans la province avec la ferme intention de la soumettre toute entière à son autorité, et de venger sur les chrétiens la mort de son prédécesseur. *Mazouna*, capitale du beylik, était éloignée des tribus du sud de la province; aussi de fréquentes révoltes éclataient-elles dans cette partie, placée en dehors de l'action immédiate du pouvoir. *Mustapha* voulut établir un poste militaire sur un point central. Il choisit à cet effet une ville en ruines (l'ancienne *Victoria*, d'après le docteur *Shaw*), appelée par les Arabes *Belad-el-Querth* (2), à cause d'une petite tribu berbère de ce nom qui avait bâti ses *nouails* dans les environs. C'est à partir de l'établissement des soldats turcs à *Belad-el-Querth* que ce point fut appelé par les habitants du pays *Am* ou *Ma-Askeur* (3), *Maskeur*.

Pendant que *Mustapha* s'occupait à donner par ces sages mesures une nouvelle force à son autorité, *Moula-Ismaïl*, chérif de *Maroc*, ennemi des Turcs en sa qualité d'Arabe (4), avait fait une incursion dans la province de *Tremecen*. Il marchait suivi de nombreuses tribus,

(1) بو شلاغم Le père de la moustache. Voir la note, à la fin du volume, sur les noms.

(2) بلاد الفرط La ville des *Querth*.

(3) أم عسكر La mère des soldats, dont nous avons fait Mascara.

(4) Moula-Ismaïl est aïeul au huitième degré de Moula-Abd-er-Rahman, souverain actuel de Maroc. *Moula-Ismaïl, Moula-Abd-Allah, Moula-Mohammed, Moula-Soliman, Moula-Abd-er-Rahman.* Les chérifs ont toujours conservé des prétentions sur la ville et la province de Tremecen.

parmi lesquelles on comptait la tribu libre des *Douairs*, et les tribus des *Abid*, telles que les *Abid-Garabas*, *Abid-Cherragas*, *Abid-Zmelas*, etc. (1). Il s'était avancé à l'improviste, pillant et ravageant tout sur son passage, jusque auprès du pays des *Beni-Amer*. Ceux-ci, nombreux et puissants, menacés sur leur territoire, se réunirent, attendirent l'ennemi dans le *Zenboudj-el-Oustk* (le bois du milieu), et lui livrèrent un combat sanglant, dans lequel l'armée du chérif fut mise dans une déroute complète. *Moula-Ismaïl* (2), dont le désastre est resté célèbre dans le pays, et qui a laissé son nom au bois témoin de sa défaite, ne dut son salut qu'à une fuite précipitée (1136 hég. 1707 J.-C.). Les *Douairs* et les *Abid*, dispersés de tous côtés, allèrent offrir leurs services à *Bou-Chelagram*, qui les accepta. Pour mettre à profit les forces de ces nouveaux auxiliaires, *Mustapha* alla attaquer *Oran*.

L'Espagne, depuis la mort de Charles II (1108 hég. 1700 J.-C.), le dernier des descendants de Charles-Quint, avait toutes ses forces occupées aux sanglants débats de la succession. Épuisée par de longues guerres, elle n'accordait plus qu'un bien faible intérêt à la seule ville importante qui lui restât de ses possessions jadis si nombreuses sur le littoral africain. *Bou-Chelagram* était depuis plus d'une année devant la place. Les *Beni-Amer*, concentrés autour d'Oran, voyant leur territoire tous

(1) Les *Douairs* n'acceptent pas cette origine récente de leur implantation dans le pays. Elle serait cependant certaine d'après le dire des autres Arabes.

(2) Quelques historiens prétendent que l'expédition de *Moula-Ismaïl* dans la province de Tremecen n'eut lieu qu'après l'abandon d'Oran par les Espagnols. Dans la version que nous donnons ici, nous avons suivi l'opinion la plus généralement adoptée dans le pays. Voir, à la fin du volume, la note sur l'origine de quelques tribus.

les jours ravagé par l'armée du bey, sachant d'ailleurs que les chrétiens, leurs alliés, ne pouvaient leur fournir aucun secours et ne leur assuraient même plus une protection efficace, se détachèrent de leur alliance et allèrent demander l'*aman* au bey. Enfin, en 1708, les Espagnols se décidèrent à abandonner la ville, dont *Bou-Chelagram* prit possession au nom du pacha d'*Alger*. Ce fut alors que, pour punir les *Beni-Amer* de leur alliance avec les infidèles, le bey les refoula dans la chaîne de *Tessalah* et du côté de la montagne de *Telgat*. Leur territoire des environs d'Oran fut donné en récompense aux *Douairs* et aux *Abid* de *Maroc*.

Maître de cette forte place, *Mustapha* crut pouvoir se soustraire à l'obligation imposée à tous les beys d'aller en personne, tous les trois ans au moins, et toutes les fois que le pacha l'ordonnait, porter la *lezma* à *Alger*. Ce temps du *denouch* (1) était une époque critique pour les beys. C'est le moment qu'attendaient les pachas pour exercer leur justice ou leur vengeance. Du reste, ces hauts fonctionnaires des provinces, lorsqu'ils avaient payé leurs redevances, étaient presque entièrement libres et indépendants dans le gouvernement de leur beylik.

Bou-Chelagram, soit qu'il eût à redouter quelque vengeance des pachas, soit qu'il ne voulût pas s'exposer aux

---

(1) وقت الدنوش C'était l'époque où le bey allait porter à Alger l'impôt exigé pour son beyl^k.; l'action elle-même était exprimée par le mot يدنش الباى *idennech el-bey*. On disait encore dans la province d'Oran يشرق الباى, le bey va dans l'est et dans la province de Constantine; يغرب الباى le bey va dans l'ouest, pour rendre cet acte du bey allant porter à Alger la *lezma* لزمة, l'obligation.

caprices d'un pouvoir ombrageux, résista à toutes les injonctions du *dey*, qui n'osa pas le contraindre par la force. Il payait néanmoins exactement les impôts de son beylik, mais c'était son *kralifat*, *Meheddin Mouserati*, qui était constamment chargé de les apporter à Alger.

Cependant Philippe V, le dernier des petits-fils de Louis XIV, maintenu sur le trône d'Espagne, après de longues guerres, par les traités d'*Utrecht*, en 1712, et de la Barrière, en 1715, avait pu enfin asseoir solidement sa puissance. En 1732, il put songer à rentrer en possession de la ville d'Oran, abandonnée dans un moment de crise. Une armée de vingt-cinq mille hommes d'infanterie et de trois mille de cavalerie, sous le commandement du comte de *Mortemart*, vint débarquer dans la baie du cap *Falcon*. Les Arabes, au nombre de dix ou douze mille, qui essayèrent de s'opposer au débarquement, furent vaillamment culbutés (1). La population de la ville, saisie de crainte, s'enfuit en toute hâte, sans essayer de se défendre, et le bey, entraîné lui-même par ce mouvement de panique, se sauva à Mostaganem. Les Espagnols entrèrent dans Oran sans coup férir et trouvèrent

---

1) Sur la porte de la demi-lune qui couvre le front de terre du fort *Mers-el-Kebir*, on lit l'inscription suivante, où il est question de cette action : « D. O. M. Accuerde este marmol á la venidero que regnando en las *Españas Felipe V* el animoso, y hallando se de mariscal de campo y de dia, el teniente general *don Alexandro Delamotte*, á la cabeza de los granederos de la izquierda en 30 de junio 1732, rechazo valerosamente á los Barbaros, de cuyo favorable successo resulto la evacuacion de *Oran* y sus castillos y la rendicion de esta plaza. Y estando al presente de commandante general de ellos, se redifico este frente para freno de los Barbaros y quedo respectable por depender del y su puerto la seguridad de *Oran*.

Año del Señor 1743. »

la ville entièrement abandonnée. Les Turcs en étaient restés maîtres pendant vingt-quatre ans (1).

Le fort de *Mers-el-Kebir* essaya de se défendre pendant quelque temps; mais *Ben-Dabiza*, l'aga turc qui y commandait la *nouba*, fut bientôt obligé de se rendre.

Bou-Chelagram, retiré à *Mostaganem*, resta encore pendant cinq ans *bey* de la province. Il mourut d'hydropisie (1138 h. 1737 J.-C.), et fut enterré dans la petite ville construite auprès des *matamores* d'*Hammid-el-Abid*. La magnifique *quobba* qui fut bâtie pour son tombeau servait de mosquée avant l'occupation française; elle a été depuis transformée en hôpital. Oran resta soixante-trois ans entre les mains des Espagnols, depuis l'expulsion de *Bou-Chelagram* jusqu'à sa reprise par *Mohammed-el-Kebir* (2).

Ioussef, fils de *Mustapha-Bou-Chelagram*, fut choisi par le pacha d'Alger pour succéder à son père. C'était *Mustapha-Tsacalli* de *Tsaca*, dans l'*eyalat* de l'*Anadoli*, qui était alors *daï*. Il entra dans les premières vues de *Bou-Chelagram*, et voulant mettre le siége du beylik plus au centre des tribus, il donna l'ordre à *Ioussef* de le transporter définitivement à Mascara.

---

(1) Ce nombre est donné par le chronogramme (تاريخ *tariqr*), كدين, dans lequel

$$ك = 20$$
$$د = 4$$

Voir la note sur les dates.

(2) Ce chiffre est donné par le chronogramme كمجم *kemdjim*, dans lequel

$$\left.\begin{array}{l} ك = 20 \\ م = 40 \\ ج = 5 \end{array}\right\} 63.$$

Ioussef n'avait point hérité de la fermeté de son père. *Meheddin-Mouscrati*, ancien kralifat de *Bou-Chelagram*, occupait encore ce poste sous *Ioussef*. Profitant de la faiblesse de caractère du nouveau bey, *Meheddin* était parvenu à s'en faire redouter. Le bey était presque entièrement annulé, et c'était le kralifat qui gouvernait la province, lorsque le pacha d'*Alger* vint à mourir. *Mohammed-Manaman*, qui fut élu par la milice, était le compatriote du kralifat du bey d'*Oran*. Celui-ci profita de la toute-puissance du nouveau pacha et de la faveur que lui donnait auprès de lui sa qualité d'enfants du même pays pour achever d'enlever le pouvoir à son maître. *Ioussef*, ayant eu connaissance des intrigues de *Meheddin*, n'essaya même point de défendre sa position, et se sauva à Tremecen, révoltée alors contre les Turcs. Les *couroulans* (1) et les *hadars* (2) avaient chassé le *caïd* nommé par les Turcs, et se gouvernaient entre eux (1139 hég. 1738 J.-C.). *Ioussef* y mourut peu de temps après de la peste (3). Il était resté bey pendant environ un an.

Meheddin-Mouscrati n'accepta pas le pouvoir pour lui ; mais il fit nommer son fils, *Mustapha-el-Hamar* (4), à la place de *Ioussef*. Le siége du beylik resta toujours à *Mas-*

---

1) الفرغلان *El-queurgrelan*, enfants de cour ; c'est le nom que prirent les fils de Turcs lorsqu'ils furent admis dans la milice à la sollicitation d'un membre du diwan algérien, appelé *Cour*, c'est-à-dire le borgne.

2) C'est le nom donné par les Arabes qui habitent des tentes à ceux qui vivent dans les villes ; الحضر c'était autrefois une expression de mépris : *hadar* signifie bavard, flatteur.

3) Cette année est appelée dans les chroniques arabes l'année de la peste, عام الحبوبة.

4) مستفى الحمر Mustapha le Rouge.

cara, et *Mustapha* donna de l'importance à sa nouvelle capitale en la faisant entourer de remparts (1) (1168 hég. 1748 J.-C.).

Il avait épousé une fille de *Bou-Chelagram*, *Alouma*, sœur de ce *Ioussef* qu'il avait dépossédé. Il fut assassiné par les parents de sa femme, après avoir administré pendant dix ans la province d'*Oran*. Son corps fut transporté de Mascara à Mostaganem, et une magnifique *quobba* fut élevée dans la petite ville de *Matamore* pour lui servir de tombeau. Les quobbas de *Bou-Chelagram* et de *Mustapha-el-Hamar* possédaient autrefois des *habous* (2) considérables : tels que maisons, jardins, boutiques, etc. Les propriétés acquises à ces *quobbas* étaient administrées par l'imam de Mostaganem pour le compte de la *Mecque* et *Médine*.

(1) Sidi-Hamed-ben-Ioussef a dit en parlant des habitants de Mascara :

الخَرامِيِّين جدّت فيهم حتى
ماسكر حربوا لي في الزنوف

« J'avais conduit les fripons jusque dans les murs de Mascara ; ils se sont sauvés dans les maisons de cette ville. » Il disait encore :

حين تجبره مَحُنْدَرْ
سِمِنْــادر
وَسِي الـسَّفــر
قول من اولاد الماسكر

« Si tu rencontres quelqu'un gras, fier et sale, tu peux dire, c'est un habitant de Mascara. »

(2) حبوس de la racine حبس, mettre en prison. *Propriété inaliénable* : une propriété constituée en *habous* était acquise à l'établissement en faveur duquel l'*habous* avait été fait, lorsque les héritiers naturels de l'immeuble venaient à manquer. Dans les provinces, les *habous* étaient généralement en faveur de la *Mecque* et *Médine*.

Gaïd, frère de *Mustapha-el-Hamar*, lui succéda; il fut appelé *Gaïd-ed-Deheb* (*deheb*, d'or) à cause de sa générosité. *Gaïd* était bey depuis trois ans; la province, sagement administrée, était tranquille, lorsque les enfants de *Bou-Chelagram*, auxquels une seule victime ne suffisait pas, et qui ne pardonnaient pas au fils de *Mouserati* d'avoir été exclus du pouvoir par son père, allèrent à Alger intriguer contre lui. *Gaïd*, connaissant le crédit de ses ennemis et craignant que le pacha ne prêtât l'oreille à leurs accusations, n'attendit pas le résultat de leurs manœuvres calomnieuses; il quitta Mascara et alla demander asile aux Espagnols d'Oran (1162 h. 1751 J.-C.). Les chrétiens, dit la chronique arabe de *Gaïd*, reçurent avec magnificence le bey fugitif; ils le logèrent dans un magnifique palais, lui donnèrent de nombreux esclaves pour le servir, de superbes chevaux et de belles armes; mais la ville des infidèles ne convenait point à l'exilé, il préférait la misère et une vie de dangers parmi les siens, à la tranquillité et au luxe chez l'étranger.

Cependant les enfants de *Bou-Chelagram* avaient été trompés dans leur ambition. Un bey choisi en dehors de leur maison avait été envoyé à Mascara par le pacha d'Alger. Ardents et implacables dans la poursuite d'un pouvoir qu'ils avaient cru ressaisir et qu'ils voyaient encore leur échapper, ils ne reculèrent pas devant un nouveau crime; *Mohammed-el-Adjami*, le nouveau bey, périt assassiné. Il avait occupé pendant neuf mois seulement le siège du beylik. Les Arabes lui ont donné le nom de *Bey-el-Djedda* (1) (1163 hég. 1752 J.-C.).

Gaïd, à la mort de *Mohammed*, espéra que le pacha,

---

(1) جدّة C'est le nom général donné aux petits des animaux lorsqu'ils n'ont point encore atteint un an.

revenu des préventions qu'avaient fait naître contre lui les menées de ses ennemis, lui rendrait enfin justice, et le rétablirait dans un pouvoir qu'il regrettait tous les jours d'avoir quitté. Mais *Osman*, favori du pacha, fut nommé, à Alger, bey de Mascara. *Gaïd*, alors, loin de renoncer à ses prétentions, voulut essayer d'obtenir par la force ce que la partialité refusait à son bon droit.

A cette époque, les *Mehals*, qui, après l'établissement des Turcs dans le pays, avaient passé l'*Atlas* et s'étaient retirés dans le désert, reparaissaient nombreux et puissants dans la province. *Gaïd* s'adressa à eux, promettant à leurs chefs de les associer à sa fortune et à son autorité, s'ils voulaient servir ses projets d'ambition. Les *Mehals* acceptèrent les propositions du bey déchu, lui promirent d'embrasser sa cause et de l'aider de tout leur pouvoir contre *Osman*. *Gaïd*, confiant en leur parole, sortit d'Oran pour se mettre à leur tête et marcher avec eux contre l'envoyé du pacha, parti d'Alger pour venir prendre possession de son beylik. Mais arrivés au-dessous de *Miliana* (1), où était le bey *Osman* avec quelques tentes turques, les *Mehals* se dirent (2) : « Pourquoi nous
» battrions-nous pour *Gaïd*, qui n'est pas puissant?
» Nous ferions bien mieux de le livrer au bey *Osman*, qui
» nous récompenserait. » Cependant quelques-uns d'entre eux ne voulurent point prêter les mains à cette

---

(1) Sidi-Hamed-ben-Ioussef a dit en parlant de Miliana :

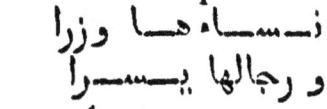

« Les femmes y commandent,
  Et les hommes y sont prisonniers. »

(2) Nous traduisons textuellement une légende arabe, populaire dans le pays, sur le bey *Gaïd-ed-Deheb*.

indigne trahison; ils allèrent trouver *Gaïd* pendant la nuit, et lui divulguèrent ce qui se tramait contre lui : « Monte à cheval, lui dirent-ils, emporte ce que tu as » de plus précieux; nous t'accompagnerons jusqu'à ce » que tu sois hors des atteintes des *Mehals*. » En effet, *Gaïd* monta à cheval, et partit accompagné d'un petit nombre de cavaliers. Ils marchèrent pendant trois nuits entières dans la direction du sud. Après cela, ceux qui avaient escorté *Gaïd* lui dirent : « Te voilà à l'abri de tes » ennemis, va, qu'*Allah* soit avec toi (1), et qu'il te » garde des embûches des méchants. » Ils retournèrent ensuite rejoindre les *Mehals*.

Gaïd était certainement un homme de courage; mais se trouvant ainsi pendant la nuit, seul, abandonné de tous, dans un pays inconnu, il ne put se défendre d'un sentiment d'effroi; accablé de fatigue et de faim, il se dirigea vers un feu qu'il apercevait dans le lointain, car, dit naïvement la chronique, le feu conduit toujours à des habitations (2). Il arriva, au jour naissant, à une tente isolée dans laquelle il ne trouva que des femmes et des enfants; tous les hommes étaient absents. Il demanda l'hospitalité de Dieu, qui lui fut accordée. Introduit dans la tente, pendant qu'on lui préparait la *dzifa* (3), il tomba épuisé de lassitude. Il sommeillait péniblement, lorsqu'il entendit les femmes parlant entre elles, qui disaient, le croyant endormi : « Quel dom-

1) الله يكون معك Que Dieu t'accompagne!

2) النار تدل على الدوار Le feu conduit au douar.

3) ضيفة Le repas de l'hospitalité, composé généralement de couscousson. Quand on reçoit un hôte de distinction, auquel on veut faire honneur, on tue un mouton qu'on fait cuire en entier dans un trou creusé en terre.

» mage que *les hommes* ne soient pas là, et que nous
» risquions de voir nous échapper d'aussi riches dé-
» pouilles ; celui-ci est certainement un homme de bonne
» maison (1), ses armes sont ornées d'argent et de co-
» rail, ses vêtements sont blancs, et son teint n'a pas reçu
» le hâle du soleil ; tâchons de le retenir jusqu'au retour
» de nos cavaliers. » *Gaïd* était dans une tente de ces audacieux voleurs (2) qui ne respectent pas même les lois
de l'hospitalité. Ayant entendu ces paroles, il monta à
cheval en toute hâte, et se sauva : mais le maître de la
tente, suivi de ses enfants, arriva peu de temps après
son départ, et les femmes lui indiquèrent la direction
qu'avait prise le riche étranger. Tous partirent de nouveau, se mirent avec ardeur à sa poursuite, et l'attei-
gnirent bientôt. Le malheureux *Gaïd* essaya vainement
de se défendre. Accablé par le nombre, il tomba baigné
dans son sang, et les voleurs, après l'avoir dépouillé, le
laissèrent pour mort sur la place. Il fut trouvé ainsi ex-
pirant par des cavaliers qui chassaient. Ils le rappe-
lèrent à la vie, et le transportèrent dans leur *douar*.
« Qui es-tu ? lui demanda le *cheik* de la tribu ; d'où
viens-tu ? — Je suis un pauvre pâtre, répondit-il, et
je venais du couchant, me rendant à *Tunis*, lorsque j'ai
été rencontré par des voleurs qui m'ont assassiné en
me dépouillant. — Tu nous trompes, lui dit le
cheik, car ta figure indiquerait plutôt le fils d'un roi,
qu'un simple berger (*Gaïd* était remarquablement beau).
Ne crains rien, ajouta-t-il, n'avons-nous pas tué au nom

(1) وليد الناس Un enfant du monde, un fils de famille.
(2) قاطعين الطرف Voleurs de grands chemins, coupeurs de chemins.

de Dieu (1) le mouton dont tu vas manger avec nous ta portion? N'es-tu point sous la sauve-garde de l'hospitalité? Tu peux te confier à nous sans crainte. — Eh bien! dit alors le faux pâtre, si vous avez entendu parler de *Gaïd*, le bey de la province de l'Occident, c'est lui que vous voyez devant vous. » Il leur raconta alors comment ayant été trahi par les *Mehals*, il avait été obligé de prendre la fuite, afin de ne pas être livré par eux au bey *Osman*. Mais ces gens de mauvaise foi entendant ces paroles, se dirent entre eux: Il ne faut point laisser partir *Gaïd*, il faut le garder prisonnier; le sultan de *Tunis* nous en donnera peut-être une bonne rançon. En effet, oubliant l'assurance qu'il lui avait donnée, le cheik le fit enchaîner, le laissa prisonnier dans une tente, et partit pour Tunis avec quelques-uns de ses gens. Il alla trouver le sultan, et lui dit: *Gaïd*, le bey de la province du Couchant, est chez moi, enchaîné dans ma tente; si tu veux nous donner une récompense, nous te l'amènerons. Mais loin de leur promettre une récompense, le sultan les fit saisir et jeter en prison. Si d'ici à peu de jours, dit-il au cheik, on ne m'amène pas le bey *Gaïd*, je ferai tomber ta tête. Celui-ci envoya aussitôt un de ses gens dans sa tribu, et le bey, rendu à la liberté, fut conduit devant le sultan de *Tunis*, qui, humain et généreux, fut ému de pitié en voyant le misérable état dans lequel se trouvait le bey. *Gaïd* lui raconta son histoire et ses malheurs. Le sultan le prit sous sa protection, et lui fit beaucoup de bien. Riche de ses bienfaits,

---

(1) Les Arabes respectent assez généralement les lois de l'hospitalité; l'étranger qui a mangé sous leur tente le mouton tué au nom de Dieu, est le plus communément en sûreté. Voir la note, à la fin du volume, sur la manière de tuer les animaux.

le bey déchu renonça à ses idées d'ambition ; il se fixa à *Tunis*, et y mourut long-temps après dans une heureuse obscurité.

Après la fuite de son compétiteur, *Osman* s'était mis en possession du beylik. Il avait épousé une petite-fille de *Bou-Chelagram*, *Qreroufat*, à laquelle les Arabes ont donné le nom de *Qreroufat-Bey*. Dans un pays où les femmes sont tenues dans un état de dépendance si absolue, et d'infériorité si grande que les hommes ne les consultent jamais, même sur les choses de la maison, *Osman* ne dédaignait pas d'avoir recours aux conseils de *Qreroufat* pour l'administration de sa province (1). Ce fut elle qui le mit en garde contre les intrigues sans cesse renouvelées de ses parents; et le bey, bien prévenu par l'exemple de ses prédécesseurs de tout ce qu'on avait à craindre de l'incorrigible ambition des enfants de *Bou-Chelagram*, échappa heureusement à leurs embûches.

Les *Mehals* en reparaissant dans le pays, y avaient apporté leur licence et leur orgueil d'anciens dominateurs. Comme au temps de leur puissance, ils attaquaient et opprimaient les tribus faibles, ils coupaient les communications en arrêtant les caravanes et dépouillant les voyageurs au milieu du pays. *Osman* dut mettre un terme à de pareils désordres. Les *Mehals* étaient réunis en armes pour faire une *grazia* sur une tribu de la province à laquelle ils avaient déclaré la guerre, lorsque le bey marcha contre eux à l'improviste, leur livra combat,

(1) Une mesure dont les Turcs faisaient honneur à Qreroufat-bey, était celle d'avoir amélioré le sort des oukils-el-heurdj des noubas, et des mehallats dans la province d'Oran. Entre autres choses, elle leur avait fait obtenir un cheval et un mulet de bât.

et les détruisit presque entièrement. Les débris de cette tribu puissante se dispersèrent dans tous les sens ; quelques-uns se réfugièrent dans le désert, d'autres s'établirent dans la province de *Constantine*, un grand nombre demandèrent l'*aman*, et firent leur soumission ; en acceptant les conditions imposées par *Osman*, ils obtinrent l'autorisation de s'établir dans le pays. Les *Nedja* de cette tribu qui se fixèrent dans la province d'Oran portent le nom de *Mehal*, *Oulad-el-Qred*, *Oulad-ech-Cherif*, *Oulad-el-Qrelif*.

Osman, après s'être débarrassé de ces étrangers turbulents qui voulaient élever dans le pays une autorité rivale de celle du bey, marcha contre Tremecen, révoltée, comme nous l'avons vu, depuis *Joussef*. Il pénétra dans la ville, s'empara de *Redjem-el-Bedjaoui*, le *kaïd* que les habitants de la ville avaient élu pour leur commander. *Redjem* fut envoyé à Alger, et la milice, jalouse, lui fit souffrir le plus horrible des supplices : il fut écorché vivant.

Osman mourut de maladie après dix-neuf ans d'un commandement glorieux. Il fut enterré à Mascara, dans la capitale du beylik (1183 hég. 1771 J.-C.).

Il eut pour successeur *Hassan-Bey*, qui ne resta que trois ans dans le pays. Les beys des diverses provinces étaient, comme nous l'avons dit, obligés d'aller tous les trois ans porter en personne le *denouch* au pacha. *Hassan* se rendit donc à Alger à la fin des trois premières années de son administration ; mais, mécontent de la réception qui lui fut faite, il craignit d'avoir été calomnié auprès du pacha ; il sentit du moins qu'une disgrâce le menaçait. Il la prévint, et, sans rentrer à Mascara, il se sauva chez les chrétiens d'Oran. De là il partit pour Constantinople. Le pacha d'Alger réclama du sultan qu'on lui livrât le bey d'une de ses provinces, coupable d'avoir échappé à sa vengeance en abandonnant son poste sans autorisation. *Hassan*, prévenu à temps des démarches qu'on faisait auprès de la Porte pour son extradition, s'enfuit de Constantinople, et alla demander asile aux *Mamelouks* du *Caire*. Pendant le peu de temps qu'il était resté bey de la province d'Oran, il s'était attiré l'estime et l'affection de tout le monde. Étant en Égypte, il rencontra un jour une caravane de *Mogrebins* allant en pèlerinage à la *Mecque*. Il reçut de tous ceux qui l'avaient connu dans la province d'Oran de grands témoignages de dévouement. Tous les pèlerins le suppliaient de revenir dans le *Mogrob*; il lui serait facile, lui disaient-ils, sous un nouveau pacha, de rentrer dans un beylik où tout le monde regrettait sa trop courte administration. *Hassan* ne céda pas à leurs prières, il préféra l'obscurité aux ennuis d'un dangereux pouvoir. Il se fixa au Caire, où la Porte ne l'inquiéta plus, et mourut après plusieurs années de séjour dans cette ville.

Ibrahim de *Miliana* avait été envoyé (1186 h. 1774 J.-C.) pour remplacer le bey fugitif. La province, depuis l'extermination des *Mehals*, tranquille sur tous les points, promettait au bey une administration paisible, lorsque le cri de guerre vint retentir d'une extrémité à l'autre du *pachalik*. Les chrétiens, débarqués dans les *Metidjas*, marchaient sur Alger. L'*el-djehad* était proclamée dans toutes les provinces, et un ordre du pacha enjoignait à ses beys de réunir tous leurs contingents et tous leurs moyens pour venir au secours de la capitale menacée. Les circonstances étaient critiques pour le dey; vingt mille Espagnols, sous le commandement de l'Irlandais *Oreilly*, avaient débarqué auprès d'Alger, à l'embouchure de l'*Arach* (1186 h. 1775 J.-C.). Les Algériens, surpris par cette agression imprévue, n'étaient point en mesure de se défendre. L'expédition, favorisée par le temps, devait humilier enfin l'orgueil de la superbe Alger, si l'attaque eût été conduite avec plus de vigueur; mais les lenteurs et les irrésolutions du général de l'armée castillane (1) sauvèrent les Algériens de leur perte; elles donnèrent le temps aux contingents des divers beyliks de se réunir, et firent échouer encore une fois les armes espagnoles sur cette plage qui leur avait été si souvent funeste.

Ibrahim, en obéissant aux ordres du pacha, ne voulut pas cependant laisser son beylik sans défense; il y resta lui-même avec une partie de ses forces pour être à même de s'opposer aux tentatives présumables des Espagnols d'Oran, et il envoya au secours d'Alger son *kralifat Mohammed* avec la plus grande partie des contingents.

Quand *Oreilly* voulut agir, les beys étaient réunis autour du pacha. *Salahh-Bey* était arrivé de Constantine à la tête de quinze mille hommes. *Mustapha Ousnadji*, bey de *Medeah* (2), en amenait dix mille de la province de *Titeri*. *Mohammed* avait avec lui dix mille combattants, et, comme moyen de transport, une grande quantité de chameaux, fort nombreux dans la province de l'Ouest.

---

(1) L'année 1186 (1775 J.-C.) où cette entreprise, préparée avec tant de soins et de zèle par l'Espagne, eut un résultat si malheureux, grâce à l'imprévoyance et à l'impéritie du général, est appelée dans les tariqrs عام الأراش l'année de l'*Arach*, à cause du point où débarqua l'armée espagnole.

(2) Sidi-Hamed-ben-Ioussef dit en parlant de Medeah :

المدينة ماهدية
يدخل الشر الصبح يخرج العشية

« Medeah, ville d'abondance; si le mal y entre le matin il en sort le soir. »

Les musulmans et les chrétiens en vinrent aux mains, et c'est à l'idée qu'eut *Mohammed* de pousser les chameaux réunis en masse sur les Espagnols effrayés, que les Arabes attribuent le succès signalé obtenu sur eux dans cette journée. Quoiqu'il en soit, *Oreilly* se rembarqua précipitamment avec son armée, et l'on s'accorde communément à dire que le *kralifat* du beylik d'Oran eut une grande part dans ce mémorable succès.

Au reste, les services qu'il rendit au pacha après l'expulsion des Espagnols lui méritèrent sa reconnaissance au moins autant que le zèle et le dévouement dont il avait fait preuve pour aider à les en chasser. Après les rudes engagements contre les chrétiens, où la milice avait éprouvé de grandes pertes, le dey ne récompensa pas dignement les soldats qui s'étaient battus avec tant de courage; un grand nombre d'entre eux, mécontents, levèrent l'étendard (1) et partirent avec l'intention de se rendre à Tunis pour y chercher un maître moins avare. Le pacha, désespéré de voir sa milice ainsi désorganisée dans cette circonstance critique, ne savait plus à quelle résolution s'arrêter, lorsque *Mohammed*, marchant sur les traces des Turcs, les atteignit à la ferme d'*Haouch-Souta*, dans le Metidja. Il apaisa leur mécontentement et fit taire leurs murmures en leur distribuant tout l'argent qui lui appartenait. Il parvint ainsi à les ramener à Alger. Ce trait de générosité valut à *Mohammed* la reconnaissance et l'amitié du pacha.

Ibrahim de *Miliana* mourut à *Mascara* (1195 h. 1783 J.-C.). Après avoir administré pendant dix ans la province du *Greurb*, il eut pour successeur *Hadji-Krelil* le

(1) ردوا السنجاق Lever l'étendard; c'est l'expression arabe par laquelle on désignait les soulèvements de la milice.

Turc, et *Mohammed* continua à exercer sous lui les fonctions de *kralifat*. *Hadji-Krelil* était bey depuis quelque temps, lorsqu'un homme de la secte de *Sidi-el-Arbi-Dercaoui* (1), nommé *Sidi-Mohammed-ben-Ali*, marabout, parut dans le pays de Tremecen. *Sidi-Mohammed* prétendait descendre de la célèbre famille chérif des *Idris*, dont les ancêtres avaient fondé le royaume de Fez. A la chute

1) *Sidi-el-Arbi-Dercaoui*, de *Derca*, dans le royaume de *Fez*, fut le fondateur de la secte des *dercaoua*. Cette secte se pique de suivre à la lettre les préceptes du *Coran*, et professe un grand mépris pour tout ce qui est de ce monde. Les *dercaoua* prétendent que Dieu a non seulement permis, mais même ordonné de rejeter toute autorité temporelle qui ne fait pas servir sa puissance à la propagation et à la glorification de l'*islam* ; aussi sont-ils hostiles à toute puissance qui ne sort pas de leur sein. A diverses époques, des fanatiques appartenant à cette secte se sont élevés contre l'autorité turque. C'est de là que le mot *dercaoui* a été pris dans le sens de *révolté*. Du temps des Turcs, *Abd-el-Kader-ben-chérif*, qui souleva toute la province d'Oran. *Ben-Aratch*, qui battit le bey Osman à Constantine, etc., étaient *dercaoua* ; *Moussa*, qui dans ces derniers temps a lutté avec le fils de *Meheddin*, *Sidi-el-Arbi-ben-Atia*, était *dercaoua*.

Les *dercaoua* marchent couverts de haillons يلبسوا المورفع (ils s'habillent de ce qui est rapiécé). Ils portent un énorme chapelet, un bâton à la main, et affectent de parler d'une manière particulière en faisant fortement sentir les lettres gutturales ; de là on a fait le mot *iderka* يدرك il parle du gosier. Cette secte a pris depuis quelques années un grand développement dans les tribus : les *Hachems-Greris* surtout, les plus anciens et les plus puissants amis de l'émir, comptent un grand nombre de *dercaoua*. Autant qu'on peut se permettre d'énoncer une opinion sur des menées occultes dont les Arabes ne parlent qu'avec la plus grande réserve, il paraîtrait que les *dercaoua* forment à présent une espèce de franc-maçonnerie dirigée contre la puissance oppressive de l'émir. Ils sont, dit-on, prêts à se révolter [et] ont des armes cachées dans l'*Ouennaseris*. Celui qui est à leur tête [dans] la province d'Oran est un parent de l'émir, *Abd-el-Kader-abou-Taleb*.

de cette maison, après que les *Idris* eurent été battus par *Moussa-ben-Oussafa-el-Berberi*, près de la ville de *Tafilet* (1), les membres de cette famille se dispersèrent. Un d'entre eux, pour échapper à ses ennemis, choisit un point obscur dans la province de Tremecen, et se fixa non loin du petit village d'*Aïn-el-Hout*. C'est de lui que se disait issu *Sidi-Mohammed-ben-Ali*, surnommé *El-Idrissi*. Cet homme, *chérif*, marabout, faiseur de djedouels (1), jouissait, à tous ces titres, d'un grand crédit chez les populations des environs de Tremecen. Il prêchait l'insurrection contre les Turcs, annonçait la fin prochaine de leur domination dans le pays, et jetait du fond de sa retraite le trouble et la perturbation parmi les tribus dociles à sa voix. Un nombreux rassemblement de fanatiques s'était formé autour de lui avec l'intention de s'emparer de la ville de Tremecen, restée étrangère au mouvement d'insurrection. Le bey, voulant étouffer la révolte sans lui donner le temps de prendre de plus grands accroissements, sortit de *Mascara*; mais, étant campé auprès de Tremecen, il fut trouvé le matin mort dans sa tente. Le *chérif Idrissi*, disent les traditions populaires, avait excité, par la force de ses *djedouels*, un terrible orage dans le ciel; tous les éléments s'étaient déchaînés pour obéir à sa puissante parole, et, dans cette nuit affreuse, des phénomènes inouïs, des signes surnaturels vinrent prouver qu'*Allah* n'avait point encore abandonné les descendants de son prophète. Une pluie de pierres tomba du ciel sur

---

(1) Voir la première époque (Domination arabe).

(2) صاحب جدول Fabricant de djedouels ou talismans. Voir, sur les croyances aux *djedouels*, *heurz*, *talasman*, et sur la manière de les écrire, la note à la fin du volume.

l'outaq du bey (1); le faîte en fut brisé, et le bey lui-même, atteint avec plusieurs de ses gens, paya de sa vie son impie tentative contre le saint chérif (1195 h. 1784 J.-C.).

Le *kralifat Mohammed* prit aussitôt le commandement de l'armée; mais soit, comme on le prétend, que les *maqrzens* et les *Turcs* eux-mêmes effrayés par cet accident, que le chérif ne manqua pas d'exploiter à son profit, refusassent de marcher, soit qu'il fût lui-même intimidé par le funeste présage de la mort du bey, il aima mieux essayer d'acheter la paix et la soumission du marabout, que de chercher à l'obtenir par la voie des armes. Il alla lui-même trouver le saint homme, lui rendit hommage, calma par une forte somme son enthousiasme religieux, et le combla de présents. *Mohammed-Ben-Ali* resta à *Aïn-el-Hout*; sa maison eut toutes sortes de priviléges et d'immunités. Elle avait un droit d'asile inviolable dont elle jouissait encore sous le bey *Hassan*, et toutes les tribus des environs payaient la *ziara* et le *dzekeur* (2) au *chiqr Idrissi*. La famille de *Mohammed-ben-Ali* vivait encore à *Aïn-el-Hout* à l'époque où les Français s'emparèrent de Tremecen.

Mohammed, qui mérita le surnom d'*El-Kebir* (3), fut confirmé bey d'Oran par le pacha d'Alger. L'année où il prit le commandement de la province fut une année désastreuse pour les habitants de la régence; elle a

---

(1) وطاق *Outaq*. C'est ainsi qu'on appelait la grande tente de campagne du bey.

(2) زيارة ذكر Tribut de la visite, de la prière; tributs volontaires payés aux chiqrs.

(3) محمد الكبير Mohammed le Grand.

été appelée par les Arabes l'année malheureuse (1). La famine ravagea le pays et y fit périr un grand nombre de personnes, tant parmi les populations des villes que chez celles du dehors. *Mohammed* combattit le fléau autant qu'il était en son pouvoir; il fit venir des pays chrétiens du blé qu'on vendait à vil prix dans les marchés d'Oran : il en faisait même faire des distributions gratuites aux indigents. Toutes les tribus de *fellahs* (2) furent exemptes du tribut religieux de l'*achour*. Pour achever de désoler le Mogrob, après la famine vint sa compagne habituelle, la peste, qui ravagea tout le pays compris depuis Alexandrie jusqu'à Maroc. Elle parut l'année 1200 (1786 J.-C.). On lui donna dans la région du *Greurb* le nom d'*Haboubat-el-Medjad* (3), la peste des *Medjad*, parce qu'elle détruisit complètement la famille de ce nom, nombreuse, riche et très-considérée dans le pays.

Pour remplir les vides que tous ces fléaux réunis, la guerre, la famine et la peste, avaient fait dans les rangs de la milice, le pacha d'Alger envoya son cousin *Hassan, oukil-el-heurdj-mtda-bab-ez-zira*, dans les villes maritimes de la Porte où se faisait le recrutement des Turcs. En revenant à Alger, la flottille d'*Hassan* fut assaillie par une violente tempête. Le navire qu'il montait fut jeté

(1) عام الشر L'année du mal.

(2) فلاح *Fellah*, laboureur.

(3) حبوبة المجاد La peste de Medjad. Dans les tariqrs, les grands événements sont enregistrés suivant leur ordre de date, et portent souvent un nom se rattachant à quelques circonstances particulières. Les guerres, les orages, les coups de tonnerre, les morts de sultan, de dey, figurent, et donnent quelquefois leur nom à l'année où ces événements se sont passés.

sur la côte d'Espagne et vint chercher un refuge dans un des ports de cette côte. Il apprit là par un négociant *berberisque* (1) que les chrétiens étaient fatigués de leur longue et inutile possession d'Oran, et qu'il avait même été question dans les conseils du roi d'Espagne de l'abandon de cette place. *Hassan* quitta les côtes d'Espagne et arriva à Alger au moment où le pacha venait de mourir. Le seul qui eût quelques prétentions à le remplacer était un des *kerassa* (2), *Kesdali-el-Etrech* (3) le *kraznadji*. Mais *Hassan*, qui par sa position d'*oukil-el-heurdj* (4) avait déjà une grande influence sur les corsaires et les soldats de la milice, et qui pouvait, de plus, dans un moment de crise, mettre dans la balance l'autorité des dix-huit cents Turcs qu'il avait amenés avec lui, et dont il s'était déjà fait connaitre, se fit immédiatement proclamer pacha en arrivant, et fut reconnu en cette qualité par tous les *iouldachs* (5).

Son premier soin, après son installation, fut d'écrire à son bey *Mohammed-el-Kebir* d'aller assiéger Oran, en lui faisant part des dispositions dans lesquelles se trouvait le gouvernement espagnol relativement à cette place. *Mohammed*, à la réception de cet ordre, partit aussitôt de Mascara pour venir mettre le siége devant cette ville. Rebuté une première fois par la saison des pluies, il re-

(1) C'est le nom donné par les Espagnols aux habitants de la côte nord de l'Afrique qu'ils appellent *Berberia*.

(2) كراسي Grands dignitaires, de *coursi*, trône كرسي (Voyez l'Organisation militaire des Turcs.

(3) الاطرش Le sourd.

(4) وكيل الحرج متاع باب الزيرة Chargé des ustensiles de la marine.

(5) *Iouldach* يولداش, soldat de la milice.

vint en 1204 (mai 1791.) L'hiver l'ayant encore une fois forcé à rentrer à Mascara, il se présenta de nouveau en 1205 (mars 1792).

L'Europe entière, à cette époque, avait les yeux tournés du côté de la grande crise politique qui venait d'éclater en France. Pour toutes les puissances européennes l'avenir apparaissait gros d'orages. D'un autre côté, Oran venait d'être entièrement bouleversé par le fameux tremblement de terre qui avait fait de la ville espagnole un amas de décombres et de ruines (1). Dans ces graves conjonctures, les Espagnols se décidèrent encore une fois à abandonner Oran. Par une convention passée entre le gouverneur et *Mohammed*, il fut arrêté que les fortifications ne seraient pas détruites, que la ville serait évacuée dans un délai fixé, et que les Espagnols emporteraient leurs canons en bronze et leurs approvisionnements. Les troupes et les habitants chrétiens furent transportés à Carthagène. Les habitants musulmans purent aller à *Ceuta* ou à *Millilia*, ou bien rester dans la ville; le respect de leurs propriétés leur fut garanti, et le bey s'engagea solennellement à ne pas les inquiéter pour les faits antérieurs à sa prise de possession.

Mohammed, après être resté campé sous les murs de la ville jusqu'à l'entière évacuation, y fit enfin son entrée le premier jour de la mosquée (2) du mois de chaban de l'année 1206 (1792 J.-C.).

Soixante ou quatre-vingts familles espagnoles étaient

---

(1) Le tremblement de terre ne se fit fortement sentir que dans la ville basse, toute la ville haute fut respectée. Le Fort-Neuf (*Bordj-el-Hamar*) n'éprouva pas de commotion.

(2) نهار الجمعة Le jour de la réunion, le jour de la mosquée, le vendredi.

restées dans Oran lorsque les musulmans y entrèrent, mais elles ne s'y fixèrent pas, et retournèrent bientôt dans leur patrie. Un seul Espagnol, que les Arabes appellent *Tchico*, bijoutier, fut pris par le bey à son service. Son fils, nommé *Domingo*, était encore à Oran il y a peu d'années.

Pour peupler la nouvelle capitale de son beylik, presque entièrement déserte, *Mohammed* fit venir des habitants des diverses parties de la province. Mascara, Mazouna, Tlemecen, Mostaganem, Mazagran, etc., eurent leur part proportionnelle dans la répartition des maisons ayant appartenu aux chrétiens. La plus grande partie des boutiques et des maisons construites par les Espagnols, notamment celles bordant la rue qui va de la place actuelle au Château neuf, étaient en bois; elles furent démolies par les nouveaux habitants et remplacées par des constructions en maçonnerie (1). *Mohammed-el-Kebir* garda pour lui-même, suivant la cession qui lui en fut faite par le pacha *Hassan*, tout ce qui avait appartenu au domaine espagnol; le don de ces propriétés fut confirmé par *Mustapha Pacha* à *Osman*, fils de *Mohammed-el-Kebir*, et c'est à ces divers titres que les fils d'*Osman* réclament aujourd'hui auprès de l'autorité française la restitution des biens de leur père et grand-père.

Après la prise d'Oran, le pacha d'Alger craignant que la possession d'une ville aussi forte ne fît naître des idées d'indépendance chez le bey de cette province, ou bien de peur qu'à l'imitation de *Bou-Chelagram*, le bey, renfermé dans sa place, ne refusât de venir apporter le

---

(1) Nous tenons ces détails d'un homme qui entra à Oran avec le bey Mohammed-el-Kebir, Mohammed-ben-Chaban, ancien imam du bey Osman.

denouch en personne, sans que le chef de la régence osât l'y contraindre par la force, envoya un *oukil* chargé de ses pleins pouvoirs, avec l'ordre de détruire une partie des immenses travaux de fortification accumulés par les Espagnols dans cette ville. Il fit sauter les trois forts connus par les Arabes sous le nom de :

Bordj-Ras-el-Aïn,   Fort de la tête du ravin (1),
Bordj-el-Hamera,   Fort Saint-Philippe (2),
El-Merdjadjo,   Santa-Cruz (3),

et quelques ouvrages dépendant des autres forts.

Ceux qui furent conservés sont appelés :

Bordj-Sbahihia.   Saint-André (4),

(1) برج راس العين *San Fernando* (*Bordj-ras-el-Aïn*) était un ouvrage avancé du fort Saint-Philippe, qui fut construit pour remplacer la tour des Saints. Cette tour défendait la prise d'eau, elle fut détruite, pendant le premier siège d'Oran, par Hassan, Corse. Un des magasins voûtés de ce fort du Ravin subsiste encore. Voir la troisième partie (Établissement des Turcs).

(2) برج الحمرة Fort Saint-Philippe.

(3) المرجاجو C'est le nom que les Turcs donnent au fort construit sur la montagne d'Aïdour عيدور, le pic qui commande Oran ; les Espagnols l'appelaient Santa-Cruz.

(4) Le fort Saint-André était la caserne des spahis du bey (voir l'Organisation militaire des Turcs), d'où lui vient le nom que lui donnent les Arabes برج صباييحيه. Il paraît dater de la seconde occupation d'Oran par les Espagnols ; du moins la lunette Saint-André, qui est un ouvrage avancé de ce fort, est d'une construction toute récente, comme l'indique l'inscription ci-dessous. Une partie des dépendances du *Bordj-Sbahihia* fut détruite par l'*oukil* du pacha.

Voici l'inscription qu'on lit sur la porte de la lunette Saint-Louis, à laquelle nous avons donné le nom de lunette Saint-André :

« *Philippo V Hispaniarum* rege catholico, triumphali ovante coronâ, ubique augustissimo feliciter imperante. PRO REGE.

Bordj-el-Hamar,	Château neuf (1),
Bordj-el-Francis,	Sainte-Thérèse (2),
Bordj-el-Iouhdi,	Lamoun (3),

» Dom *Josepho de Valiejo* præclaro *Jacob* Costemate, laureato, equite, generalis belli ducis locum tenente, inceptum et consummatum fuit fortalitium istud sub auspiciis *divi Ludovici,* ejusque nomen dicatum ad tutissimum fidei præsidium, arcis catholicæ munimentum, barbaricam coercendam audaciam et quorumvis temerarium profligandum accessum.

« Anno Domini 1736. MDCCXXXVI. »

(1) برج الحُمَر le fort Rouge, le *Château neuf.* Le *Château neuf* date aussi de la seconde occupation. On lit sur la porte d'entrée :

« Reinando en las Españas la majestad del señor *Carlos III,* y mandando estas plazas don *Juan Martin Zermeno,* inspector del regimiento fixo, se hizo esta puerta se continuieron las bovedas para alojamiento á la guarniçion y se redifico el castillo por la parte de la marina.

« Año MDCCLX 1760. »

Entre le fort des Spahis et le fort Rouge se trouve un petit ouvrage donnant des flanquements sur la longue face du mur d'enceinte qui regarde la campagne. Ce petit redan porte l'inscription suivante :

« Regnante

Philippo V, semper invicto

PRO REGE.

» D. *Josepho de Valiejo* equite ordinis militaris sancti *Jacobi,* regiorumque exercitûum generalis, locum tenente.

» Anno Christi

MDCCXXXIV 1734. »

(2) Sainte Thérèse, appelée, nous ne savons pourquoi, le fort des *Français* برج الفرانسيس paraît se rattacher à la première occupation espagnole. L'inscription qui existait au-dessus de la porte a été brisée et enlevée.

(3) *Lamoun* appartient aussi au premier séjour des Espagnols dans le pays. C'est le plus ancien fort bâti par eux à Oran. L'inscription qu'on voit sur la porte, formée par des lettres de cuivre incrustées

Bordj-Thobbana, Saint-Grégoire (1).

Mohammed-el-Kebir fit bâtir la belle mosquée au minaret si élégant que nous nommons la grande Mosquée, et à laquelle les Arabes donnent le nom de Mosquée du pacha (2) ; il fit également commencer les constructions de la grande mosquée, appelée par nous Mosquée de l'hôpital, et par les indigènes Mosquée de la place (3), à cause de la place entourée de maisons à balcons qui avait été construite par les Espagnols dans cet endroit de la ville basse.

En 1208 (1794 J.-C.), la peste vint encore une fois désoler la province : elle fut apportée dans le pays par des pèlerins venant de la *Mecque*, et est appelée la *peste d'Osman* (4), parce qu'elle sévit sur la maison d'*Osman*, fils de *Mohammed-el-Kebir*, qui occupait auprès de son père le poste de *kralifat*. Le bey sortit de la ville avec toute sa maison, et alla camper dans la plaine de *Meletta*, où il resta trois mois avant de rentrer à Oran. Moham-

dans la pierre, a été entièrement mutilée par le temps. Les trous qu'ont laissés les crampons des lettres permettent cependant encore de lire la date de 1563. Les Arabes lui donnent le nom de *fort du Juif* برج اليهدي (Voir la troisième époque, Établissement des Turcs.).

(1) برج طبّانة Le fort *Batterie*, le fort *Saint-Grégoire*. L'inscription de la porte d'entrée, entièrement abîmée, permet encore de lire ces mots : « Año de 1589, reinando en las Españas....... Secondo....... sacabo....... » Il fut achevé l'année 1589, sous le règne de............. On voit qu'il est de quelques années postérieur au fort de *Lamoun*.

(2) جامع الباشا La mosquée du pacha.

(3) جاما البلانزة *Djama-el-Planza*.

(4) عام حبوبة عثمان L'année 1208 est désignée dans les *tariqrs* par le nom *Am-haboubat-Osman*, l'année de la peste d'Osman.

med-el-Kebir laissait en mourant un frère, *Mohammed* surnommé *Bou-Kabous*, et deux fils, *Mohammed-Mekallech* et *Osman*; il avait eu en outre de deux esclaves espagnoles *Catalina* et *Rosa* deux filles, dont l'une épousa le bey *Ali* et l'autre le fils de *Mohammed-bou-Kabous*.

Mohammed resta quatre ans à Oran après l'évacuation des Espagnols. Il a laissé une mémoire chérie et honorée chez les populations du *Greurb*; les vieillards encore existants qui l'ont vu ne parlent de lui qu'avec respect et fierté. La onzième année de son commandement dans la province, il mourut à Sbihheu (Sbeha des cartes), à la guetna des *Oulad-Krouidem*, en allant porter le denouch à Alger.

Jusqu'à *Mohammed-el-Kebir*, les beys de la province occidentale de la régence avaient porté le titre de bey du commandement de l'Ouest (1), celui de bey de Mascara, après que le siège du beylik eut été transporté dans cette ville. *Mohammed* prit le premier le nom de bey d'Oran, que ses successeurs conservèrent après lui.

Le plus jeune des fils de *Mohammed-el-Kebir*, Osman, surnommé le Borgne, fut nommé pour succéder à son père. Déjà depuis plusieurs années, quand *Osman* fut chargé du gouvernement du beylik, le chérif *Sidi-Ahmed-Tedjeni*, chassé du *Mogrob-el-Aqçi* pour quelques troubles politiques qu'il avait suscités, était venu s'établir dans un point éloigné de la province, au-delà de la *Yagoubia*, à *Aïn-Mahdi* (2). *Sidi-Hamed* jouissait dans le *Maroc* d'une grande réputation de sainteté et de savoir :

---

(1) باى الويلاية الغربية *Bey-el-ouilaia-el-greurbia*.

(2) Sidi-Hamed-ben-Ioussef a dit en parlant du pays de la *Yagoubia* : الياقوبية زبنة العقوبة « La *Yagoubia*, beauté de l'âge mûr. » C'était le plus riche pays de la province d'Oran.

mais il s'était attiré la haine des puissants du pays par son influence et ses menées ambitieuses. Admis dans une nouvelle patrie, ses qualités de *chérif* et de *marabout*, sa piété et sa grande science, ne tardèrent pas à fixer sur lui l'attention générale. Il acheva de se faire connaître et de prendre place parmi les *marabouts* en vénération par sa prière ou *dzekeur*, spécifique merveilleux guérissant les maladies du corps, consolant les chagrins de l'âme, chassant les épizooties des troupeaux, etc., etc., et assurant dans tous les cas le paradis à ceux qui en faisaient usage. Le *dzekeur* variait suivant les personnes à soulager ou à guérir. La prière de *Sidi-Hamed* eut bientôt une grande réputation : habitants des villes, Arabes des tribus, tous voulurent avoir cet admirable remède ; les visiteurs accoururent de tous côtés. L'auteur de cette miraculeuse prière ne pouvait être qu'un *saint marabout*, un homme de *Dieu*; aussi *Sidi-Hamed* fut-il proclamé (1) *chiqr* d'*Aïn-Mahdi*, et quelques années plus

(1) شيخ البلاد *Chiqr religieux*, qu'il ne faut pas confondre avec les *chiqrs* d'institution politique. Le titre de chiqr est donné, par les habitants d'un pays, à un homme jouissant de l'estime générale et d'une grande réputation de piété. Le chiqr religieux n'a d'autre autorité que celle qu'il doit à l'ascendant de sa vertu ; les chiqrs sont généralement *marabouts;* et, comme celui de marabouts, le titre de chiqr est souvent héréditaire. Tous les chiqrs ont leur *dzekeur* particulier, et les *guetnas* qu'ils habitent ont presque toujours droit d'asile ; ceux qui s'y réfugient sont sous la sauve-garde du chiqr في حرم الشيخ. C'est une œuvre méritoire d'aller les visiter, et ces visites acquièrent un nouveau prix lorsqu'elles sont faites à l'époque du pèlerinage. Les chiqrs récitent à chacun leur *dzekeur* ذكر, et on leur paie une rétribution volontaire appelée le *dzekeur* (la prière), la *ziara* الزيارة (la visite), la *gandouza* القندوزة (l'aumône). On dit : je vais payer le *dzekeur*, la *ziara*, la *gandouza*, au chiqr.

tard, réunissant l'autorité temporelle à l'autorité spirituelle, l'étranger devint le chef de ses hôtes; il commanda dans la ville qui l'avait reçu fugitif et qui lui avait donné l'hospitalité.

L'influence de plus en plus croissante de *Tedjeni* finit par inspirer de sérieuses appréhensions au bey *Osman*, et il jugea prudent d'essayer d'abattre ce pouvoir naissant avant qu'il eût jeté de profondes racines dans le sol. *Osman* savait combien est grande l'action des idées religieuses sur l'esprit impressionnable des Arabes, et combien leurs passions sont faciles à exalter et à mettre en jeu à l'aide de ce puissant levier. Il partit donc à la tête d'une petite armée composée de cinquante tentes turques et de tous les *goums* (1) des *maqrzens*, avec l'intention de se saisir du *chiqr*. Il arriva devant *Aïn-Mahdi* sans avoir eu de combats à livrer. La ville lui ouvrit ses portes, mais *Tedjeni* ne l'avait pas attendu; il s'était sauvé dans le désert.

Osman frappa les habitants d'*Aïn-Mahdi* d'un impôt de dix-sept mille *rials-boudjous* (31,620 francs), et exigea d'eux une immense quantité de *bernous*, *haïks*, *kessus*, etc., etc. Cette contribution payée, le bey rentra dans Oran après une course sans résultat, et *Tedjeni*, de son côté, ne tarda pas à retourner dans la ville qui l'avait adopté, et où il fut reçu aux acclamations de toute la population. *Osman* était bey depuis cinq ans, lorsque,

---

Quant aux chiqrs politiques, ils étaient, dans certaines villes, institués par les kaïds. Il y avait dans la Metidja un chiqr qu'on appelait le *chiqr-el-chiaqr* de la Metidja, le chiqr des chiqrs de la Metidja, et à Belida un *chiqr-beldia* شيخ بلدية, etc., etc.

(1) قوم *Goum*. C'est le contingent de cavaliers armés que certaines tribus devaient fournir au bey lorsqu'il faisait une expédition.

mécontent de quelques mesures prises par le pacha relativement à son beylik poussé d'ailleurs par les instigations de son oncle *Bou-Kabous*, il prit la résolution d'abandonner la régence et de se retirer en Egypte avec les richesses qu'il avait amassées pendant son commandement. Il se disposait à partir pour l'Espagne, pour se rendre de là à *Alexandrie*, lorsque *Mustapha-Pacha*, prévenu de ses intentions, le manda auprès de lui, le destitua et l'exila à *Belida* (1), où il se retira avec toute sa famille. Deux ans après, étant rentré en grâce auprès du pacha, il fut envoyé comme bey à *Constantine*.

Mustapha-el-Manzali avait succédé au bey Osman après sa disgrâce, et l'avait remplacé dans la province d'Oran. C'était un homme sans capacité et sans énergie. Tant que la paix régna dans l'*Outhan*, l'administration turque fortement organisée n'eut pas besoin de l'intervention du bey pour fonctionner régulièrement; mais à la moindre circonstance difficile qui se présenta, son incapacité et sa faiblesse se manifestèrent; il se fit d'abord battre du côté d'Alger dans la montagne des *Soumata*. Ayant marché par ordre du pacha contre les *Kabyles* de ces contrées, il s'engagea imprudemment dans le pays en voulant les poursuivre jusque dans leurs retraites, il fut battu et contraint de se retirer, ce qu'il ne fit qu'après avoir éprouvé de grandes pertes.

---

(1) Sidi-Hamed-ben-Ioussef, le marabout de Miliana, a dit en parlant de Belida :

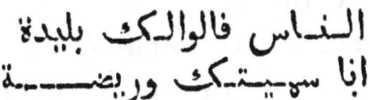

« On t'a appelée une petite ville,
Moi je t'appellerai une petite rose. »
(Ces deux lignes riment en arabe.)

Caddour-ben-Ismaël, aga des *Douairs*, frère de *Mustapha-ben-Ismaël*, et *Mohammed-Caddour*, furent tués tous les deux dans cette affaire.

Osman était à Constantine depuis deux ans, lorsque parut dans les montagnes des Kabyles, du côté de l'*Oued-ez-Zour* (*Zhoure* des cartes), un *dercaoui*, nommé *Ben-Arach*. Cet homme, se disant marabout comme tous les *dercaoui*, était allé en Égypte et s'y était trouvé à l'époque de l'expédition française; profitant dans ces contrées des troubles causés par cette invasion, il était parvenu à ramasser une fortune considérable. De retour dans ses montagnes, chez les *Beni-Ouelban*, il ne lui fut pas difficile, en affectant une grande piété et la soutenant à propos par des largesses, de se faire de nombreux partisans parmi les Kabyles, et de les pousser à la révolte en se mettant à leur tête. *Mustapha-Pacha* apprit à Alger la nouvelle de cette rébellion, et *Osman* reçut de lui à Constantine cette lettre significative et laconique : « *Ta tête ou celle de Ben-Arach.* » Un ordre ainsi donné ne souffrait ni tergiversations ni délai. *Osman* sortit de Constantine avec une petite armée rassemblée à la hâte. Mais ayant voulu pénétrer dans les montagnes, il fut battu, son armée détruite, et lui-même pris et décapité par ordre de *Ben-Arach*. La défaite de l'armée fut si complète (1222 h. 1808 J.-C.) que tous les *iouldachs turcs* y furent tués; les débris des *maqrzens* seuls parvinrent à se sauver, après avoir éprouvé de grandes pertes. Voici comment on rend compte de ce désastre : les Kabyles, menacés par l'armée du bey, construisirent une digue sur le courant de l'*Oued-ez-Zour*, firent déborder cette rivière, et inondèrent une plaine, dans laquelle ils parvinrent à attirer l'armée turque. Cette plaine, qu'on appelle *Mehraz* ou le *Mor-*

tier (1), est entourée de hautes collines. Lorsque les Turcs et les *goums* voulurent y pénétrer, ils s'embourbèrent dans les glaises détrempées du terrain, et les Kabyles qui occupaient les hauteurs détruisirent à coups de fusil tout ce qui s'y était engagé.

Ben-Chérif, marabout dercaoui, connu dans la province d'Oran, qu'il avait habitée pendant plusieurs années, avait été *kralifat* de *Ben-Arach* dans son insurrection contre les Turcs. Il était originaire des *Oulad-bou-Rama*, et s'était déjà fait dans le pays une grande réputation par sa science dans l'art d'écrire les *djedouels* (2). Encouragé par l'exemple des succès de son maître, il arriva dans la province d'Oran, prêchant l'expulsion des Turcs, et promettant une victoire facile à ceux qui auraient foi en sa mission; qui venait de *Dieu*. Un grand nombre de tribus se réunirent à sa voix, et lorsqu'il se crut assez fort pour tenter la lutte, il s'avança sur Oran.

Mustapha-el-Manzali, épouvanté des progrès rapides de cette insurrection, sortit d'Oran à la hâte avec tout ce qu'il put rassembler de monde, et rencontra dans la plaine de *Fortassa*, du côté de *Flita*, *Ben-Chérif* qui s'avançait contre lui. L'affaire s'engagea, et *Mustapha* fut battu dans l'ouest comme *Osman* l'avait été dans l'est; mais, plus heureux que lui, il parvint à se sauver accompagné de quelques cavaliers, et à rentrer dans Oran. Saisi d'une terreur panique, il fit murer les portes de la ville et attendit que *Ben-Chérif* vînt l'assiéger : celui-ci ne tarda pas en effet à se présenter sous les murs de cette place. Il l'investit, coupa les communications avec *Mers-el-Ke-*

---

(1) مهراز Mortier, vase pour piler.

(2) Voir la note à la fin du volume.

bir, et tenta quelques attaques qui n'eurent point de succès : il manquait de canons.

Le bey resta ainsi renfermé dans ses murs durant deux mois. Pendant ce temps, le *kralifat* du bey, qui était allé faire une excursion du côté de *Mazouna*, avait appris chez les *Beni-Maddoun* la nouvelle de la défaite de *Mustapha*. Il avait voulu se retirer sur Oran, mais les habitants de *Mazouna* l'avaient fait prier de venir dans leurs murs pour les protéger pendant le temps qu'ils faisaient leurs moissons. Le *kralifat* y consentit; mais, la moisson terminée, les habitants se révoltèrent contre lui, le chassèrent de la ville, et écrivirent aux tribus des environs, les *Medjehar*, les *Beni-Zeroual*, les *Oulad-Kre-louf*, etc., en leur indiquant la route que devait suivre le *kralifat*. Ces tribus se réunirent à *Bessibissa-Zenboudj*, du territoire des *Medjehar*, elles l'attendirent au passage, et mirent en déroute sa petite armée. Il parvint à s'échapper de sa personne et se retira du côté du Chellif avec quelques tribus de son *maqrzen* restées fidèles. Plus tard, il réussit à gagner Mostaganem.

Les circonstances devenaient graves pour la province de l'ouest; les révoltés étaient maîtres de Mascara et de Tremecen; toutes les petites villes de l'intérieur, Mazouna, Callah, etc., étaient au pouvoir de *Ben-Chérif*. Les Turcs n'avaient plus que les villes de la côte, dans lesquelles ils étaient bloqués. Le *marabout*, bien servi par son audace et sa fortune, commandait depuis les portes de *Miliana* jusqu'à *Ouidjeda*, à un jour de marche de Tremecen, sur la frontière du Maroc.

Enfin *Mustapha-Pacha*, occupé de son côté par les affaires de l'est, instruit d'ailleurs tardivement de la position critique de son bey d'Oran, se décida à venir au secours de cette province. Mécontent du peu d'énergie dont *Mustapha* avait donné des preuves non équivoques dans cette affaire, il le destitua, et chercha, pour le remplacer, un homme de résolution et de courage. Il le trouva dans *Mohammed-Mekallech*, frère du bey *Osman*.

Mohammed, lors de la disgrâce de son frère, l'avait suivi à *Belida*; lorsque, deux ans après, *Osman*, ayant recouvré la confiance du pacha, fut envoyé à Constantine, *Mohammed* continua à résider à *Belida*, où il vivait tranquillement, quand un ordre de *Mustapha* l'appela à Alger. Le pacha lui exposa l'état des choses dans la province d'Oran, ne lui laissa ignorer aucune des difficultés de la position, et lui proposa la tâche difficile de remettre sous l'autorité turque cette province prête à lui échapper. Il finit en lui disant : Je vous nomme *bey* d'un *beylik* que vous avez à reconquérir presque en entier. *Mohammed* accepta les offres du pacha; et la route par terre étant complètement interceptée, il s'embarqua sur une frégate avec cinquante tentes turques (1150 hommes).

Son premier soin en arrivant à *Oran* fut de se débarrasser du faible *Mustapha*; il le renvoya à Alger sur la frégate qui l'avait apporté lui-même; et pour donner de la confiance et du moral tant aux habitants de la ville qu'au petit nombre de soldats qu'il avait sous ses ordres, il fit aussitôt ouvrir les portes qu'*El-Manzali* avait fait murer. Lors de la déroute de *Mustapha*, quelques débris des *maqrzens* étaient, comme nous l'avons dit, parvenus à rentrer dans Oran. *Mohammed*, avant de laisser se dissiper un retour d'énergie que sa présence avait fait renaître, se hâta de réunir tout ce qu'il y avait de Turcs, de *courouglis* et de cavaliers *maqrzens* dans Oran. Il sortit de la ville avec eux, en se faisant suivre de trois canons traînés à bras. *Ben-Chérif* était campé non loin des murs de la place; surpris par cette attaque imprévue, avant d'avoir eu le temps de réunir son monde, il fut rejeté sur le *Sig*. Arrivé là, il fit un appel à toutes les tribus qui avaient pris parti pour lui. Craignant d'être attaqué dans cette position avant que ses partisans ne fussent rassemblés, il indiqua pour point de réunion la plaine de l'*Habra*. *Mekallech*, de son côté, fit agir sur l'esprit des Arabes, partout où ses agents ou ses lettres purent parvenir, menaçant de châtiments terribles ceux qui persévéreraient dans la révolte, et promettant pardon et oubli à ceux qui rentreraient immédiatement dans l'obéissance. Les tribus façonnées à la soumission par les Turcs et reconnaissant dans le nouveau bey le langage sévère que n'avait point su leur parler *El-Manzali*, commencèrent à être ébranlées, elles obéirent lentement à *Ben-Chérif*. Les *Bordjias* du *maqrzen* de l'*aga* avaient à se faire pardonner d'avoir délaissé la fortune des Turcs après la défaite du bey Mustapha ; profitant de l'incertitude des tribus, ils se jetèrent sur celles qui commençaient à se concentrer sur l'*Habra*, les mirent en déroute, s'emparèrent des chameaux, des chevaux et des bagages de *Ben-Chérif*, et les amenèrent à Oran. Le marabout s'enfuit, et se retira à *Flita*, où il avait laissé sa famille ; mais ne la croyant plus en sûreté dans le petit village en ruines de *Mina*, il alla la mettre à l'abri derrière les remparts de Mascara.

Pendant ce temps *Mohammed-Mekallech*, dont la petite armée s'était renforcée des cavaliers des *Bordjias*, sortit d'Oran et alla planter sa tente aux marabouts de *Mazra*, dans le pays des *Medjehar*. Les *Beni-Zeroual*, les *Beni-Zentis*, etc., qui s'étaient déclarés pour *Ben-Chérif*, s'enfuirent à son approche. *Mohammed* les poursuivit, les atteignit à *Ozara*, sur le bord de la mer, où un combat sanglant fut livré. Les tribus rebelles laissèrent douze cents de leurs cavaliers sur la place, et après le combat trois cents d'entre eux eurent la tête tranchée sur le champ de bataille. *Ben-Chérif*, apprenant la nouvelle de la défaite de ses partisans, fit un appel à toutes les tribus du sud, et accourut en toute hâte à *Sidi-Mohammed*, dans le pays de *Flita*.

Mais c'en était fait de sa fortune, un nouveau désastre l'y attendait. Les populations un instant égarées avaient retrouvé les maîtres qui savaient les faire obéir. Les Arabes, en foule, abandonnèrent la cause du marabout, et vinrent faire leur soumission au bey. Ceux qui persistèrent dans leur rébellion ne tinrent pas devant *Mohammed* blessé, chargeant en personne à la tête de ses cavaliers. Après cette affaire, mille têtes exposées sur les remparts d'Alger allèrent témoigner des châtiments terribles qui attendaient les rebelles à l'autorité turque; et les membres de la famille du *marabout* révolté, faits prisonniers à *Mascara*, après avoir été exposés à *Alger* aux insultes de la soldatesque, furent tous mis à mort. *Mustapha*, instruit des succès de *Mekallech*, lui envoya son *aga Hadji-Mohammed* (1) pour le féliciter, et pour achever de faire disparaître jusqu'aux dernières traces de la révolte; l'aga amenait avec lui un renfort de quarante tentes turques. *Hadji-Mohammed* rencontra le bey à *Djeddiouia*, chez les *Oulad-el-Abbas*; ils parcoururent ensemble tout l'*Outhan*, laissant dans plusieurs tribus de sévères exemples, et rentrèrent ensuite à *Oran*. *Mekallech* prit possession de ce beylik, qu'il ne devait qu'à son énergie et à son courage, et *Hadji-Mohammed*

---

(1) *Hadji* حاجي, *hadj* حاج, pèlerin; titre donné à ceux qui ont fait le pèlerinage de la Mecque.

retourna à *Alger* rendre compte à son maître de la pacification entière de la province.

Cet état de choses durait depuis plus d'une année; tout était tranquille dans le pays d'Oran; le bey et les tribus elles-mêmes semblaient avoir perdu le souvenir de la révolte, lorsque, tout-à-coup, *Mohammed* apprend que *Ben-Arach* et *Ben-Chérif*, ayant uni leur cause, venaient de reparaître dans l'*Outhan*. Les *Beni-Amer*, toujours prêts à se soulever contre l'autorité turque, marqués au front pour avoir été autrefois à la solde des chrétiens d'*Oran* (1), s'étaient levés en masse à la voix des deux marabouts. *Mekallech* part aussitôt à la tête de sa petite armée, surprend au marché d'*el-had* (du lundi) le rassemblement des cavaliers des *Beni-Amer*, et leur livre immédiatement combat. Pris à l'improviste, ils résistèrent à peine à l'impétuosité de cette attaque inopinée. *Ben-Arach* et *Ben-Chérif* échappèrent par la fuite à la colère du bey et se réfugièrent dans le *Maroc*. Mais longtemps encore après, les os blanchis de plus de six cents cadavres apprirent aux tribus épouvantées combien avait été sévère sa vengeance.

Après cette exécution rapide, *Mohammed* monta à Tremecen. La famine y avait fait naître la discorde; la guerre civile régnait entre les habitants *courouglis* et *hadars*. Le bey mit fin à leurs différends, en faisant

---

(1) Tous les Arabes de cette tribu ont un *ouchoum* وشوم à la tempe ou à la joue gauche; c'est un signe tatoué représentant une étoile. Cette marque, à laquelle les soumirent les Espagnols lorsqu'ils les prirent à leur solde, était du reste renouvelée des Goths et des Romains. Pendant que ces peuples régnaient en Barbarie, ils affranchissaient de tout tribut les indigènes qui s'étaient faits chrétiens; pour pouvoir les reconnaître, on leur gravait, en les baptisant, une croix sur la joue ou sur la main. (Marmol.)

arriver dans la ville affamée neuf cents chameaux chargés de blé pris dans les *matamores* des *Beni-Amer*. Après un mois de séjour à Tremecen, il retourna dans la capitale du beylik.

Ceux que le succès avait réunis ne tardèrent pas à se diviser dans la disgrâce. Retirés dans la petite ville de *Taza* du *Greurb-el-Djouani*, les deux marabouts devinrent d'implacables ennemis, et *Ben - Chérif* finit par faire étrangler son ancien maître. Il se sauva après ce crime dans une autre ville du *Maroc*, appelée *Mezirda*, où il épousa la fille d'un marabout appelé *Bou-Terfas*. Il mourut peu de temps après de la peste. Ainsi périrent misérablement ces deux hommes, qui avaient été sur le point de renverser la puissance turque dans le *Mogrob*, et qui avaient pu rêver pour eux la domination sur ces pays.

Après cette activité de la guerre, *Mohammed* n'ayant plus d'ennemis à combattre, se laissa corrompre par l'oisiveté et le calme de la paix. Musulman peu scrupuleux, il commença par boire du vin et des liqueurs fortes, et finit par s'adonner à l'ivrognerie. Bientôt les liqueurs n'étant plus un excitant assez fort, il fuma et but de l'*hachich* (1) (chanvre). Cette plante réduite en poudre, ou bien infusée dans de l'eau-de-vie, se fume et se boit;

---

(1) L'usage de fumer de l'*hachich* حَشِيش est commun parmi les indigènes, surtout parmi les habitants d'Alger. L'*hachich* se fume à petites doses dans de petites pipes faites exprès; il procure une émotion violente, à laquelle succède bientôt une espèce d'anéantissement. L'usage de l'hachich, soit en poudre, soit en boisson, finit par rendre lâche et timide, il abrége même la vie. Les pauvres fumeurs d'hachich du Mogrob remplacent les riches *theriakis*, les buveurs d'opium de l'Orient. Tous ces moyens d'excitation artificielle sont proscrits par le *Coran*, qui embrasse dans la même prohibition tout ce qui porte au cerveau الخَمَر *el-kramer*.

elle procure une ivresse désordonnée, dans laquelle on est capable de tous les excès. *Mekallech* ne recula bientôt plus devant aucun: tout obstacle devait disparaître devant ses caprices, tout devait céder à ses violences. Dans son délire, il faisait arracher de leur maison les femmes et les filles des habitants honorables de la ville; malheur à qui osait opposer résistance à sa volonté, à qui osait murmurer contre son odieuse tyrannie! Plusieurs familles des plus recommandables d'*Oran* furent déshonorées dans les honteuses orgies de la Casbah; plusieurs jeunes filles furent enlevées de force à la maison de leur père, pour aller servir à la débauche de cet homme en démence. On raconte qu'un jour il fit venir chez lui la femme de l'aga des *Zmelas*, et qu'il lui fit donner autant de *solthani* d'or qu'elle avait fait de pas pour arriver de sa maison à *Bordj-el-Hamar*, où était le palais des beys. Ce fait, qui se passa avec impudeur à la vue du soleil, comme disent les Arabes (1), les *chaouchs* du bey accompagnant cette femme et comptant exactement ses pas, mit le comble à l'exaspération des habitants. Plusieurs, bravant enfin la colère de *Mekallech*, osèrent aller se plaindre à *Alger*. *Mustapha-Pacha* était mort; il avait été remplacé par *Ahmed-Pacha*. Ahmed écouta les justes plaintes des habitants d'*Oran*. Il envoya son aga, *Omar-el-Deldji*, qui fit étrangler *Mohammed-Mekallech* dans son palais de la *Casbah* (2).

Le nouveau pacha, élu à *Alger* par la milice, était compatriote de *Mustapha-el-Manzali*, celui qui avait été battu par *Ben-Chérif*. El-Manzali, après avoir été destitué

(1) على عين الشمس *Ala aïn ech-chems*.

(2) *Mekallech*, qui a été nommé par les Français bey de Tremecen, est un des fils de Mohammed.

par *Mustapha-Pacha*, avait été exilé à *Belida*; mais *Ahmed*, qui l'aimait beaucoup, arrivant au pouvoir et pensant que la tranquillité rétablie dans l'*Outhan* ne serait pas de long-temps troublée, l'envoya une seconde fois à *Oran* pour remplacer *Mekallech*. Son séjour y fut de courte durée. *Bou-Terfas*, beau-frère de *Ben-Chérif*, apprenant que celui qui avait été battu par son parent avait repris le commandement de la province, accourut du *Maroc*; et se servant du nom de *Ben-Chérif* comme d'un drapeau au milieu des tribus où vivait encore le souvenir du marabout, il parvint à en réunir quelques-unes et à les pousser à la révolte.

Ahmed-Pacha apprit à Alger ces commencements d'agitation; et craignant, dans des circonstances difficiles, la faiblesse bien connue de son favori, il le rappela auprès de lui, le fit son *kraznadji*, et nomma pour le remplacer son *kralifat*, le frère de *Mohammed-el-Kebir*, *Mohammed* surnommé *Bou-Kabous*.

Mohammed-bou-Kabous, appelé aussi *Mohammed-el-Requiq*, ne donna pas à *Bou-Terfas* le temps de se rendre redoutable. A peine en possession du siége, il sortit contre lui, le rencontra à *Mezirda* (Mezerda des cartes), du côté des ruines de *Madroma*. Il le battit, et coupa soixante têtes à ceux qui avaient pris part à la révolte. Cette exécution suffit pour faire tout rentrer dans le devoir. *Bou-Terfas* se sauva, laissant entre les mains de *Bou-Kabous* ses chameaux et tous ses bagages, et retourna chez les *Beni-Zenassen* du *Maroc*. Il mourut dans cette retraite sans songer à de nouvelles tentatives. Ce fut l'année 1227 (1813 J.-C.) qu'eut lieu l'expédition de *Bou-Terfas*; elle est connue sous le nom d'*année de Bou-Terfas* (1);

(1) عام بو طرفاس *Am-bou-Terfas*.

elle est célèbre dans le pays par la grande quantité de neige qui y tomba. Pendant l'excursion de *Bou-Kabous*, un grand nombre d'hommes et de chevaux périrent de froid. Après la fuite de *Bou-Terfas*, *Bou-Kabous* fut obligé de se retirer à *Tremecen*, qui était la ville la plus prochaine, pour y laisser passer ce rigoureux hiver. Il y resta un mois entier avant de pouvoir retourner à *Oran*.

Les *Hachems-Greris* (1), qui faisaient partie du *maqrzen* de l'aga des *Douairs*, sans prendre part à la révolte des tribus qui avaient embrassé le parti de *Bou-Terfas*, avaient refusé d'envoyer leur contingent pour aider à les soumettre. *Bou-Kabous* attendit le beau temps pour faire une *grazia* sur eux. Il les surprit à l'improviste, fit tomber la tête de deux de leurs *kaïds*, et ne consentit à leur donner l'*aman* qu'après qu'ils l'eurent acheté par une forte contribution. En rentrant à Oran, il reçut la nouvelle de la mort d'*Ahmed-Pacha*, assassiné par la milice mécontente. Celui qui avait été élu à sa place, *Hadji-Ali*, n'eut pas plus tôt le pouvoir entre les mains qu'il voulut exiger de Tunis le tribut que cette régence avait payé à Alger pendant de longues années (2), et auquel elle re-

---

(1) Sidi-Hamed-ben-Ioussef a dit en parlant des *Hachems* :

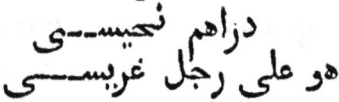

« Une pièce fausse est moins fausse
Qu'un homme des *Hachems*. »

(2) En 1048 hég. (1639 J.-C.) *Baba-Abdi-Pacha*, à la suite de quelques différends survenus entre la régence d'Alger et celle de Tunis, avait fait une double expédition par terre et par mer, s'était emparé de la ville, et avait imposé aux Tunisiens une redevance annuelle d'*huile*, de *laine*, de *charhias*, etc., etc. Tunis avait dû recevoir, de plus, un *oukil-dziri* ayant la haute main sur les sujets du pacha d'Alger. Les Algériens fixés à Tunis étaient entièrement sous la dépendance

fusait de se soumettre depuis quelque temps. Il convoqua tous les contingents de ses beyliks. Les beys des provinces de *Titeri* et de Constantine se rendirent aux ordres du pacha. Quant à celui d'Oran, *Bou-Kabous*, il refusa formellement d'obéir aux injonctions d'*Hadji-Ali*, et l'armée algérienne dut partir privée du contingent de cette province. En même temps que l'armée sortait d'Alger, une escadre, sous les ordres du *capitan-bachi*, *Reïs-Mohammed* (1), faisait voile pour Tunis, et venait bombarder la *Goulette*. L'armée part par terre rencontra les forces tunisiennes à un endroit appelé *Serrat*, entre le *Kaf* et Tunis. Les Algériens furent battus, et se retirèrent en désordre à Constantine. *Reïs-Mohammed*, après être resté quatorze jours devant la *Goulette*, fut emporté par un boulet, et l'escadre qu'il commandait retourna à Alger.

Après cette défaite, dont sa désobéissance avait peut-être été la cause, *Bou-Kabous* devait redouter la vengeance du pacha. Il ne lui restait, pour échapper au châtiment qu'il méritait, que la fuite ou la révolte; il choisit la révolte. Pour se créer une force capable de lutter contre celle d'*Hadji-Ali*, il chercha, lui, fils de Turc, à s'appuyer sur les Arabes, et afin que ses paroles obtinssent crédit et confiance auprès d'eux, il leur donna des garanties en s'entourant des principaux cheiks des tribus, et faisant périr sous de frivoles prétextes les Turcs qui occupaient des emplois et les chefs de *maqrzen* qu'il soup-

---

de l'*oukil*, et en dehors de la juridiction du pacha de Tunis. De grands avantages avaient été assurés par ce traité au commerce algérien dans la régence de l'est. Cet état de choses dura depuis 1048 hég. (1639 J.-C.) jusqu'à l'époque où *Hammouda* fut nommé pacha à Tunis.

(1) *Reïs-Mohammed* était Arabe.

çonnait de ne pas entrer franchement dans sa rébellion. Lorsque l'armée algérienne fut de retour de sa malheureuse expédition de Tunis, le pacha voulut tirer une vengeance éclatante de cette audacieuse révolte. Il envoya par terre cinquante tentes turques, sous le commandement d'*Omar-Aga*, et une frégate algérienne portant un *oukil* en qui il avait toute confiance, *Moula-Ahmed*, chargé de ses pleins pouvoirs.

Bou-Kabous était alors dans la plaine de *Mina*, chez les *Oulad-Ahmed*; ayant su que l'aga s'avançait contre lui et avait même dépassé *Miliana*, il se retira sur l'*Habra*; mais à mesure que l'armée turque s'avançait, ses partisans désertaient sa cause, et lorsqu'elle arriva à la *Mina*, *Bou-Kabous*, abandonné de tous les siens, ne put pas même essayer de combattre; il se réfugia presque seul à Oran. *Moula-Ahmed*, l'envoyé du pacha, y était déjà arrivé, si bien que pour ne pas être livré par les habitants d'Oran eux-mêmes, il se retira en toute hâte dans le réduit de *Bordj-Hamar*, dont il ferma les portes sur lui, menaçant de mettre le feu aux poudres si l'on essayait de l'y forcer. Son ancien *krodja* (secrétaire), *Mustapha-ben-Djelloul*, proposa à aga l'*Omar*, qui arriva peu de temps après le bey fugitif, de pénétrer auprès de *Bou-Kabous* dans le château neuf pour essayer de lui faire entendre raison. Arrivé devant la porte, *Bou-Kabous*, avant de l'introduire, lui fit jurer sur le *Bokrari* (1) qu'il ne chercherait pas à le livrer. Après

---

(1) *El-Bokrari*, écrivain du deuxième siècle de l'hégire, du huitième de notre ère. Il a fait un recueil de traditions sur les actes, les paroles, les maximes non contenus dans le *Coran* et attribués à Mohammed. Il en avait rassemblé six cent mille. Dans la crainte d'en avoir mis quelques-unes de fausses, il les réduisit à cent mille; enfin il en choisit sept mille deux cent soixante-quinze des plus authentiques auxquelles il

qu'il eut prêté le serment exigé, il fut introduit dans l'enceinte des tours. Là, *Mustapha* représenta au bey combien sa conduite avait été coupable ; il lui fit sentir qu'il lui était impossible de se défendre long-temps, ainsi abandonné de tout le monde ; il lui fit voir combien son action serait horrible si, pour prolonger sa vie de quelques jours, il allait, après avoir fait tant de victimes parmi les Turcs, plonger la ville entière dans la désolation, en exécutant la menace qu'il avait faite de mettre le feu aux poudres. Le bey se laissa convaincre par ces raisons ; après avoir reconnu la justesse de tous ces reproches, après avoir avoué ses crimes, il apporta lui-même à son ancien *krodja* les fers pour l'enchaîner, et consentit à mourir. *Omar-Aga* et *Moula-Ahmed* entrèrent alors dans le fort. *Bou-Kabous*, chargé de chaînes, fut conduit publiquement au marché, et après avoir été long-temps torturé (1), il eut enfin la tête tranchée.

se borna, et qui forment son recueil. Pour sanctifier en quelque sorte son œuvre, il vint de Bokrara, sa patrie, jusqu'en Arabie pour visiter les lieux honorés de la présence du prophète. Il ne mettait jamais une tradition par écrit qu'il ne se fût purifié au puits de *Zemzem*, et qu'il n'eût prié auprès de la *Cauba* ; et il n'insérait pas de chapitre qu'il ne l'eût placé sur la chaire où avait prêché le prophète, et sur le tombeau où il est enterré. Aussi appelle-t-on son ouvrage الصحيح *le Sincère.* El-Bokrari s'est attaché à reproduire tout ce qui est sorti de la bouche de Mohammed depuis le moment où il commença à parler jusqu'à sa mort. Son livre est appelé de son nom, ou plutôt du nom de sa patrie, *Sidi-Bokrari.* Comme le *Sidi-Bokrari* complet est fort cher, il en existe des abrégés qui ne contiennent que quarante traditions, et qu'on appelle des *Arbaïn* اربعين *des Quarante.*

Les musulmans ont pour le *Sidi-Bokrari* une vénération qui ne le cède qu'à celle qu'ils professent pour le *Coran.*

(1) Bou-Kabous est aussi appelé *el-bey-meslougr* الباى مسلوغ, *le bey écorché.*

Peu de temps après que *Mohammed-er-Requiq* eut été nommé bey, il se trouvait au-dessous de *Miliana*, lorsqu'un cheik arabe vint le trouver. *Mohammed* avait eu à se plaindre de lui pendant qu'il était *kralifat* de *Mustapha-el-Manzali*, et le cheik venait lui demander le pardon et l'oubli de ses anciens torts. *Mohammed*, sans lui répondre, l'abattit à ses pieds d'un coup de pistolet. Cet acte de cruauté ou de folie lui fit donner le nom de *Bou-Kabous* (1).

Ali-Cara-Bagrli le *Turc*, qui avait épousé une des filles de *Mohammed-el-Kebir*, succéda à *Mohammed-Bou-Kabous*. Il avait été *kralifat-el-koursi* du bey *Mohammed-Mekallech*, et était au moment de sa nomination *kaïd* de *Tremecen*. Après la folle tentative du dernier bey, l'*Outhan* était resté dans un état d'irritation et de révolte; *Ali*, par sa fermeté et sa sagesse, parvint à calmer les passions et à ramener la paix dans le pays. A deux fois différentes les *Beni-Zeroual* refusèrent de payer l'impôt, s'efforçant d'entraîner dans leur rébellion les tribus environnantes; deux fois le bey *Ali* tomba sur eux avant qu'ils eussent eu le temps de constituer leur révolte, et les força à rentrer dans le devoir; il fit aussi un exemple sévère de la tribu de *Sbihheu*, qui interceptait la route d'Alger à Oran.

Il était bey depuis cinq ans, lorsque le pacha d'Alger, *Hadji-Ali*, fut assassiné par *Omar-Aga*, celui qui était venu dans la province d'Oran faire justice du bey *Mohammed-er-Requiq*. *Omar* ayant su que le nom du bey d'Oran avait été prononcé dans les rassemblements de la milice, en prit ombrage. Étant devenu pacha, il lui donna l'ordre de venir en personne porter le *denouch* à *Alger*. Le bey partit; mais étant arrivé à *Bou-Qurechfat-*

---

(1) بو كابوس Le père du pistolet.

Konaq (1), au-dessous de Miliana, il fut étranglé par des cavaliers de l'aga, envoyés par le pacha. Il est enterré à ce konaq. De son temps, et d'après ses instances, avait été construit le pont sur le Chellif, près de l'endroit où il est enterré.

Hassan, gendre de *Mohammed-er-Requiq*, fut nommé pour remplacer le bey *Ali*. Il avait été *tebaqr* (2) d'une *seffari* turque à *Tremecen*, et avait ramassé quelque argent dans cette ville. Lorsque son année de *krezour* (3) arriva, il acheta une petite boutique de marchand de tabac à Oran. Elle était située au pied de la grande mosquée, sous les platanes de la rue Philippe. Le bey *Bou-Kabous*, que les Turcs appelaient déjà à cette époque *Dali* (le Fou), passant un jour par là, remarqua la figure du marchand et la propreté de son petit établissement. Il s'informa des antécédents et de la conduite du *krezourdji*, le fit appeler chez lui et lui offrit sa fille en mariage. C'est à cette faveur inattendue qu'*Hassan* dut de devenir plus tard bey de cette province, dans laquelle il avait débuté par être *zebenthouth* (4). Hassan, du reste, était un homme de sens et d'esprit : il ne fut point déplacé dans cette position bien au-dessus de celle à laquelle il pouvait prétendre. Il sut maintenir par sa fermeté la tranquillité dans l'Outhan, où existait un ferment de discorde et de rébellion constamment entretenu par

(1) فُنْدُق *Konaq*, bivouac (Organisation militaire des Turcs).

(2) طَبَّاخ Cuisinier.

(3) خزور C'est l'année où les Turcs de la milice, n'étant employés ni dans les noubas ni dans les mehallats, étaient libres de s'établir dans une des villes de la régence à leur convenance, et d'y faire le commerce pour leur compte (Organisation militaire des Turcs).

(4) *Zebenthouth*, soldats du bey. (Organisation militaire des Turcs).

les *marabouts*. Cette race de *marabouts*, du reste, est une race remuante et dangereuse. Vénérés et écoutés par la foule, qui les regarde comme des saints, ce sont eux qui, parlant toujours au nom de Dieu, font et défont l'opinion, créent et détruisent les réputations. Le pouvoir, qui veut ne point être entravé dans sa marche, doit, ou les avoir pour lui, ou les détruire. Les Turcs n'avaient pas d'autre politique. *Hassan* ayant trouvé que l'influence des marabouts de son beylik devenait menaçante pour son autorité, résolut de couper le mal dans sa racine, de faire périr les plus influents. Il envoya contre eux ses cavaliers, qui firent tomber les têtes de ceux que la clameur publique signalait comme *marabouts*.

Bou-Dria, dans le pays des Zedama, *Hadji-Mohammed*, du côté de Tremecen, *Sidi-Abd-Allah-ben-Haoua*, dans la Mina, sourds à tous les avertissements qui leur furent donnés, payèrent de leur vie leur opposition au gouvernement du bey. Un seul, le plus dangereux de tous, et leur chef en quelque sorte, fut amené à Oran devant *Hassan*, pour qu'il pût lui-même en faire justice. Elle n'eût point été longue à se faire attendre, si la femme du bey lui-même, la fille de *Bou-Kabous*, n'eût pris sous sa protection le saint homme, dont elle avait entendu vanter la science et la piété; il fut jeté en prison. Celui qui échappa ainsi presque miraculeusement à la mort était *Sidi-el-Hadji-Meheddin*, le père d'*Abd-el-Kader*. Il resta un an entier renfermé avec sa famille dans une maison ayant appartenu au bey *Bou-Kabous* (1), et *Sidi-Meheddin* ne fut relâché que sur la prière des kaïds, qui se portèrent caution de sa tranquillité.

(1) C'est la maison connue à Oran sous le nom de *Dar-el-Arich* دار العريش, la maison de la treille.

Hassan croyait en avoir fini pour le moment avec les marabouts, lorsqu'un ordre du pacha *Hussein* vint lui enjoindre de tenter une expédition sur *Aïn-Mahdi*. L'influence toujours croissante des deux fils de *Tedjeni* avait alarmé le *diwan* d'Alger. Non seulement la *Yagoubia* et toutes les tribus des environs de Tremecen payaient la *gandouza* aux fils du célèbre *chiqr*, mais même les tribus rapprochées d'Oran commençaient à envoyer des caravanes pour les visiter. Le bey *Hassan* rassembla sept cents hommes d'infanterie, Turcs ou *courouglis*, en réunissant tous les krezourdji de son beylik, et environ quatre mille hommes de cavalerie, *goums* de son *maqrzen* et de celui de son *kralifat*. Cette petite armée se mit en marche, suivie d'un nombreux convoi de chameaux, portant des approvisionnements, des bagages et des munitions de toute espèce. Elle avait aussi avec elle deux mortiers et quatre canons de petit calibre, portés à dos de mulet.

Le bey partit en personne, et passa par le pays de *Mina* et de *Flitah*. Il marchait à petites journées, campant deux ou trois jours dans les endroits où il trouvait de l'eau, et où les tribus nombreuses pouvaient lui fournir en abondance le *mdach* (1) pour la nourriture des soldats. A l'exception de deux jours de marche, on trouva de l'eau à tous les *konaqs*. La ville, peu considérable, bâtie dans une vaste plaine, est entourée de murs épais, sans fossés, sans tours, sans bastions et sans ca-

---

(1) معاش *Mdach*, en arabe d'Égypte, signifie vie, subsistance. Le *mdach* est ici l'obligation imposée à chaque tribu d'apporter de quoi fournir à la subsistance des soldats du bey lorsqu'ils passaient sur son territoire; c'était un signe de vasselage. Le *mdach* n'était obligatoire que deux fois pendant le temps que l'armée campait sur les terres d'une tribu, le soir de l'arrivée; après qu'un coup de canon avait annoncé que les tentes du bey étaient plantées, et le lendemain matin.

nons. Deux portes s'ouvrent sur les faces est et ouest ; la porte du levant et la porte du couchant (1), tout autour jusqu'à une certaine distance des remparts, sont des jardins enclos dont les murs ont quatre ou cinq pieds d'élévation. Ces jardins, plantés de beaux arbres fruitiers, sont parfaitement arrosés par une source qui sort de terre (2). Elle est placée sur une petite éminence à portée de fusil de la ville, et aurait pu facilement être coupée ; mais le bey, soit faute de moyens, soit oubli, ne le fit point. En dehors des murs, et comme formant faubourgs, se trouvent deux villages considérables, *Kradra* et *Taouila*, et à distance d'étape sur la route suivie par l'armée, on rencontre la petite ville de *Tedjemout*. *Kradra*, *Taouila* et *Tedjemout* étaient déserts au passage du bey.

Aussitôt qu'*Hassan* fut arrivé en vue de la place, il envoya une députation pour faire savoir aux habitants que ce n'était ni contre eux ni contre leur ville qu'était dirigée l'expédition qui s'avançait, qu'ils eussent à remettre les deux fils du *chiqr*, et que l'armée se retirerait aussitôt. Ceux-ci répondirent d'un commun accord aux envoyés qu'on pouvait leur demander tout ce qu'on voudrait en contributions, qu'ils s'efforceraient de satisfaire le bey ; mais quant aux fils de leur seigneur, qu'ils ne les livreraient jamais.

L'armée turque s'avança alors sous les murs de la ville, où elle campa. Là, les *kaïds*, rassemblés, conseillèrent au bey de céder pour le moment aux exigences des habitants ; d'accepter les contributions qu'ils offraient

(1) باب الشرق Porte de l'est ; باب الغرب porte de l'ouest.

(2) فوّارة *Fouara*. Quelques talebs prétendent que c'est à cette source que la ville doit le nom qu'elle porte. عين مهدية Aïn-Mahdia, dont on aurait fait Aïn-Mahdi, signifie la fontaine dirigée.

de payer, qu'il serait toujours temps après d'agir offensivement contre la ville. La contribution fut fixée à cent mille *boudjous* en argent, plus, une grande quantité de *bernous* noirs et blancs, de *kessas*, de *haïks*, etc., dont le prix pouvait être estimé le double en espèces. Dix jours entiers furent nécessaires pour le paiement intégral des sommes et des objets demandés. Le onzième jour, lorsque tout eut été payé, le bey fit commencer le feu sur la ville, la canonnant de son mieux pendant le jour, et la nuit lançant des bombes. Le feu continua pendant un jour entier et deux nuits, mais les diverses attaques qu'il fit tenter sur la porte de l'est ayant été repoussées, et les habitants continuant à se défendre avec vigueur, les *kaïds* conseillèrent à *Hassan* de battre en retraite. Il se rendit à leurs avis. L'armée partit, laissant sur la place trente hommes tués, et emmenant avec elle quarante-cinq blessés ; les habitants d'*Aïn-Mahdi* n'inquiétèrent point la retraite. Ils envoyèrent même quelque temps après, sans opposition, le tribut annuel de quatre mille boudjous qu'ils payaient au bey. L'armée, chargée de son butin, reprit à petites journées le chemin d'Oran, en passant au retour par la même route qu'elle avait suivie en allant. Le bey rentra dans la capitale de son beylik quatre mois après en être parti ; il avait laissé pendant son absence la direction des affaires à son *kralifat Sélim*.

Hassan revenait à *Oran* sans avoir rempli le but qu'il s'était proposé. Il laissait dans leur ville les *Tedjeni* plus forts qu'auparavant, et leur avait donné pour ainsi dire la connaissance et le sentiment de leur puissance. Ce fut, du reste, plus tard, la confiance qu'avait fait naître chez l'aîné des *Tedjeni*, *Sidi-Ahmed-ben-Salem*, l'échec éprouvé par *Hassan*, qui fut la cause de sa perte. Il se fit illusion sur sa force, et paya cher, comme nous allons le voir, les tentatives d'une folle ambition.

La tribu puissante des *Hachems-Greris* avait contre le bey des sujets de mécontentement. Elle était du maqrzen de l'aga des *Douairs*, et *Hassan* avait exigé d'elle un impôt qu'elle croyait ne pas devoir payer; d'ailleurs, depuis l'apparition, dans le pays, des *dercaoua Ben-Arach, Ben-Chérif*, et *Bou-Terfas*, une opposition sourde au gouvernement turc s'était manifestée chez elle. Ayant vu que dans sa dernière expédition, le bey avait faibli devant la volonté énergique des habitants d'une petite ville, ils s'adressèrent au chef de cette ville, lui demandant sa protection pour les aider à se soustraire à l'autorité des Turcs. Hassan, qui se trouvait du côté de *Tremecen*, fut instruit de ces tentatives des *Hachems* auprès de *Tedjeni*. Il accourut aussitôt sur leur territoire, fit saisir deux de leurs *cheiks* et leur *kaïd*, *Mohammed-Oulid-Abd-Allah*, et envoya leurs têtes sur le rempart de *Mascara*, pensant que cet exemple suffirait pour intimider et raffermir dans l'obéissance les tribus ébranlées par son échec devant *Aïn-Mahdi*. Il retourna à Oran.

Quelque temps après, l'époque des contributions étant arrivée, le bey envoya de tous côtés ses *krallas* ou percepteurs (1). Ce furent deux Turcs, *Ben-Akdar* et *Abdi*, et deux courouglis, *Mohammed Oulid-el-bey-Ibrahim* et *Mahmoud Oulid-Mustapha*, accompagnés de quelques cavaliers, qui reçurent la mission d'aller presser chez les *Hachems* la rentrée de l'impôt que payaient les *maqrzens*, l'impôt de l'éperon (2). Arrivés sur le territoire de

---

(1) خَلَص de la racine خَلَص payer; celui qui fait payer.

(2) حَقّ شابير L'impôt de l'éperon (Organisation militaire des Turcs).

cette tribu, les deux Turcs furent pris et décapités; les autres parvinrent à s'échapper, et arrivèrent à Oran, annonçant au bey la révolte des *Hachems*. Ceux-ci alors pour achever de décider *Tedjeni*, qui hésitait encore à se déclarer pour eux, lui envoyèrent les têtes des deux Turcs, en lui disant : Nous t'envoyons la tête du bey et celle de son *kralifat*; viens avec nous, tu seras notre bey; toutes les tribus n'attendent que ta présence pour se déclarer pour toi. *Tedjeni* fit jurer aux envoyés, sur le *Bokrari*, que tout ce qu'ils disaient était la vérité; que les *Hachems* liaient par leur serment leur cause à la sienne, et il se décida à partir. Arrivé auprès de Mascara, il ne vit se réunir à lui que les seuls Hachems. Aucune autre tribu ne se rangea de son parti ; mais il était trop tard pour reculer. *Sidi-Ahmed* pensa que s'il était maître d'une ville, les tribus se décideraient en sa faveur, et il espéra pouvoir s'emparer de Mascara avant l'arrivée des Turcs. Il résolut donc de poursuivre sa tentative jusqu'au bout avec ce qu'il avait de monde. Il expédia des émissaires dans les tribus des environs pour sonder leurs dispositions, et leur demander les *gadas* et le *mâach* pour un homme arabe comme eux, qui venait les délivrer de la tyrannie de leurs oppresseurs. Il fit sommer en même temps la garnison de Mascara de lui livrer la ville. Les tribus ne répondirent pas à son appel, et les Turcs, retirés dans l'intérieur de la ville, fermèrent les portes, et se préparèrent à la défense. Tedjeni s'empara de la position d'*Aïn-Beida* (1), et s'établit, après un petit combat, dans le faubourg de *Baba-Ali*. Il fit alors l'investissement de la place. L'aga qui commandait la *nouba* dans Mascara réussit cependant à faire

(1) عين بيضة La fontaine blanche.

parvenir au bey une lettre dans laquelle il lui annonçait l'arrivée de *Tedjeni*. Il lui disait de se hâter pour qu'il ne s'emparât pas de la ville. Le bey, apprenant cette nouvelle, sortit aussitôt d'Oran, et alla planter ses drapeaux au *Kerma-el-Mesoullan* ou figuier. Les contingents des tribus reçurent l'ordre de le rejoindre en route. Du *Kerma*, il se porta par une forte marche sur le *Sig*; du *Sig* il alla camper à l'*Ouad-el-Hammam* (1), d'où il arriva au *Krarouba-mtda-siada* (2), le caroubier de la chasse, en vue de Mascara. Une vive fusillade se faisait entendre, *Tedjeni* avait réuni tout son monde à *Aïn-Beida*, et se disposait à tenter une attaque générale sur *Mascara*, lorsqu'on lui montra l'armée du bey qui s'avançait. Dès que les gens à pied des *Hachems* aperçurent les tirailleurs ennemis, ils prirent la fuite, et il ne resta plus à *Sidi-Ahmed* que quinze cents cavaliers de cette tribu. Le bey, s'avançant toujours, détacha sur la gauche son *kralifat Sélim* avec son *maqrzen*, et marcha avec le gros de l'armée droit à *Tedjeni*, qui avait groupé sa faible troupe à *Kressibia*, auprès d'*Aïn-Beida*. *Mustapha-ben-Ismaël*, ainsi que son neveu, *El-Mazari*, qui fut blessé dans cette affaire, marchaient avec le bey. Les cavaliers des *Hachems*, craignant d'être tournés par le *kralifat*, lâchèrent pied, de sorte que le malheureux *Tedjeni*, abandonné de tout le monde, n'eut plus autour de lui que deux cent cinquante hommes qu'il avait amenés d'*Aïn-Mahdi*. Tedjeni était très-gros, il fut renversé de cheval pendant le combat, et enseveli sous les cadavres qui s'entassaient autour de lui. Ceux qui avaient suivi sa fortune jusqu'au bout, réduits à une centaine d'hommes, voulurent échapper

(1) واد الحَمَّام La rivière des bains.

(2) خروبة متاع صيادة Le caroubier de la chasse.

par la fuite à la mort qui les attendait ; mais ils furent tous pris, et après le combat le bey les fit décapiter.

Hassan avait promis cinq cents *solthani* d'or à celui qui lui apporterait la tête de son ennemi. On le chercha long-temps, et l'on finit par le découvrir caché sous les cadavres de ses défenseurs, et vivant encore. *Adda-ben-Kaddour*, l'aga des *Zmelas*, le tua d'un coup de pistolet ; le *bach-chaouch* lui coupa la tête, qu'il apporta à son maître. Cette tête, ainsi que celle du *krodja* (1) de *Tedjeni*, fut expédiée au pacha d'Alger, qui envoya à *Hassan*, en témoignage de son contentement, une superbe paire de pistolets, un yataghan en or, un cheval magnifiquement harnaché, et une belle esclave géorgienne.

Telle fut la fin malheureuse de l'aîné des *Tedjeni*. Son frère, plus prudent, résista aux offres des Hachems, qui, dans le gouvernement qu'ils installaient à leur manière, lui avaient proposé la place de *kralifat*. Ce fut même vainement qu'il voulut dissuader *Ahmed* de sa ridicule entreprise, en lui représentant combien les Turcs étaient puissants, combien il y avait folie à vouloir lutter contre eux. Tous ses efforts furent inutiles, il ne fut point écouté. *Ahmed*, aveuglé par un fol orgueil, paya de sa tête son opiniâtreté, et laissa *Hadji-Mohammed* seul héritier désormais du nom, de l'influence, et du pouvoir de *Tedjeni*.

Le bey après sa victoire ne s'arrêta pas à Mascara ; il se transporta immédiatement à *Benian*, à une journée de marche, et manda de là aux *Hachems* de se rendre devant lui, qu'il était décidé à les poursuivre partout où ils se retireraient s'ils ne venaient se mettre à sa discré-

---

(1) خوجة *Krodja*, secrétaire.

tion. Les chefs de cette tribu obéirent à cet ordre. Il leur imposa une contribution de cinquante mille boudjous, et leur donna l'*aman*. Le bey se promena dans l'Outhan pendant plusieurs jours, recevant partout les *gadas* des tribus, et rentra dans Oran.

Une année après, un autre marabout *dercaoui*, *Sidi-Hamed*, *chiqr* des *Mehaia*, se révolta dans le pays au-delà de Tremecen. Il s'était établi à *Ouidjeda*, petite ville à une journée de marche de Tremecen sur la frontière du Maroc. *Hassan* sortit contre lui, eut une affaire très-sérieuse chez les *Oulad-Medjehad*. Il y perdit beaucoup de cavaliers de son *maqrzen*. Il battit cependant les révoltés, s'empara de la maison et des trésors du marabout. *Sidi-Hamed* parvint à se sauver ; il passa la frontière, et alla chercher un refuge dans le Maroc.

Enfin, trois ans avant l'arrivée des Français, en 1242 (1828 J.-C.), *Hassan* eut encore à réprimer une insurrection chez les *Oulassas*, *Kabyles* soumis, qui cultivaient une partie des belles plaines de *Zidoure*, si renommées pour leur fertilité et la beauté de leurs céréales. Ils avaient refusé de payer l'impôt et massacré les krallas du bey. Hassan resta trois jours dans leur pays, mettant tout à feu et à sang. Il ne put cependant parvenir à les réduire ; ils se réfugièrent dans leurs montagnes, et le bey n'osa pas les y poursuivre. Ils se soumirent quelque temps après, acceptant, pour rentrer en possession de leurs belles plaines, une diminution d'impôt.

Hassan avait, comme nous l'avons dit, épousé la fille du bey *Bou-Kabous*, nommée *Bedera*. Elle avait hérité du caractère altier et intraitable de son père, et était redoutée à l'excès de son mari. Dans ce pays de femmes esclaves, elle était parvenue à conquérir son indépendance. Elle marchait toujours, dit-on, avec un *yata-*

ghan en or et une paire de pistolets à la ceinture. L'on raconte qu'elle poignarda jusque dans le lit de son mari une esclave que celui-ci avait achetée. Elle prélevait sur le prix des *gandouras* des kaïds qui arrivaient au pouvoir, une somme de mille rials boudjous. Elle employait, du reste, généreusement l'argent qu'elle tirait de cette redevance. Elle faisait beaucoup de bien aux malheureux, et envoyait souvent de magnifiques cadeaux au *harem* du pacha. Ayant reçu la nouvelle que *Mouni*, fille d'*Hussein-Pacha* et femme de l'*oukil-el-heurdj-mtda-bab-ez-zira*, était accouchée d'un fils, elle fit faire à Fez un berceau en or enrichi de pierres précieuses, sur lequel était gravé le prix du cadeau, huit mille douros d'Espagne.

Hassan eut à se défendre contre les ambitieux et les intrigants qui voulaient le renverser pour prendre sa place. Il se montra implacable envers eux. Il fit étrangler son gendre *Mustapha-Tcheurmi*, qui avait écrit à Alger pour le desservir auprès du pacha. *Ali-Dali*, son *kralifat-el-koursi*, et *Mohammed*, kaïd de *Mascara*, payèrent de leur vie de semblables intrigues.

Enfin la province d'Oran était tranquille depuis plusieurs années, le caractère ferme et sévère d'*Hassan* avait étouffé tous les ferments de discorde qui existaient dans son beylik, lorsqu'une expédition française vint demander vengeance au pacha des insultes faites au représentant de la France. *Hussein*, soit qu'il ne crût pas à la réalité d'une attaque si hautement et si clairement annoncée, soit que, la croyant vraie, il ne la supposât pas bien dangereuse, ne convoqua que fort tard les contingents des beyliks. Le bey d'Oran se contenta d'envoyer son *kralifat*, avec une bien faible partie des forces de la province. Cependant Alger la bien gardée, Alger la protégée de Dieu, tomba sans opposer une bien grande résistance devant cette armée qui semblait si peu à craindre à l'aveugle pacha. *Hassan*, désespérant de pouvoir défendre sa ville et son beylik contre des soldats que n'avaient pas arrêtés la guerrière Alger et le courage de ses défenseurs, envoya sa soumission à la France. Le général français l'accepta avec empressement, et un officier fut chargé de venir recevoir son serment.

A l'arrivée de cet envoyé, le bey se trouvait dans une position critique et difficile. Fatigué par l'âge, dégoûté d'un pouvoir qui ne lui offrait, depuis le coup mortel porté à la puissance turque, qu'ennuis et difficultés, *Hassan* ne désirait plus que la paix et le repos au sein des grandes richesses qu'il avait amassées. Les Arabes, courbés sous la domination turque, avaient vu avec joie la défaite de leurs tyrans, et la province d'Oran presque entière s'était levée en armes à la nouvelle de la chute du pacha d'Alger. *Hassan* était étroitement bloqué dans ses murs, n'ayant plus autour de lui que quelques Turcs et les chefs de ses *maqrzens* restés fidèles. Il prévoyait une catastrophe prochaine et de terribles représailles. Il n'hésita donc pas à demander l'assistance de quelques troupes françaises, promit de livrer la ville et les forts, et demanda personnellement à se démettre de ses fonctions pour se retirer en Asie.

A peine les régiments français demandés par *Hassan* étaient-ils arrivés à Oran, qu'un ordre les rappela. La révolution qui venait d'éclater en France sembla, aux yeux du général, devoir nécessiter une concentration de toutes ses forces à Alger. Les soldats français furent donc embarqués, et la garnison de *Mers-el-Kebir*, dont la marine avait déjà pris possession, fit sauter en partant la portion des ouvrages de ce fort qui défend la rade. *Has-*

san-bey voyant les chrétiens abandonner sa province, espéra pouvoir s'y maintenir avec ses seules ressources; il resta à Oran, en se reconnaissant cependant vassal de la France.

Mais un nouveau général, le général Clausel, arriva bientôt avec de nouvelles idées. Il avait compris en arrivant de quelle utilité pouvait être, pour les nouveaux conquérants, l'alliance avec ceux qui pendant si long-temps avaient su commander aux Arabes. Un traité qui substituait, dans les deux provinces de l'Est et de l'Ouest, la puissance turque à l'autorité française, en conservant cependant à la France la souveraineté, fut conclu avec la maison régnante de Tunis. Cette combinaison heureuse permettait au général d'agir avec toutes ses forces dans la seule province d'Alger, qu'il eût alors facilement pacifiée et soumise, sans avoir à s'occuper des deux beyliks d'Oran et de Constantine, dans lesquels les Arabes eussent été maintenus par les deux puissances qu'il y établissait. Malheureusement, des convenances de cabinet, de hautes susceptibilités froissées, empêchèrent la ratification de ce traité avec la régence de Tunis, et reculèrent pour long-temps les progrès de notre domination dans la régence.

Sur ces entrefaites, *Moula-Abd-er-Rahman*, empereur de Maroc, voulut profiter des troubles survenus dans la province pour essayer de s'emparer de Tremecen. Il poussa même des troupes jusqu'au cœur de la province, et inquiéta assez le général gouverneur pour nécessiter l'envoi d'un régiment, qui, sous les ordres supérieurs du général Damrémont, dut faire respecter le territoire de l'ancienne régence.

Le général, arrivé devant Oran vers le milieu de décembre, occupa le fort *Mers-el-Kébir* et le fort *Saint-Gré-*

goire, et resta ensuite pendant un mois entier dans la plus complète inaction, attendant la conclusion ou l'abandon définitif des négociations entamées avec Tunis, et le résultat des sommations faites à l'empereur du Maroc.

Le bey *Hassan*, destitué, se vit débarrassé sans peine d'un pouvoir qui l'accablait. Il s'embarqua pour Alger, où il séjourna jusqu'au départ du général Clausel. Il partit alors pour Alexandrie, et vint mourir à la *Mecque*.

Le *kralifat* du nouveau bey arriva à Oran avec deux cents Turcs, venant prendre possession du *beylik* au nom de son maître. Il fut installé par le général Damrémont, qui laissa en partant d'Oran le régiment français qu'il avait amené pour assurer la prise de possession des *Tunisiens*.

Après le départ du maréchal Clausel, la position resta indécise, et sous l'administration de son successeur, le général Berthezène, le gouvernement ne se prononçant pas relativement au beylik d'Oran, les affaires traînèrent en longueur. Le régiment français, les Turcs venus avec le *kralifat* du *bey tunisien*, auxquels s'étaient joints les trois cents Turcs *zebenthouths*, ou faisant partie des *noubas* de l'ouest, gardaient la ville sans sortir des murs. Enfin, le gouvernement refusa formellement de ratifier les combinaisons du général Clausel, tout en se décidant à occuper sérieusement la province d'Oran, et le lieutenant-général Boyer vint avec de nouvelles troupes prendre le commandement de la place. Le *kralifat* et les *Tunisiens* furent enfin enlevés à leur position équivoque et reconduits, à leur grande satisfaction, dans leur pays. Avec leur départ s'efface la dernière ombre de la puissance turque dans la province d'Oran, et, dès ce jour, les généraux français furent seuls en présence des soulèvements et des coalitions arabes.

ORGANISATION MILITAIRE DES TURCS.

Les forces au service du pacha dans l'ancien gouvernement d'Alger (1) se divisaient en troupes payées, composées de Turcs et courouglis, et en troupes ne recevant pas de solde du trésor, et formées des contingents des diverses tribus arabes ralliées à la cause turque, et connues sous le nom de *maqrzen*. Nous allons examiner successivement la formation et l'organisation de chacune de ces deux forces, en nous attachant plus spécialement à ce qui est relatif à la province d'Oran.

Le recrutement des Turcs, soldats de la régence, se faisait, du consentement du Grand-Seigneur, sur les côtes de eux Turquies. C'était une espèce de presse, ordonnée suivant les besoins ou le caprice du pacha d'Alger, qui frappait à des époques indéterminées certaines villes maritimes de la Porte. C'était ordinairement un des *kerassas*, ou grands officiers du *pachalik*, qui était chargé

---

(1) Les documents écrits donnent à l'ancienne régence les noms de مملكة الجزائر *Memlekat-el-Djezair*, الاقاليم الجزائر *el-Akalim-el-Djezair*, le gouvernement d'Alger. La petite portion de territoire que nous occupons dans cet ancien gouvernement est appelée par les Arabes entre eux بلاد نصارى *Belad-Neçara*, le pays des chrétiens; بلاد المغطسين *Belad-el-Megratessin*, le pays des baptisés; بلاد العدو le pays de l'ennemi, *Belad-el-Adou*.

de la mission de l'enrôlement. Il prenait pour tout le temps que durait cette mission le titre de *bach-adour*. Tous ceux qui venaient se mettre sous la protection du *bach-adour*, enfants, vieillards, criminels, ne pouvaient plus être réclamés du moment où ils avaient mis le pied sur un des bâtiments portant pavillon algérien.

Transportés de Smyrne ou de Constantinople à Alger, les nouveaux soldats, quel que fût leur âge, étaient, aussitôt après leur arrivée, incorporés dans un des *oudjacs* (1) avec un numéro d'ordre, et classés immédiatement dans une des casernes de la milice (2). Dès ce

(1) وجاف Régiment, bataillon ; c'est le nom que Krair-ed-Din donna aux divisions de son corps de Turcs. L'organisation des oudjacs de Krair-ed-Din a persisté jusqu'à l'époque de l'arrivée des Français.

(2) دار ينكاشرية *Dar-inkacheria*, maison de l'infanterie. Il y avait à Alger sept casernes, savoir :

1° *Dar-inkacheria-el-Kedima*, la vieille caserne, à *Bab-Azoun*.

2° *Dar-inkacheria-mtâa-el-Arich*, la caserne de la treille, à *Bab-Azoun*.

3° *Dar-inkacheria-mtâa-el-Krerattin*, la caserne des tourneurs, rue *Bab-Azoun* (hôpital Caratine).

4° *Dar-inkacheria-mtâa-el-Themakin*, la caserne des faiseurs de *themaks* (bottes dont les cavaliers arabes se servent pour monter à cheval).

5° *Dar-inkacheria-mtâa-el-Makaroun*, caserne des vendeurs de sucreries (à présent caserne Macaron).

6° *Dar-inkacheria-mtâa-Bab-el-Behar*, caserne de la porte de la mer.

7° *Dar-inkacheria-mtâa-Bab-ez-Zira*, caserne de la porte de l'île.

Ces diverses casernes possédaient des habous, constitués en faveur des oudjacs qui y logeaient, par des Turcs appartenant à ces oudjacs, morts sans enfants, ou bien par ceux qui s'élevaient à de hautes fonctions dans le gouvernement. Les fonds provenant de ces habous étaient

moment, et sans autre instruction préliminaire, ils devenaient soldats de la milice, et prenaient le titre d'*ani-iouldach*, jeune soldat. Ils recevaient tous les quatre mois une solde en argent, quatre *rials* ou *oukia*.

Après trois ans, ils devenaient *aski-iouldach*, vétéran (1), et recevaient alors par mois *rial* ou *temania mouzounats* (2 fr. 64). La solde que recevait chaque iouldach était à certaines époques augmentée par des gratifications (*saïma*), qui ne pouvaient plus lui être enlevées pendant tout le temps de sa carrière militaire. Chaque *saïma* ajoutait à la solde *temania mouzounats* (0 fr. 75). Les *saïmas* obligées étaient : 1° celle de l'investiture au moment où, après un an de commandement, le batcha de Constantinople envoyait à l'élu du *diwan*, ou plutôt de la milice, le *caftan* d'honneur ; 2° lorsqu'il naissait un enfant au *Grand-Seigneur*. Il y avait aussi d'autres gratifications appelées volontaires, mais qui souvent étaient forcées : c'étaient les *saïmas* données par le pacha, lorsqu'il voulait récompenser la milice, ou bien lorsqu'il la craignait : *Mustapha-Pacha* fit donner une fois cinquante *saïmas* à tous les soldats inscrits. Lorsque, par une augmentation successive provenant des *saïmas*, la solde de

administrés par les soins des *kobdjis* ou gouverneurs des casernes قبجى. Les *kobdjis* étaient en outre chargés de l'éducation des *tchelakats* چلاكة, enfants orphelins ou autres, qui, dans le recrutement de la milice, étaient amenés à Alger.

L'éducation des *tchelakats* consistait à apprendre à lire en arabe, et à tirer à la cible tous les cinq jours. C'était d'eux que sortaient généralement les interprètes du diwan. Les *kobdjis* avaient une grande influence sur les soldats turcs : lors de la mise à mort d'un pacha, ils se formaient généralement en diwan, et dirigeaient le choix de la milice sur le pacha à élire.

(1) انى اسفى يولداش En turc, *vieux et jeunes fantassins*.

quatre mois d'un *iouldach* avait atteint le chiffre de trente-trois *rials boudjous* et huit *mouzounats* (62 fr. 13), elle était parvenue au maximum auquel elle pouvait arriver, et de nouvelles saïmas ne lui ajoutaient rien : la solde était alors ce qu'on appelait complète.

Les *courouglis* (fils de Turcs et des femmes indigènes) pouvaient être inscrits comme soldats. Ceux qui voulaient entrer dans la milice se rendaient à Alger au commencement de l'automne, au moment où les armées turques se mettaient en mouvement dans toutes les directions. Ils étaient classés dans les différents oudjacs et traités, tant pour l'avancement que pour la solde, sur le même pied que les Turcs. Ils étaient admissibles à tous les emplois, y compris ceux de bey et d'aga; mais ils ne pouvaient jamais devenir pacha, et étaient exclus du grand *diwan*, composé du *kraznadji*, du *krodjat-el-qreil* (1), de l'*oukil-el-heurdj-mtda-ez-zira* (2) et de l'*aga-mtda-dar-es-soltan*.

L'enrôlement n'était pas obligatoire pour les *courouglis* dans les temps ordinaires; mais dans les occasions où le pacha avait besoin de rassembler toutes ses forces, il faisait inscrire tout ce qui était en état de porter les armes. En temps de paix, l'inscription sur les contrôles de la milice était même une faveur qu'il fallait acheter par des présents; mais il y avait honte pour ceux qui le pouvaient, pour ceux qui n'étaient point *tolbat* (3), à

---

(1) خزنجى *Kraznadji*, trésorier ; خوجة الخيل *krodjat-el-qreil*, écrivain des chevaux, espèce de directeur du domaine rural.

(2) وكيل الحرج متاع باب الزيرة Chargé des ustensiles de la marine.

(3) طالب طولبة *Taleb, tolbat*. les gens lettrés, ceux qui lisent le Coran sans le comprendre cependant entièrement ; les eulémas le lisent et le comprennent علماء علم, savant.

ne pas chercher à devenir soldat (1). Les *courouglis* passaient, même aux yeux des Turcs, pour de fort bons soldats. On raconte qu'*Hussein*, celui qui reçut le nom de *Dercaoui* (le révolté), ayant eu quelques démêlés avec le Grand-Seigneur, il lui fut interdit d'aller se recruter dans les villes maritimes de la Porte ottomane, il répondit à la lettre du sultan qui lui notifiait cette défense : « Détrompe-toi si tu penses que j'ai un besoin indispensable des Turcs; il entre tous les jours dans ma ville d'Alger, par *Bab-Azoun*, des soldats qui valent au moins ceux que j'irais prendre chez toi. » Il voulait désigner par là les *Aoulad-Zitoun*, tribu formée des courouglis qui furent chassés d'Alger à la suite d'une émeute sous *Baba-Abdi-Pacha* (1048 hég. 1639 J.-C.).

Les divers grades par lesquels passaient les soldats de la milice exclusivement à l'ancienneté étaient les suivants : le vétéran, *ani-iouldach*, devenait *bach-iouldach* de la *seffara* ou de la *kreubba* dont il faisait partie; ensuite *oukil-el-heurdj* de la *nouba* ou *mehallat*; enfin *ouda-bachi* et *boulouk-bachi*. Dans tous ces avancements la solde n'était point augmentée, c'était toujours celle de vétéran; seulement, dans ces diverses positions, le promu jouissait de certains privilèges : ainsi, les *bach-iouldachs* étaient *chaouchs* de l'*aga* dans la *nouba* ou *mehallat*; l'*ouda-bachi*, le *boulouk-bachi*, l'*oukil-el-heurdj*, formant *diwan* sous la présidence de l'*aga* pour rendre la justice aux Turcs et courouglis dans les villes ou garnisons qui n'étaient point résidence des beys, recevaient des rétributions en dehors de la solde; enfin les *boulouk-bachis*, après un certain nombre d'années de service, ou deve-

1) Les fils du bey comptaient dans les rangs de la milice, et recevaient la solde à partir du jour de leur naissance.

naient *agas* des *noubas* et *mehallats* (garnison ou corps de troupes), ou bien arrivaient, ainsi que les agas retirés, à une espèce de retraite. Ils étaient alors ce qu'on appelle *taht-el-arich* (1), et faisaient partie du diwan de l'*hanout-el-kaya*. Tous les habitants d'Alger étaient justiciables de ce diwan pour les crimes et délits commis dans la ville. La justice était rendue à l'instant, et l'exécution suivait immédiatement la sentence. Les peines étaient l'amende, la bastonnade et la mort. C'était le kaïd-ed-dar qui était chargé à Constantine, à l'exclusion même du *bey*, des fonctions dévolues à l'*hanout-el-kaya* à Alger (2). A Oran, c'était le *kaïd-el-belad* pour les délits n'emportant pas des peines plus fortes que la bastonnade ou l'amende. Les crimes entraînant peine de mort devaient être soumis au bey.

Chaque année un certain nombre des plus anciens *agas* et des plus anciens *boulouk-bachelars* arrivaient au *mesmar* (3). Ils avaient alors terminé leur temps de service, et pouvaient se retirer dans une des villes de la régence à leur choix. Ils y jouissaient d'une grande considération et touchaient leur solde entière. Les courouglis arrivés là avaient atteint la plus haute position que pouvait leur procurer la carrière régulière de la milice. Les Turcs avaient sur eux l'avantage de pouvoir encore

---

(1) Sous la treille تحت العريش, à cause de la treille qui se trouvait devant l'hanout-el-kaya.

(2) Le pacha et deux membres du diwan, le krodjat-el-kreil et l'aga, avaient droit de justice indépendamment de l'hanout-el-kaya. La justice du pacha était à *Bab-Azoun*; celle de l'aga au *Zenboudj*, vis-à-vis la fontaine d'*Aïn-Arbot*, hors de *Bab-Azoun*; celle du krodjat-el-kreil, près de l'ancien marché aux mules, à une maison appelée *Dar-es-Saboun*.

(3) وصلوا لالمسمار Arrivaient au clou.

occuper chez les beys et les pachas certaines places honorifiques et lucratives. Les *saka-bachis*, dont l'emploi consistait à présenter aux beys dans les bivouacs une tasse en argent pleine d'eau, étaient ordinairement des *boulouk-bachelars* turcs.

Le service de la milice se divisait par année en service de *nouba* (1) ou de garnison, et en service de *mehallat* ou d'armée (2). La troisième année, à moins de circonstances graves, qui nécessitaient dans la province ou dans la régence une prise d'armes générale, était destinée à *krezour* (3) (repos). La *nouba* était composée, suivant l'importance de la ville ou de la position, en un plus ou moins grand nombre de *seffaris*. Chaque *seffara* (4) comptait vingt-trois hommes. L'armée se divisait également en tentes (*kreubba*), contenant le même nombre de soldats. Chaque *nouba* et chaque *mehallat* avait un *aga*, un *kaya*, lieutenant de l'*aga*, un *ouda-bachi*, un *boulouk-bachi*, et un *oukil-el-heurdj*, chargés non seulement de leur commandement, mais encore dans les noubas, ces cinq officiers, formant diwan, rendaient la justice aux Turcs et courouglis, habitants des villes où était leur *nouba*. Dans la position de *nouba* et de *mehallat*, chaque *seffara* et chaque *kreubba* recevaient les vivres en nature (5), savoir :

Du blé ; un mouton tous les cinq jours.

(1) نوبة *Noubat*, en arabe, tour, tour de rôle.

(2) محلّة *Mehallat*, armée.

(3) خزور *Krezour*, repos ; خزورجی *krezourdji*, celui qui est dans la position de *krezour*, qui n'a rien à faire.

(4) سقاري *Seffara*, سقاري, division des *noubas* correspondant à nos escouades.

(5) Ces prestations en nature étaient appelées *el-aziq* الازيق.

Vingt livres de beurre salé.
Un *kolla* d'huile.
Vingt-cinq livres de savon tous les mois.

Dans la position de *krezour* les soldats turcs ne recevaient que la solde en argent.

Voici quelles étaient, sous le dernier pacha, la position et la force des *noubas* :

Alger avait une *nouba* composée de (1),	15 *seffaris*.
Mersa-el-Debban, le Port des mouches,	5 id.
Tizi-Ouzzou, fort du côté de l'*Arach*,	5 id.
Bougrni, dans le pays des *Kabyles Zouaouas*,	5 id.
Hamza, sur la route d'Alger à Constantine,	5 id.
Sour-el-Grezelan, entre Medeah et Alger,	5 id.
El-Kol,	5 id.
Zamoura, sur la route de Constantine,	5 id.
Constantine,	5 id.
Bone,	5 id.
Tebessa, entre Tunis et Constantine,	5 id.
Biscra,	5 id.
Bougie,	5 id.
Tlemcen,	5 id.
Oran,	10 id.
Mascara,	5 id.
Mostaganem,	5 id.

Ce qui faisait un total de 86 seffaris ou 1978 hommes disséminés sur tous les points de la régence. Les *noubas* étaient exclusivement consacrées à la garde des villes ou des postes qui leur étaient confiés, et ne pouvaient en sortir sous aucun prétexte. Elles étaient relevées chaque année au commencement du printemps et remplacées

---

(1) Les quinze *seffaris* d'Alger étaient ainsi partagés :
Cinq à la maison du pacha ;
Cinq à la Casbah ;
Cinq au fort de la Grosse-Tour (*Bordj-el-Fennar*).

par de nouvelles troupes. Il était permis à chaque soldat de la milice, avec l'autorisation de l'*aga*, de fournir un remplaçant pour remplir son tour de *nouba* ou de *mehallat*.

Lorsque les pachas ne mouraient pas de mort violente, ce qui était le cas exceptionnel, la règle de la transmission du pouvoir appelait le premier officier du diwan, après le pacha, le *kraznadji*, à lui succéder; cette voie hiérarchique était rarement suivie. Lorsque le pacha était mis à mort, les *kerassas* de son divan partageaient presque toujours son sort. C'était alors celui qui avait su gagner 'es *kobdjis*, gouverneurs des casernes de la milice, qui l'emportait ordinairement et devenait pacha, en attendant qu'une révolution comme celle qu'il avait souvent suscitée lui-même vint à son tour lui arracher le pouvoir avec la vie. Le nouveau pacha installé formait son diwan entièrement à son choix. Les beys des provinces étaient aussi nommés par lui, sans autre règle que son affection, son intérêt ou son caprice. C'était souvent celui qui offrait les plus riches présents aux membres influents du diwan, à l'entourage du pacha ou au pacha lui-même, qui était nommé bey.

Le pacha nouvellement élu ne sacrifiait pas généralement son intérêt à son caprice, et son intérêt était, lorsqu'un bey administrait bien une province, de ne point le changer. Les beys ne dépendaient que de la volonté d'un seul; le pacha était soumis au caprice de la multitude inconstante. C'est pour cela que les gouvernements des beys dans les provinces ont eu plus de fixité que ceux des pachas dans la capitale.

Le bey de la province d'Oran devait envoyer tous les six mois, au printemps et à l'automne, par son *kralifat*, cent mille rials boudjous au pacha; plus une certaine quantité d'esclaves mâles et femelles, de *haïks*, de *bernous blancs* et *noirs*, de la peau rouge pour faire les *themaqs* (1), des *kessas* (2), des chevaux de *gada*, des chevaux et mulets de bât, etc., etc. Le bey devait, en outre, se rendre lui-même à Alger tous les trois ans pour porter le *denouch*. Le *denouch* consistait en quarante mille *rials boudjous*, indépendamment de la *lezma* apportée par le *kralifat*, une quantité considérable d'esclaves, de *haïks*, etc., et une *sirat* de quarante chevaux de premier choix.

Le pacha recevait, en outre, le produit des tributs religieux, la *zacat* et l'*achour* (3). Le blé et l'orge provenant de l'*achour* étaient vendus à *Mers-el-Kebir*. Le *kaïd-el-mersa*, qui avait la ferme de la vente de ces céréales, achetait d'abord sa place au bey dix mille *solthani* en or tous les ans, et devait envoyer tous les mois au pacha cinq mille *solthani*. Ces fonds étaient transmis directement au pacha par l'intermédiaire des *siars* (4) du bey.

(1) طباق *Themaq*, bottes dont se servaient les spahis turcs et arabes pour monter à cheval. La peau employée pour faire ces bottes s'appelait جلد العيلالى *djeld-el-filali*.

(2) Haïks fins ; الكسا *kessa*.

(3) Les tributs religieux portent dans l'ouest le nom de *zacat* et *achour* الزاقات ـ العشور : l'achour porte sur les céréales et l'huile, la zacat sur les troupeaux et l'argent ; l'achour est le dixième des produits de la terre ; la zacat est, pour les moutons un pour dix ; pour les bœufs, un pour trente ; pour les chameaux, un pour vingt-cinq. Dans l'esprit de la loi musulmane, les tributs religieux ne doivent être payés qu'à un chef musulman suivant la droite voie. Si le chef est injuste on ne doit pas lui payer les tributs, mais il faut dans ce cas les donner aux pauvres. Ces tributs sont obligatoires, ceux qui ne les paient point ne sont pas musulmans.

(4) سيّار Courrier.

Les troupeaux provenant de la *zacat* étaient vendus par les soins des agents du *beit-el-mal* aux enchères publiques, et les fonds arrivaient au pacha de la même manière.

Enfin, chaque ville ayant *nouba*, devait, au moment du changement de garnison, payer entre les mains de l'*aga* de la *nouba*, pour être versés au trésor du pacha, suivant l'importance des villes, depuis deux mille jusqu'à cinq mille *rials boudjous*; cet impôt sur les villes était appelé *dzifat-mtâa-dar-es-solthan* (1).

Tout ce qui était versé au trésor du pacha était peu de chose en comparaison des riches cadeaux, des présents de toute espèce qui, dans cette administration vénale, devaient être donnés à tous les agents du gouvernement, à tous les employés, à tout ce qui entourait le pacha; cadeaux qu'ils étaient en droit d'exiger, et que les beys n'auraient pu refuser impunément. Pour donner une idée du désordre et du gaspillage qui régnaient dans une administration pareille, nous allons transcrire la relation de la première *ziara* (2) du bey *Osman* à Alger, à l'époque du *denouch*. Cette relation nous a été donnée par un ancien imam du bey *Osman* lui-même, qui l'accompagna dans son voyage.

Le temps du *denouch* étant arrivé, le bey reçut d'Alger l'ordre de partir; il sortit d'Oran avec tous les insignes du commandement, ses tambours, sa musique, ses sept drapeaux, ses *chaouchs* et ses *Mekahalias*. Il alla le premier jour poser sa tente au *Kermat-el-mesoullan*, ou figuier. Tous les Turcs, *krezourdjis*, habitants des villes du *beylik*,

---

(1) ضيفة متاع دار السلطان L'hospitalité de la maison du sultan, du pacha.

(2) زيارة Visite.

se rendirent autour de lui, de tous les côtés, et vinrent le saluer suivant l'usage. C'était ce qu'on appelait en turc le jour de la salutation (1). Le lendemain, il se transporta à *Telelat* ; c'était le jour du présent (2). Là, chaque soldat inscrit reçut des mains du *kralifat-el-koursi* et du *bach-chaouch* un *rial boudjou*. Cette distribution journalière d'un *rial* par soldat de la milice avait lieu tant que le bey restait sur le territoire de son commandement. De *Telelat*, il se porta au *Sig*, et du *Sig* il alla bivouaquer à l'*Habra* ; de là, à l'*Illel*, de l'*Illel* à *Mina*, de *Mina* à *Djeddiouia*, près de l'*Ouad-Riou*, au *konaq* (3) d'*Hadji-Mendahh*. Sur toute la route, les *chiqrs* des diverses tribus arrivaient en foule lui apporter le *barouk-el-dennech* (4), des chevaux de *gada*, de l'argent, des *haïks*, etc. Après *Djeddiouia*, il alla camper à la *meurdja* de *Sidi-Abid*, où se trouvait la *guetna* des *Oulad-Krouidem* : là l'*oukil-el-bechmat* (5) de *Mazouna* et le *kaïd* de cette ville lui apportaient le présent de bonne réception. Après ce bivouac, il vint à *Sehhi-be-Kredra*, de là aux *Zemouls* de *Had-Djelloul*, d'où il arriva au *konaq* de l'*Oued-Rouina*, où était la *guetna* de *Sidi-Kouider-ben-Yahia* ; de *Sidi-Kouider-ben-Yahia* il se porta à l'*Ouad-el-Fodda* ; de là, enfin, à *Bou-Krechfat*. Il resta trois jours dans ce *konaq* ; il y fut visité par le bey de *Medeah*, et

(1) هوش قالدن *Houch-galden*.

(2) سقة قالدن *Seffa-galden*.

(3) فناق *Konaq*, bivouac.

(4) باروك الدنش La bénédiction, la bonne réception du *denouch*.

(5) وكيل البشهات Le préposé aux approvisionnements, l'*oukil* des biscuits. Il y avait, comme nous allons le voir, un *oukil-el-bechmat* dans toutes les villes de la province.

reçut les cadeaux du *kaïd-el-Djendel* et de l'*oukil-el-bechmat* de *Miliana*. A cet endroit, la distribution du *rial-boudjou* cessa, et les Turcs qui avait accompagné le bey se retirèrent. Osman laissa à *Miliana* ses tambours, sa musique et ses drapeaux, insignes du commandement; il entrait dans un pays qui obéissait à l'*aga*. De *Miliana*, il alla à *bou-Allouan*, ensuite à l'embouchure de l'*Oued-Djer*, et le troisième jour après son départ de *Bou-Krechfat* il arriva au ruisseau des Sangsues (1). Il y rencontra l'*aga - mtda - dar-es-solthan* qui lui amenait un cheval harnaché (2), et lui apportait le *quelletch* ou *yataghan* en or (3). Le *hakem* de *Belida*, le *kaïd* de *Bouffarik*, le *kaïd* des *Garabas ala-id-el-bey* (4), le *chiqr-el-chiaqr* de la *Metidja*, le *chiqr-el-beldia*, le *mezouar* (5) de *Belida*, vinrent le visiter. De l'*Ouad-el-Eulig*, il porta sa tente à *Bouffarik*, et de *Bouffarik* à la ferme du bey (6), où le *kraznadji* et le *krodjat-el-kreil* vinrent à sa rencontre. Les trois grands officiers du *diwan* et le bey montèrent à cheval pendant la nuit, et se rendirent à *Aïn-Arbot*, en dehors de la porte *Bab-Azoun*, où ils attendirent l'ordre du pacha pour faire leur entrée dans la ville. Le

(1) واد العلق *Ouad-el-eulig.*

(2) جواد مع الفربصون *Djouad-mâ-el-kerbeçoun.*

(3) كلج *Kelletch.*

(4) غراب على يد الباي *Garabas-ala-id-el-bey*; c'étaient tous les habitants du *Greurb* غرب ou de l'ouest, qui venaient habiter la Metidja.

(5) المزوار Le *mezouar* de Belida avait les mêmes fonctions que celui d'Alger; il était chargé de la police des bains et des lieux de prostitution.

(6) حوش الباي *Haouch-el-bey*, la ferme du bey.

bey se mit en marche, accompagné des trois *kerassas*, l'*aga*, le *kraznadji*, le *krodjat-el-kreil*, suivi de son *kralifat-el-koursi* et de son *bach-chaouch*, qui jetaient de l'argent au peuple, des insignes de commandement de l'*aga*, les tambours, la musique et les sept drapeaux, et précédés du *kaïd-ez-zebel* (1) et du *mezouar* de la ville. A l'entrée de *Bab-Azoun*, le *kralifat-el-koursi* et le *bach-chaouch* cessèrent de jeter de l'argent au peuple; ils semaient sur lui (2) des *solthani* d'or. Ils arrivèrent ainsi au palais du pacha, où le bey entra à la suite des trois membres du diwan; et après avoir porté la main du pacha à son front, il se retira à *Dar-Aziza-el-bey*. C'est dans cette maison, bâtie autrefois par un bey de Constantine pour sa femme, que descendaient tous les beys lorsqu'ils venaient à *Alger* pour le *denouch*. Le jour de l'arrivée, les *ouda-bachis* et *boulouk-bachis* des *noubas* de la *Casbah* et de la maison du pacha (le trésor n'avait pas encore été transporté à la *Casbah*), les *chaouchs* du pacha et des *kerassas* vinrent le visiter pendant la nuit. Les *boulouk-bachis* entrèrent dans le vestibule où le bey était assis avec ses *krodjats*, son *imam* et son *kaïd* des *Mekahalias*. Les *ouda-bachis* et les *chaouchs* restèrent en dehors. Après les salutations d'usage des deux *boulouk-bachis*, un des *chaouchs* entra; il baisa la terre devant les pieds du bey, et y étendit un tapis (foutha) (3). Le bey fit alors avancer un esclave portant cinq sacs pleins de *solthani*; il les prit l'un après l'autre, et les versa

(1) فايد الزبل *Kaïd-ez-zebel*, celui qui était chargé de la propreté de la ville.

(2) زرعوا فيه *Zeraou fih*; ils semaient sur.

(3) فوطة Pagne.

sur la *foutha* en disant : Pour notre seigneur le pacha (1), pour notre seigneur le *kraznadji*, etc. un sac pour chacun des *kerassas* du *diwan* ; le tapis fut emporté et remplacé par un nouveau. La même cérémonie se renouvela pour les *agas* et les *boulouk-bachelars taht-el-arich*, pour les *kobdjis*, gouverneurs des casernes, pour les *imams* du sérail, pour les *krodjats*, etc., etc.; vint ensuite le tour de la *kreudmadjia* (2) du pacha : tous les employés de sa maison, les portiers, les barbiers, les porteurs d'eau, etc., tout ce monde arrivait réclamant l'*aouwaïd*, ou cadeau obligé. Ce fut seulement lorsque cette distribution eut été terminée, que le bey portant le *denouch* fut admis devant le pacha. Le *mezouar* l'attendait à la porte pour le désarmer de son *yataghan* d'or ; il reçut une bourse de *solthani* en le lui rendant à sa sortie. Le bey alla ensuite visiter la marine, et renouvela à tous les employés et ouvriers de cet établissement des cadeaux, qui, cette fois seulement, étaient facultatifs. C'était à l'époque du *denouch* que les beys amenaient de leur province à Alger, des lions, des tigres, des autruches, des gazelles, qui étaient remis à l'*ourdian-bachi*, chargé des esclaves chrétiens et de la *taberna mtda-el-meurstan*, de l'hôpital.

Les *beys* entretenaient chacun à Alger un *oukil* dont la mission officielle était d'introduire auprès du pacha les *siars* ou courriers de leurs maîtres, mais dont le véritable emploi était de connaître si des intrigues ne se tramaient pas contre eux, de savoir si quelque membre du diwan n'était point animé d'intentions hostiles,

---

(1) على راس سيدنا البشا *Ala-ras-sedina-el-bacha*, sur la tête de notre seigneur le pacha.

(2) خدماجية *Kreudmadjia*, ceux qui travaillent, les domestiques.

pour pouvoir, par un cadeau fait à propos, le faire revenir de ses préventions.

Le gouvernement des beys, dans leur *beylik*, était en petit une copie de celui du pacha à Alger. Les *kerassas* du bey étaient le *kralifat-el-kebir* et le *kralifat-el-koursi*. Sa maison militaire se composait à Oran de cinquante cavaliers turcs (1) qui le suivaient dans toutes les sorties ou *grazias*. C'était à des *spahis* qu'était donnée la mission de faire rentrer les amendes frappées par les beys sur les tribus. Celui, parmi eux, à qui cette charge était plus spécialement confiée recevait le nom de *kaïd-ed-din*. Ils prélevaient sur ces amendes le dixième qui leur appartenait de droit, et recevaient d'ailleurs simplement la solde de vétéran. Les cavaliers du bey étaient en outre chargés du recouvrement de l'*achour*. Ils accompagnaient eux-mêmes l'*achour* de chaque tribu jusqu'à *Mersa-el-Kebir* et faisaient délivrer aux rayas un certificat de paiement par le *kaïd-el-mersa*.

Le bey avait quinze *Mekahalias* (2), commandés par un *kaïd*. Ils étaient chargés de la garde du trésor du bey, et conjointement avec les chaouchs de la garde de la tente. Le *kaïd-ed-delilat* (3), celui qui portait le parasol de commandement, était le *kralifat* du *kaïd* des *Mekahalias*. Les *chaouchs* étaient au nombre de quinze : cinq *chaouchs turcs*, le premier et leur chef était le *bach-chaouch*; les autres, dans l'ordre de leur importance, portaient les noms de *chaouch-oukaïto*, *chaouch-ekkendji*, *chaouch-ettendji* et *chaouch-es-sbahia*. Les dix *chaouchs* arabes étaient les *chaouchs* des Douairs, des Zmelas, des

(1) صبايحية الباي Les spahis du bey.

(2) مكحلية *Mekahalia*, porteurs de fusils.

(3) ضليلة Parasol qu'on portait à côté des beys.

Garabas, des *Hachems* et des *Borgias*; les cinq autres étaient les *kralifats* ou remplaçants des *chaouchs* titulaires. Les *siars* ou courriers du bey étaient aussi *bach-siar*, *siar-oukaïto*, *siar-ekkendji*, *siar-ettendji*, ils étaient seuls chargés de la correspondance du bey avec le pacha et des communications verbales : ils étaient responsables des secrets qui leur étaient confiés. La transmission des ordres dans les villes du *beylik* se faisait par les cavaliers des *maqrzens*. Les porteurs des sept étendards du bey avaient un *bach-eulam* pour les commander. Les musiciens, un *bach-riath*, ayant sous ses ordres un *bach-zernadji*, chef des trompettes, et le *bach-aouldji*, chef des tambours, etc., etc.

Tous ceux que nous venons de nommer, toute la *kreudmadjia* du bey, depuis le barbier jusqu'au *kaïd* des *Mekahalias*, recevaient l'*aouwaïd* des mains des *kaïds* arabes au moment de l'investiture. Enfin, les *zebenthouths* (1), ainsi appelés parce qu'ils n'avaient point de famille et qu'il leur était accordé fort difficilement de se marier tant qu'ils restaient dans cette position, formaient la grande force turque, que le bey mettait en avant pour ses grazias et ses expéditions. C'était un corps d'élite composé de cinq tentes, ayant un *boulouk-bachi*, un *oudabachi* et un *oukil-el-heurdj*. Le *kralifat-el-koursi* du bey était leur *aga*; il était fourni à chacun d'eux, aux frais du *beylik*, une mule, conduite par un *araza* (2) ou palefrenier arabe payé par le trésor du bey. Les *arazas* étaient sous le commandement d'un *mokaddem* (3) également arabe. Les *zebenthouths* montaient sur les mules, que sui-

(1) زبنطوط Homme sans famille.
(2) عرّاز Palefrenier.
(3) مقدّم Chef; littéralement tuteur.

vaient à pied et à toutes les allures les *arazas*, et arrivaient ainsi sans être fatigués sur le lieu du combat; ils sortaient toujours avec le bey. Lorsque, dans une expédition, l'armée avait fait du butin, les *zebenthouths* recevaient chacun dix *rials boudjous*; si la *grazia* avait été peu fructueuse, ils recevaient seulement trois *rials*. Pour les exciter à bien faire, le bey leur promettait une récompense singulière, à laquelle ils attachaient un grand prix, parce qu'elle conduisait souvent à la fortune ceux qui savaient en profiter. Chaque année, les quatre *zebenthouths* signalés par leurs chefs pour s'être le mieux conduits, avaient l'exploitation du café des *zebenthouths*, situé à Oran à droite en entrant par la porte de la plaine. Ils avaient en outre le privilége de pouvoir prêter de l'argent à intérêt, et comme les *zebenthouths* n'étaient pas des musulmans très-rigoureux, ils ne se faisaient aucun scrupule d'enfreindre sur ce point les lois du *Coran*. Il était permis de jouer dans le café des *zebenthouths*, et tout individu qui dans une rixe avait battu, blessé ou tué quelqu'un, était en sûreté dès qu'il mettait le pied dans ce café; il avait droit d'asile. Les employés turcs de la maison du bey, tels que *chaouchs*, *siars*, etc., étaient généralement pris parmi les *zebenthouths*. La position de *zebenthouth* était estimée et recherchée; ils jouissaient de nombreux priviléges. Plusieurs d'entre eux sont devenus beys. Ainsi, *Ali* qui succéda au *bey Bou-Kabous* avait été *zebenthouth*, et n'avait quitté cette position que pour se marier avec la fille de *Mohammed-el-Kebir*. *Hassan*, dernier bey d'Oran, avait commencé par être *zebenthouth*. Les cinq tentes de ce corps privilégié étaient généralement campées à l'*Habra* sous des *nouails* ou baraques recouvertes en chaume. Ils campaient quelquefois aussi au *Bordj-el-Mersa*, au fort *Mers-el-Kebir*. Dans les plaines de l'*Habra* étaient aussi campés les *heutsbats*, à qui était confiée la garde de tous les troupeaux du beylik (1).

Enfin, dans chaque *nouba* il y avait un corps de *bombardiers* (*bombadjia*) sous les ordres d'un *bach-bombadji*, et un corps de *canonniers* (*tobdjia*), obéissant à un *bach-tobdji*. Les *tobdjis* et les *bombadjis* étaient Turcs ou courouglis. Ils restaient constamment dans les villes auxquelles ils étaient attachés, et ne changeaient point de garnison avec les *noubas*. Ils devaient suivre le bey dans les expéditions où il avait besoin de leurs services.

Pour établir la sûreté des communications, il y avait sur les diverses routes des *konaqs* ou bivouacs, commandés par des *chiqrs*, qui étaient responsables de la sûreté des voyageurs et des caravanes dans un certain rayon. C'était le plus souvent les *Zemouls* (2) des chiqrs, auxquels le bey ne demandait pas d'impôts, qui étaient chargés de ce service.

Le premier konaq en partant d'Oran pour se rendre à Alger était celui du *Sig*, dont le chiqr était, sous le dernier bey, *Mohammed-bou-Alam*. C'étaient des *Douars*, des *Garabas*, qui devaient entretenir la sécurité depuis *Meletta* jusqu'à ce konaq. Il n'y avait pas de *Zemouls*.

Le deuxième était avant la plaine *d'Illel*, à l'endroit

(1) حشبة متاع الجلابة Gardien des troupeaux.

(2) زملة زمول مزملين *Zmela, zemoul, mezemelin*, campés dans un endroit. Les zemouls étaient des Arabes de toutes les tribus qui, pour fuir les exactions de leur kaïd ou pour toute autre raison, venaient travailler volontairement pour un chiqr en se plaçant sous sa protection في حرم الشيخ. Ils ne payaient pas d'impôts au bey ; mais payaient aux chiqrs, outre les tributs religieux et la gandoura, une certaine redevance.

où se trouvait la *guetna* (1) du *marabout Sidi-Taïeb-ben-Ouvis*; il y avait là cent tentes de *Zemouls* qui devaient vous conduire en sûreté jusqu'au troisième konaq, à *Mina*.

C'était le *kaïd* du pays de *Mina* qui était le *chiqr* de ce konaq, qu'on appelait le *konaq des rizières* (2), à cause des *rizières* du bey sur les bords de la *Mina*. Il y avait dans cet endroit un marché toutes les semaines, le marché du jeudi (*kramis*), où les Arabes venaient s'approvisionner de riz.

L'on arrivait ensuite à *Djeddioua*, sur l'*Ouad-Riou*. Le dernier *chiqr* de ce konaq a été, du temps des Turcs, *Hadji-Mendahh* (3), empoisonné par le fils de *Meheddin*, *Abd-el-Kader*.

Le cinquième konaq se trouvait à l'*Oued-Selihh* dans le pays des *Oulad-el-Quecir*. Ce konaq fut établi à la suite d'une défaite des *maqrzens* du bey *Ibrahim* par les *Oulad-el-Quecir*. Le dernier chiqr de ce konaq, du temps des Turcs, a été *Schihh-be-Kredra*, dont le père fut décapité du temps de *Mohammed-bou-Kabous*.

Après l'*Oued-Selihh* on arrivait au sixième konaq; celui de l'*Oued-Rouina*, rivière qui descend des montagnes de *Matmata* dans le pays des *Ataf*. Le marabout *El-Bagrdadi-Oulid-Kouider-ben-Yahia* avait là une *guetna* de plus de six cents tentes de *Zemouls*. Le frère d'*Abd-el-Kader*, *Sidi-Saïd*, qui occupe l'ancienne *guetna* de *Sidi-Meheddin* à l'*Oued-el-Hammam*, a épousé la fille d'*Oulid-*

(1) فتنا مقتنين Campement, campés; les habitations des chiqr étaient ainsi appelées à cause des Zemouls qui venaient camper autour.

(2) نزلة الروازة La descente des rizières.

(3) *Hadji-Mendahh* prit le parti de *Sidi-Laribi*, lorsque celui-ci se révolta contre *Abd-el-Kader*. Après que *Sidi-Laribi* eut été battu au *Bordj* et qu'*Abd-el-Kader* lui eut envoyé l'*aman*, il se rendit avec lui à Mascara, où ils furent empoisonnés tous les deux, au dire

Kouider-ben-Yahia (1). Après ce *konaq* on arrivait à *Miliana*, et l'on entrait sur le territoire qui reconnaissait l'autorité de l'*aga*. De *Miliana* à *Alger* les chemins étaient sûrs.

D'autres bivouacs étaient établis sur diverses routes; ainsi, entre Oran et Mostaganem, dans l'Outhan de *Sirat*, on trouvait le *konaq* de *Mengoub*; sous la domination turque, c'était le *kaïd* des *Borgias* qui était *chiqr* de ce *konaq*, et c'était les *Douars* de cette tribu qui étaient chargés de veiller à la sûreté de la route.

Sur la route de *Mostaganem* à *Mazouna*, se trouvait la *guetna* de *Sidi-Abd-Allah-ben-Aouwa* sur le territoire des *Mekahalia*. Entre *Mazouna* et *Mascara* on rencontrait la *zouaia* et les *Zemouls* de *Sidi-Laribi* dans le pays des *Oulad-el-Abbas* et *Heukkerma*, etc., etc.

Toutes les tribus n'étaient pas soumises; sans compter les *Kabyles*, dont un grand nombre était resté indépendant, il y avait dans le désert des tribus nomades, telles que les *Harraz*, les *Mehaïa*, les *Eumian*, les *Berras*, les *Beni-Menad*, etc., qui avaient toujours échappé à l'autorité des Turcs. La rapacité des beys parvenait cependant à arracher de lourds impôts à ces tribus errantes, au moyen des *chouafs* (2), dont la seule mission était de pouvoir indiquer au bey la position où campaient ces

---

des Arabes. *Abd-el-Kader* fit courir le bruit qu'ils étaient morts du choléra. C'est *Oulid-Hamed-el-Arezi* qui commande, depuis la mort d'*Hadji-Mendahh*, les *Zmelas* de l'*Ouad-Riou*. Il était auparavant cheik des *Oulad-Krouidem*.

(1) La *guetna* de *Sidi-Mcheddin* à l'*Ouet'-el-Hammam* était moins considérable et moins fréquentée par les visiteurs que celle d'*el-Bagrdadi-Oulid-Kouider-ben-Yahia*.

(2) شواف *Chouaf*, de la racine شاو *chuf*, voir, reconnaître; celui qui est chargé de voir, d'examiner, de reconnaître, *espion*.

tribus. *Mohammed-ben-Gremari-ez-Zelbouni*, celui qu'*Abd-el-Kader* a fait pendre à Mascara à un des canons de la ville, était *chouaf-es-Sahra*, *chouaf de l'Angad*, du bey *Hassan*. Il arrivait à Oran à l'improviste de jour ou de nuit; aussitôt le bey donnait l'ordre aux maqrzens de monter à cheval. Ils se transportaient rapidement sur le terrain où campaient les tribus dont le *chouaf* avait reconnu la position, les surprenaient et enlevaient tout ce qu'ils pouvaient atteindre. On raconte qu'une fois, *Mohammed-ben-Gremari*, qui était *chiqr* des *Angad*, étant arrivé en tête du *maqrzen* du bey à l'endroit où il croyait rencontrer une tribu campée, et ne l'ayant pas trouvée, fit faire une *grazia* sur sa propre tribu, la tribu des *Anga* ' pour ne pas perdre la confiance du bey.

Un autre *chouaf* du bey qui veillait sur les tribus du grand désert, était *Mohammed-ben-Dahman*, cheik des *Oulad-Aïat*, campés au sud de la chaine de *l'Ouennaseris*. Ses courses, qu'il poussait fort loin dans le désert, étaient très-fatigantes et très-redoutées des gens du *maqrzen*. Il fit faire au bey *Mohammed-bou-Kabous* des *grazias* sur les *Bouaich* et les *Nouails*, tribus puissantes et nombreuses du *Sahra*, dont le pays a gardé le souvenir; il leur enleva tous leurs bestiaux, les dépouilla complètement, et fit sur elles un butin considérable.

Les tribus du *Sahra* possèdent de nombreux troupeaux de chameaux et de moutons; elles ne cultivent pas la terre, et vivent de lait et de dattes; elles changent à chaque instant de campement, ce qui fait qu'il est fort difficile de les surprendre. Parfois, quelques-unes d'entre elles demandaient l'aman au bey, qui leur permettait, moyennant un cadeau considérable, de venir s'établir momentanément dans le *Tell du Cheliff*, appartenant au beylik, pour y cultiver des céréales. Elles apportaient avec elles une grande quantité de tapis (1), des *haïks*, des *kessas*, etc., etc.; elles amenaient de nombreux esclaves, qu'elles tiraient du pays des *Nègres* (2). Elles font avec la *Nigritie* centrale un commerce d'échange, et, comme la plus grande partie des populations de l'intérieur de l'Afrique, elles ne connaissent point l'argent monnayé (3). Quand les *Sarahouis* arrivaient dans le *Tell* du *Cheliff*, les habitants des diverses villes du beylik d'Oran échangeaient avec eux les céréales, les produits de leur industrie, les cuirs préparés, les étoffes d'Europe, etc., contre les *esclaves*, les *tapis* et les *haïks*. Ils faisaient généralement de fort bonnes affaires dans ces échanges, et gagnaient beaucoup d'argent en revendant dans l'Est les produits échangés. De là est venu ce dicton populaire chez les marchands du beylik de l'Ouest; si l'on demande à l'un d'eux : Ton commerce va-t-il bien ? gagnes-tu ? Je gagnerai si les Arabes du Sud descendent, répond-il. Après avoir semé et récolté leurs grains, les *Sarahouis* retournaient dans le désert reprendre leur vie vagabonde.

Telle était sommairement la constitution du gouvernement militaire des Turcs dans la province d'Oran. On voit que si l'on ne compte pas les *noubas*, qui étaient exclusivement sous l'autorité des *agas*, le bey n'avait pas, pour se maintenir dans son beylik, plus de deux cent cinquante hommes inscrits sur les contrôles de la

(1) فديعة *Quedifat*, grand tapis.

(2) بلاد الوصعان السودان *Belad-el-ouçefan es-Soudan*, le pays des Nègres.

(3) Les tribus du *Sahra*, qui descendaient dans la vallée du Chelliff, n'avaient même pas, nous a-t-on assuré, ces monnaies qui remplacent dans le centre de l'Afrique l'argent monnayé, telles que le sel, le tibbar ou poudre d'or, et les cauris. Les individus de ces tribus n'admettaient dans leurs échanges entre eux aucun de ces intermédiaires.

milice. Il est vrai que, dans les circonstances sérieuses, il pouvait demander aux *agas* l'autorisation de faire partir tous les *krezourdjis* habitants des *noubas*, qui étaient aussi sous la dépendance des *agas*. Ainsi le bey *Hassan*, lors de son expédition contre *Aïn-Mahdi*, fit marcher avec lui quatre cents *krezourdjis* des diverses villes de la province.

Nous ne dirons rien du système d'exaction et de déprédation organisé qui faisait partie de la force des beys, et desséchait dans leurs sources les richesses du pays. Soumis à un prélèvement régulier, établis sur une base fixe, au lieu d'être livrés presque entièrement aux caprices et aux malversations des agents chargés de les recouvrer, les impôts eussent, sans nul doute, rapporté beaucoup plus au trésor, et eussent été moins lourds à supporter pour les populations. La perception de l'impôt, d'ailleurs, en Afrique comme partout, est la seule véritable sanction de la souveraineté, et il devait être, ce nous semble, de principe que ceux que la victoire a rendus maîtres d'un pays, demandassent à ce pays tout ce qu'il est possible de lui demander, sans l'épuiser toutefois; que la conquête, en un mot, nourrit le conquérant. Pourquoi n'aurions-nous pas exigé de ces populations, une fois soumises, les redevances de toute espèce qu'elles payaient autrefois aux Turcs, et qui fussent venues en déduction des énormes frais de la colonie? Serait-ce parce que la France est grande et généreuse, et qu'elle n'a pas besoin de l'obole de ces malheureux en haillons? Serait-ce par commisération pour les pauvres Arabes? Mais notre pitié serait encore mieux placée, ce nous semble, si elle se tournait du côté de nos compatriotes, de nos pauvres paysans, qui gémissent sous de lourdes charges, et qui, eux aussi, apportent leur obole pour satisfaire aux dépenses exorbitantes de cette mineuse conquête. Nous ne sommes point de ceux qui poussent la charité évangélique plus loin que ne le demande l'Évangile lui-même; de ceux, comme on en voit plusieurs, qui n'ont point eu assez d'anathèmes pour flétrir quelques actes de légitime vengeance envers les Arabes, et qui font bon marché de nos malheureux soldats tous les jours assassinés. Si quelque préférence devait être établie, si quelque partialité devait exister, nous la voudrions constamment en faveur des nôtres plutôt qu'en faveur de l'étranger, jusqu'à ce que l'éducation produite par notre domination eût amené ces hommes, abâtardis par un long esclavage, à l'intelligence de nos idées et de notre générosité. Nous voudrions, au moins, si notre souveraineté finissait par devenir autre chose qu'une souveraineté imaginaire, que les premiers actes de notre autorité fussent de faire porter sur le pays conquis une partie des charges de la conquête; car, jusqu'à présent, ce n'est que nous seuls qui avons payé fort cher le malheur d'avoir été vainqueurs. Il a semblé beaucoup plus simple, beaucoup plus facile d'avoir constamment recours à la métropole, sans oser rien demander aux anciens sujets des Turcs, dont nous avons manifesté maintes fois cependant la prétention d'être les remplaçants dans la régence. Quant au système de rapine et d'exaction, il appartiendrait peu à l'armée d'Afrique de faire de la pruderie de vertu, de faire parade du grand désintéressement et de la probité sévère de ses employés. Que ce système soit organisé comme moyen gouvernemental, ou bien qu'il soit chez quelques-uns seulement un moyen d'arriver plus rapidement à la fortune, la différence nous semble bien peu sensible dans les résultats; ce sont toujours les rayas ou contribuables sur lesquels retombent les malversations des agents, de quelque nature qu'elles soient. Ce système règne avec trop d'impudeur dans nos armées pour qu'on doive craindre de le signaler; puisqu'il faut donc forcément faire la part à la cupidité, puisque cet amour effréné de rapine, admis comme moyen dans une civilisation à demi barbare, paraît ne pas pouvoir être complètement banni d'une civilisation avancée, nous aimerions encore mieux qu'il trouvât à se satisfaire au détriment du vaincu, plutôt qu'à celui du vainqueur.

Ce n'est point, du reste, à cette organisation militaire que nous eussions voulu emprunter quelque chose. D'un autre côté, nous n'avons rien à envier aux Turcs sous le rapport du courage de notre armée, de sa constance à supporter les misères et les fatigues des guerres d'Afrique ; nous n'avons point à aller chercher ailleurs que chez nous, pour les incorporer dans nos rangs, de braves soldats ; nous n'avons pas besoin surtout d'aller emprunter à des populations dont nous n'avons ni les mœurs, ni les habitudes, ni le langage, leurs costumes et leurs manières, et de donner ainsi le spectacle d'une transformation dont le mérite le moins contestable a été de nous rendre ridicules aux yeux des Arabes. Ce que nous aurions eu peut-être à envier aux Turcs, c'est, si l'on peut s'exprimer ainsi, leur permanence sur le sol. Transplantés d'Asie ou d'Europe en Afrique, ils n'avaient ni l'espoir ni le désir de retourner dans leur terre natale : le nouveau pays devenait leur patrie d'adoption, patrie à laquelle ils étaient attachés, non point par affection, sans doute, mais par intérêt, par la certitude d'une vie meilleure. Nos régiments, au contraire, arrivent n'ayant en perspective qu'une vie de misère et de privations, en place du repos et de l'abondance des garnisons qu'ils viennent de quitter. Ils ont long-temps encore après leur arrivée les yeux fixés sur la France, et lorsqu'ils commencent à s'habituer à ces guerres de fatigues, lorsqu'ils prennent peut-être goût à cette vie aventureuse, qu'ils ont reçu, en un mot, l'éducation du pays, ils sont rappelés pour être remplacés par d'autres qui partiront à leur tour au moment où ils feraient en se jouant cette guerre terrible pour ceux qui ne sont point habitués à ce nouveau climat. Une organisation qui, en faisant quelques avantages réels aux soldats, eût créé des corps spéciaux de volontaires pour l'armée d'Afrique, eût été une amélioration qui eût doublé notre force, notre consistance dans le pays; c'eût été un grand pas fait vers une conquête véritable.

Mais c'est dans l'établissement des *maqrzens*, dans cette force tirée du pays pour subjuguer le pays, que résidait la véritable puissance des Turcs. En arrivant dans la région du Mogreb, ils virent combien il y avait peu d'homogénéité, de liaison, de nationalité parmi ces différentes populations entraînées sur le sol d'Afrique par les diverses invasions, ou résidu des peuplades primitives. Il ne leur fut point nécessaire de diviser pour régner, ils n'eurent qu'à profiter des divisions existantes. C'est sur ce point que se révèle toute l'infériorité de notre politique, comparée à celle des anciens dominateurs; c'est en cela que nous aurions dû, dans le principe, les prendre pour modèles; c'est cette institution qui permettait à quelques milliers de Turcs de régner en maîtres, en despotes sur un pays que quarante mille soldats français ne peuvent point réduire, et qui résistera toujours avec succès, nous le croyons, à toutes nos savantes organisations européennes; ce sont ces *maqrzens*, employés par eux comme moyen, mais auxquels ils se gardèrent bien de se mêler jamais, qui leur donnèrent rapidement dans le pays cette suprématie que la puissante Espagne ne put conquérir avec ses vaillants soldats ; ce sont les six mille cavaliers qu'ils pouvaient mettre sur pied qui leur permettaient de joindre ces ennemis insaisissables que nos lourdes armées ne peuvent jamais atteindre, et qui se rient de nos inutiles efforts. Nous n'avons point voulu, dans un pays primitif, modifier notre organisation militaire, notre tactique, qui sont *fonctions* évidentes des arts, de l'industrie, de la civilisation des pays avancés ; nous nous obstinons à agir par masses contre un pays qui n'a point d'obstacles à nous opposer ; nous nous lassons à chercher une résistance que nous ne rencontrons jamais ; à vouloir sans cesse saisir ce qui constamment nous échappe, à courir à pied après un ennemi à cheval. De là ces terribles marches où la fatigue sème le suicide sur les traces de nos colonnes. En conservant en Afrique notre constitution d'armée telle qu'elle existe pour les pays d'Europe, nous avons renoncé à cet énergique moyen d'action employé par les Turcs pour soumettre et maintenir dans le devoir les populations ; à ces *grazias* imprévues qui, à chaque instant et sur les points les plus reculés des provinces, menaçaient d'un châtiment prompt et terrible les tribus turbulentes, et les tenaient dans une crainte salutaire. Avec nos lourdes colonnes, tous nos mouvements sont connus, prévus, calculés ; notre marche tracée, il n'est point possible de nous en écarter ; nous nous condamnons au rôle d'une continuelle défensive ; nous donnons à l'ennemi la liberté d'accepter le combat s'il le juge nécessaire, de le refuser s'il le croit convenable, et nous nous mettons dans la nécessité de combattre dès qu'il le veut. Il ne s'agit point, dans les guerres d'Afrique, de savantes combinaisons stratégiques, c'est, dans la plupart des cas, la guerre primitive, la guerre sans science ; ce n'est point en cherchant à éloigner de nous l'ennemi, en essayant de faire du mal à coups de canon à ses légères lignes de tirailleurs, que vous parviendrez à le vaincre ; ce n'est, au contraire, qu'en cherchant le moyen de l'atteindre, en le saisissant corps à corps et en le terrassant sur son propre terrain, que vous en triompherez, et c'est en lui prouvant que la fuite, son seul moyen efficace de défense contre vous, ne peut plus le dérober à vos coups, que vous le soumettrez. Vous n'aurez plus alors de ces affaires sans résultats dont le succès, toujours incertain, est toujours contesté ; vous aurez des combats décisifs, de véritables victoires, comme celles qu'obtenaient les Turcs, et qui jetaient pour long-temps l'épouvante dans les tribus.

L'on peut conclure, ce nous semble, de ce que nous venons de dire ; des essais infructueux tentés par les Espagnols dans quelques parties des pays que nous occupons ; des tentatives non moins inutiles que nous y faisons depuis plusieurs années avec de plus grands moyens encore, que le succès obtenu par les Turcs dans ces contrées était dû à l'organisation de leur armée, et principalement à la cavalerie qu'ils avaient su se créer dans le pays lui-même, qui leur permettait de transporter rapidement, à une époque donnée et sur un point quelconque des provinces, une masse supérieure de forces ; que, pour arriver aux résultats qu'ils avaient obtenus, il eût fallu, dans le principe, se servir des mêmes moyens qu'ils employaient, tâcher d'attirer à soi, en leur offrant les mêmes avantages ou des avantages plus grands encore, leurs tribus *maqrzens*; enfin, à défaut des *maqrzens*, que nous n'avons point su attacher à notre cause, et contrairement aux organisations d'Europe, que la grande base de toute constitution d'armée en Afrique doit être la cavalerie. La cavalerie seule, à laquelle la tactique européenne, la supériorité des armes, la discipline, donnent un avantage si grand sur les masses confuses et sans liaisons des cavaliers arabes, peut mettre fin aux guerres d'Afrique, interminables avec nos armées actuelles ; elle seule pourrait nous y conquérir en peu de temps la souveraineté que les anciens dominateurs s'y étaient acquise et y exerçaient avec elle (1); elle seule pourrait renverser facilement la puissance que le fils de Meheddin a fondée par elle.

Pour ne point modifier les bases invariables de notre armée, reconnue impuissante contre les hommes, on a proposé de faire la guerre aux moissons, et de réduire par la famine les populations que nous désespérons de soumettre par les armes. Ce moyen, qui est de bonne guerre sans doute, nous semble offrir de graves difficultés dans l'exécution, eu égard d'abord au grand développement du pays à ravager, à la lenteur de nos marches, à l'époque où cette opération devrait être exécutée, à la difficulté des approvisionnements, au manque d'eau, etc., etc. Il est, en second lieu, moins direct, et par suite moins efficace que celui de s'attaquer aux populations elles-mêmes, qui pourraient être ainsi momentanément réduites, mais ne seraient pas vaincues. Le résultat auquel on arriverait après plusieurs années de

---

(1) Les nombreux chevaux que devaient fournir aux Turcs les tribus rayas, soit comme gadas, soit comme impôt, auraient suffi pour remonter un corps nombreux de cavalerie. Une partie de ces chevaux du temps des beys était revendue aux tribus ; le reste était réservé pour remplacer les chevaux des cavaliers des *maqrzens* morts ou tués dans le service.

dévastations, en supposant qu'on pût l'obtenir, ne serait que précaire; car il cesserait bientôt avec la cause qui l'aurait produit; il ne pourrait donc être que temporaire. L'on ne voudrait certainement point s'en servir comme moyen de gouvernement. Nous persistons à croire, en admettant même la possibilité et l'efficacité de ce moyen entièrement passif, que nous ne serons vraiment vainqueurs que lorsque nous pourrons triompher les armes à la main, et prouver par elles notre incontestable supériorité; lorsqu'une force sans cesse menaçante et toujours prête à agir pèsera sur ces populations, qu'une répression prompte pourra les atteindre dans toutes leurs retraites, que lorsqu'une vengeance instantanée pourra faire partout et en tout temps justice de toute tentative de révolte.

Voici quelle était, dans la plupart des engagements contre les Arabes, la manière de combattre qu'employaient les Turcs : une tribu ou plusieurs tribus réunies avaient-elles levé l'étendard de la révolte à la voix de quelque fanatique *dercaoui*, l'armée des Turcs, composée des *zebenthouths* de la maison du bey, des *krezourdjis*, si l'affaire devait être sérieuse, emmenant avec elle deux ou trois petits canons portés à dos de mulets et suivie des *maqrzens*, se portait rapidement sur le territoire des tribus insurgées. Aussitôt que l'ennemi était en vue, les *maqrzens*, sans chercher à échanger long-temps de lointains et inutiles coups de fusil, chargeaient à fond sur ce qu'ils rencontraient devant eux, et poussaient la charge jusqu'à ce qu'ils eussent atteint l'ennemi. Le reste de la petite armée, réuni en groupe, suivait le plus rapidement possible dans la direction de la charge pour ménager à cette cavalerie, au cas où elle serait ramenée, un point où elle pût se reformer. Il n'arrivait généralement que pour assister au triomphe des *maqrzens*. On dit dans la province d'Oran que depuis le bey *Mustapha-el-Manzali* pas un coup de fusil n'avait été tiré par un Turc dans une expédition; tout avait été fait par les *maqrzens*. Si un premier succès ne forçait pas les tribus révoltées à demander l'*aman*, le bey se dirigeait sur le lieu toujours connu où s'étaient réfugiés les femmes, les enfants, les troupeaux, etc. Ce dernier mouvement, cette poursuite à laquelle les tribus ne pouvaient échapper par la fuite, puisque l'armée du bey était aussi mobile qu'elles, les amenait ordinairement à composition. Après chaque action, les blessés maqrzens ou turcs étaient relevés, placés sur des mules de zebenthouths, et lorsque l'affaire était terminée, ils étaient envoyés soit dans leurs tribus, soit dans la ville la plus prochaine.

Telle était la tactique employée par les anciens dominateurs pour assujettir ces mobiles populations; telle était celle dont ils s'étaient servis pendant trois siècles pour les maintenir dans l'obéissance. Quant à nous, ne pouvant point avec nos armées, organisées pour renverser des obstacles, joindre des ennemis qui fuyaient sans cesse devant nous, il nous a fallu aller chercher au loin ces obstacles, aller attaquer les villes, sans faire attention que ces places de l'intérieur, qu'il était d'un grand intérêt de posséder pour les Turcs dominateurs, puisqu'elles étaient leurs sentinelles avancées, les points par lesquels ils observaient les tribus, le centre d'action, d'approvisionnements et de ravitaillement de leurs armées, comme nous allons le voir bientôt, étaient sans une bien grande importance pour les populations dont nous voulions obtenir la soumission. Ces populations sont en effet entièrement étrangères aux villes, et elles flétrissent même du nom de *hadars* ceux d'entre eux qui viennent s'y fixer. Nous avons employé les mêmes moyens pour abattre *Achmet*, le dernier des Turcs dont la puissance n'avait aucune racine dans le sol, et qu'une politique sage eût momentanément conservée, et pour essayer de renverser un homme dont le pouvoir en dehors des villes repose tout entier sur les Arabes de la tente. Aussi la prise de Constantine, en qui résidaient tous les moyens d'action d'*Achmet*, a-t-elle fait disparaître immédiatement de la régence son autorité, et Mascara saccagée, Tremecen occupée par nos troupes, n'ont porté qu'un bien faible coup à celle d'*Abd-el-Kader*. Les Turcs barbares, pour qui la guerre était tout-à-fait dégagée de grandes combinaisons et de grands calculs, et dont la seule science consistait dans cette idée que pour vaincre son ennemi, la première condition est de l'atteindre, n'eussent certainement jamais eu la pensée d'aller attaquer et occuper des points situés à vingt ou trente lieues de leur base d'opérations avant d'avoir soumis les populations intermédiaires; ils eussent probablement commencé par battre leur ennemi, comme ils savaient le faire, par le forcer à accepter leurs lois avant d'établir des garnisons dans ces positions. Si cette marche toute naturelle eût été suivie, si nous nous étions contentés d'imiter dans leur manière de combattre nos prédécesseurs dans la conquête, nous n'en serions plus à poursuivre un but incertain auquel nous n'arriverons peut-être jamais; nous n'en serions plus à entretenir une armée de quarante-huit mille hommes, et à enfouir chaque année cinquante millions dans une portion du pays qu'ils tenaient en entier avec moins de quinze mille soldats et sans aucune ressource extérieure.

A côté des rapides grazias des Turcs, voici quelle est la marche et la formation invariables de toute expédition française, qu'elle se propose de s'emparer d'une ville, ou qu'elle ait seulement pour but de repousser quelque agression de l'ennemi (1). L'armée, qui ne se met en marche qu'après que les populations, prévenues long-temps à l'avance, sont prêtes à se retirer à son approche, n'est, à proprement parler, qu'un immense convoi, composé, suivant le cas, d'un plus ou moins grand nombre de lourdes voitures, mais toujours en proportion suffisante pour employer à sa protection et à sa garde la plus grande partie des troupes. En première ligne donc de cette armée de voitures, marchent celles de l'artillerie de campagne, parfaitement mobiles sans doute, mais qui dans des pays sans communications n'en nécessitent pas moins, dans bien des cas, des travaux pour la construction des routes. Cette artillerie, qui, du reste, n'est point la partie la plus gênante du convoi, est au moins superflue, lorsqu'on ne marche point à l'attaque d'une place, contre des ennemis qui n'en ont point à nous opposer. Nous pouvons d'ailleurs conserver la supériorité que nous assure cette arme, dont on fait en Afrique un usage immodéré, au moyen de l'artillerie de montagne, qui en offre les avantages sans en avoir les inconvénients. Puisque des routes doivent être construites, il faut pouvoir les établir et avoir des outils pour les travaux; vient donc, après le matériel d'artillerie, un attirail fort peu mobile sous le titre de parc du génie, chargé principalement des outils nécessaires aux mouvements des terres, pelles, pioches, etc. Enfin, s'avancent pesamment l'énorme convoi de vivres, le plus généralement inutile pour l'armée, les moyens de transport toujours insuffisants et incomplets des ambulances, etc., etc. A la suite

(1) Expéditions de Mascara, de Tremecen, de Constantine, de la Meqta, du Tenia, etc., etc.

de tout cela, des bagages sans nombre, et un monde de cantines, se traînent péniblement sur la route. Tout ce monstrueux appareil nécessite une prodigieuse quantité de chevaux, et impose, nonobstant la difficulté de construire partout des routes pour le passage des voitures et les lenteurs que ces travaux apportent dans la marche, l'obligation de camper dans des endroits déterminés pour l'abreuvage des chevaux et souvent en dehors de la route directe. On comprendra facilement que, traînant à sa suite un attirail aussi lourd, une armée s'interdise d'avance ces mouvements rapides, décisifs dans toutes les guerres. Une expédition turque, partant d'Oran, pouvait se porter dans deux ou trois jours au plus aux extrémités de la province. Le *mdach* ou nourriture de l'armée, imposé comme redevance aux tribus soumises sur le territoire desquelles le bey campait, les vivres que chaque soldat turc ou maqrzen devait emporter avec lui, suffisaient et au-delà pour le temps que duraient leurs rapides expéditions. L'armée française eut besoin de sept jours entiers pour se rendre d'Oran à Mascara, et encore laissat-elle en route son convoi, qui ne put arriver jusqu'à cette ville. Après que l'armée, poursuivant lentement sa marche, est arrivée, au travers d'insignifiants tiraillements des Arabes et sans rencontrer d'obstacles sérieux, au but qu'elle se propose d'atteindre, elle rentre forcément, après un temps plus ou moins long, accompagnée pendant toute la route par les mêmes tiraillements de l'ennemi, jusqu'à ce qu'elle arrive à un espace hérissé de forts, de blockaus, de camps retranchés; là seulement elle est à l'abri de ses insultes. Au retour, un bulletin annonce à la France qu'elle a remporté une nouvelle victoire, et le lendemain tout rentre dans l'ordre habituel, tant chez les Arabes que chez nous; et tout est à recommencer sur les mêmes errements pour ne point amener à des résultats plus sérieux.

Les tribus de la province d'Oran, comme celles des autres provinces, avaient été divisées par les Turcs en tribus payant l'impôt et supportant toutes les charges, et en tribus faisant rentrer les impôts et en profitant avec les dominateurs : en *rayas* et *maqrzens*.

Les tribus *maqrzens* étaient les suivantes :

Douairs.	دواير
Zmelas.	زملة
Garabas.	غرابة
Burdjias.	برجية
Beni-Chougran (1).	ابني شوڤران
Cher-ber-Rihheu.	شربريح
Sedjerara.	سجرارة
Beni-Greddou.	بني غدو
Mekahalia.	المكاحلي
Oulad-Ahmed.	اولاد احمد
Oulad-bou-Guerara.	اولاد بڤرارة
Heukkerma.	حكرمة
Oulad-Selama.	اولاد سلامة
Oulad-el-Abbas.	اولاد العباس
Oulad-Krouidem.	اولاد خويدم
Hachem.	حشم
Abid-Cheraga.	عبيد شراڤة

Les *Douairs* et les *Zmelas*, les meilleurs cavaliers des maqrzens, et dont la position était la plus rapprochée

(1) Les quatre tribus des *Beni-Chougran, Cher-ber-Rihheu, Sedjerara, Beni-Greddou*, étaient commandées par un seul *kaïd* appelé *kaïd-el-Awara*. Ces tribus, dont la plupart des tentes étaient *maqrzens*, en avaient cependant quelques-unes qui avaient été réduites à la condition de *raya*.

d'Oran, étaient employés le plus fréquemment. Les tribus du *maqrzen* étaient exemptes de tous les impôts; elles ne payaient que les tributs religieux, l'*achour* et la *zacat*, que tous les musulmans ne peuvent se dispenser de payer sans manquer à un des premiers préceptes du Coran. Ils devaient aussi chaque année au bey un léger impôt en argent, appelé le *prix de l'éperon* (1).

Les goums ou contingents des divers *maqrzens* étaient distribués entre les agas, les kralifats et les kaïds, suivant la volonté du bey. Il y avait cependant une espèce de règle d'habitude que nous chercherons à indiquer.

Les *Beni-Amer* ont été *maqrzens* sous le bey *Bou-Kabous*. Quand, après la révolte de *Ben-Chérif*, *Bou-Terfas*, son beau-frère, vint se montrer dans l'*Outhan*, les *Beni-Amer*, qui n'étaient point *maqrzens*, furent néanmoins les premiers à prendre les armes; et conduits par *Chatt-Oulid-Demmouch*, ils vinrent offrir leurs services au bey. *Bou-Kabous*, pour les récompenser, les fit *maqrzens*; mais le bey *Ali* les replaça parmi les rayas.

Le bey d'Oran avait quatre agas, dont deux étaient pris parmi les *Douairs* et deux parmi les *Zmelas*. Sous le dernier bey *Hassan*, les deux agas des *Douairs* étaient *Mustapha-ben-Ismaël* et *Abd-Allah-ben-Chérif*; ceux des *Zmelas*, *Mouqrselli* et *Adda-ben-Kaddour*. Ces agas commandaient par année à tour de rôle. Celui qui n'était point en fonction était ce qu'on appelait *mazoul* ou *krezourdji*.

Les places d'agas était très-recherchées et très-importantes. Les agas des *Douairs* payaient au bey quarante mille rials boudjous pour revêtir la *gandoura* (2), et les

(1) حق الشبير *Haq-ech-chabir*, le prix des éperons.

(2) فندورة La *gandoura* était une espèce de bernous insigne de la dignité.

agas des *Zmelas* vingt mille rials. Les agas qui étaient en fonction devaient de plus verser au trésor du bey une pareille somme tous les six mois pour conserver leur position. Ils étaient chargés seuls avec leurs *maqrzens* de percevoir les impôts dans la *Yagoubia*. Les agas nommaient les *kaïds* dans leurs *maqrzens*, et en recevaient le prix du bernous.

Les tribus maqrzen de l'aga des Douairs étaient d'abord :

Les *Douairs*.	دواير
Les *Bordjias*.	برجية
Les *Hachems*.	أحشم

Sous ce nom général d'*Hachem* on comprenait les

Hachem-Greris.	أحشم غريس
Hachem-Cheragas.	أحشم شراقة
Hachem-Garabas.	أحشم غرابة
Oulad-Aïssa-bou-el-Abbas.	اولاد عيسى بو العباس

La *Yagoubia* était divisée en deux parties : la *Yagoubia-el-Greurb*, qu'exploitaient les *agas des Douairs*, et la *Yagoubia-ech-Cheurq*, dont étaient chargés ceux des *Zmelas*.

Les tribus rayas comprises dans la *Yagoubia-el-Greurb* ou du couchant, étaient les suivantes :

El-Mehaia.	المهايي
Aoulad-Balegr.	اولاد بالغ
El-Djafera.	الجعفرة
Beni-Methar (1).	بني مطهر
El-Hharar-el-Garaba, etc.	الحرار الغرابة

(1) Chez les Beni-Methar se trouvent quelques tentes des Beni-Zian, qui ont donné des lois à tout le Mogrob.

Les impôts que payaient au bey, entre les mains des agas, ces diverses tribus, consistaient en

Esclaves des deux sexes.
Laines.
Moutons.
Tapis de couchage.
Peau rouge (*djeld-el-filali*) pour les selles, les brides, les temaqs, etc.
Des *djellas*, ou couvertures pour les chevaux.
Chameaux.
Enfin la *lezma* en argent.

Toutes ces redevances étaient, bien entendu, en dehors des tributs religieux. Les petites villes de *Kredra*, *Taoulalat*, *Tedjemout*, *Beni-el-Grouat*, etc., jusqu'à *Ain-Mahdi*, qui s'était soustraite à l'autorité des agas depuis l'arrivée des Tedjeni, relevaient de l'aga des Douairs. Celle de Ferenda, la plus rapprochée de la *Yagoubia*, était abandonnée par les agas au kaïd des Bordjias.

Les agas des Zmelas avaient pour *maqrzen* :

1° Les *Zmelas*. On comprenait sous cette domination   زملة

   Les *Garabas*.   قرابة

   Les *Cheragas*.   شراقة

2° Les *Beni-Chougran*.   بني شقران

3° Les *Sedjerara*.   سجرارة

Les tribus rayas de la partie est de la Yagoubia étaient les suivantes :

Halouia.   حاويبى

Zedama.   ازدامة

Krellafat.   خلفة

El-Kessénna.   الكسنة

Aoulad-Kraled.   اولاد خالد

Beni-Meniarin.   بني منيارن

Oulad-Krelif. اولاد خليو
Ou'ad-Cherif. اولاد شريو
El-Hharar-Cheraga, etc. الحرار الشرافة

La circonscription de ces tribus va jusqu'à *Djebel-el-Hamour*, à peu de distance d'*Ain-Mahdi*, limite du territoire qui reconnaissait l'autorité des Turcs; au-delà on entre dans le pays des Beni-Mezzab, qui ont toujours échappé à leur domination.

Les Turcs avaient su rallier à leur cause, par des honneurs et des cadeaux, le *Sid* de la *Yagoubia*, *Sidi-bou-Bekre oulid-sidi-chiqr-ben-din*, *chiqr* très-respecté, et exerçant une grande influence sur les tribus de cette portion du territoire. Les beys et les agas lui rendaient de grands honneurs, et lui témoignaient beaucoup de déférence parce qu'il tenait la *Yagoubia* dans l'obéissance par l'autorité de son nom. Depuis que *Sidi-bou-Bekre* était *chiqr* de la *Yagoubia*, les *agas* n'emmenaient pas avec eux plus de cent cavaliers des *maqrzens* pour recouvrer les impôts, qu'ils percevaient sans la moindre difficulté. Aussi, quand *Sidi-bou-Bekre* venait à Oran, le bey envoyait à sa rencontre sa musique et un cheval harnaché de son écurie; tous les prisonniers étaient relâchés, etc., etc.

Les *Douairs* que nous avons à notre solde, et qui n'en sont pas pour cela beaucoup plus attachés à notre cause, disent souvent : « Si les Français veulent que nous soyons avec eux comme nous étions avec les Turcs, qu'ils nous envoient dans la Yagoubia. »

Les impôts des tribus qui environnent Tremecen étaient perçus par deux *kaïds* appelés l'un *kaïd-el-belad*, le *kaïd de la ville*; l'autre, *kaïd-el-djebel*, le *kaïd de la montagne*. Le *kaïd* de la ville, ainsi que celui de la montagne, payaient chacun au bey dix mille rials boudjous leur *gandoura*. Ils avaient tous les deux pour *maqrzens* des *hadars* et des *courouglis* de Tremecen, et devaient verser l'un et l'autre, chaque année, quarante mille rials boudjous entre les mains du kralifat du bey pour la *lezma* des tribus soumises à leur juridiction.

Les *rayas* du kaïd de la ville étaient les

Beni-Ouazan.	بني وعزان
El-Gressel.	الغسل
Oulad-Sidi-el-Abd-li.	اولاد سيد العبد لي
Beni-Senouss.	بني سنوس
Beni-Ournid.	بني ورنيد
Oulassa.	ولاسة

La banlieue de Tremecen.

Chacune de ces tribus devait payer, indépendamment de la lezma en argent :

Douze chevaux communs (*mtâa-el-aouwir*).
Quatre chevaux de *gada*.

Les *Beni-Smiel*, *Beni-Senouss*, *Beni-Ournid*, devaient, en outre, fournir une certaine quantité des belles nattes qui se tressent dans leur pays.

Les principaux rayas du kaïd de la montagne étaient :

El-Djouidats.	الجويدات
Oulad-Riahh.	اولاد ارياح
Oulad-Ouriach.	اولاد وريـاش
Beni-Smiel.	بني صميل
Beni-bou-Saïd, etc.	بني بسعيد

Les rayas de la montagne qui ne s'adonnaient pas à l'élève des chevaux, devaient, en place de chevaux, confectionner pour le bey une grande quantité de *haïks*, de *bernous*, de *kessas*. Ces produits étaient fort renommés chez ces tribus, et le bey les vendait très-cher.

Jusqu'à présent, ce sont les *maqrzens* seuls qui se sont chargés de la perception de l'impôt, les Turcs y sont demeurés étrangers. Nous allons maintenant suivre dans la province d'Oran les forces turques qui partaient tous les ans d'Alger pour sillonner la régence dans tous les sens.

A la fin du printemps, le chef des *arazas* (1), ou palefreniers, qu'on appelait le *mour-bacha*, dont la charge était aussi achetée dix mille rials boudjous, se rendait au-dessous de Miliana avec trois cents chevaux appartenant au beylik. Il attendait là le retour du kralifat du bey d'Oran, qui allait, comme nous l'avons dit, porter tous les six mois les redevances du beylik à Alger (2). Le bey de la province, avant d'envoyer son kralifat à Alger, lui nommait un *bach-kateb* (3) et un *krodjat-segrir*; le premier payait sa place deux mille rials boudjous, le second mille rials. Arrivé à Alger, le kralifat payait l'impôt. Il restait une semaine dans cette ville. Pendant trois jours il était l'hôte du pacha. Il était reçu et traité un jour par le kraznadji, un jour par le krodjat-el-kreil, un jour par le grand amiral du port, enfin un jour par l'aga. Les kralifats des autres beyliks de Titeri et de Constantine arrivaient à la même époque; l'un ne faisait son entrée dans la ville qu'à l'instant où l'autre en sortait.

---

(1) Les *arazas* ou palefreniers étaient pris parmi les *hadars* ou Arabes habitants des villes; ils obéissaient tous au *mour-bacha*.

(2) Les beys devaient envoyer leur *kralifat* porter le *denouch* à Alger deux fois par an. Ils s'y rendaient une fois seuls en automne, et une autre avec l'armée turque au printemps.

(3) Le *bach-kateb* était le chef des *krodjats* ou secrétaires; il devait, indépendamment de 2,000 rials qu'il payait au bey, un cadeau de 500 rials au *bach-kateb* du bey.

Ils étaient tous reçus et traités de la même manière. Pendant les huit jours que chaque kralifat restait à Alger, l'armée turque avec laquelle il devait partir était formée et se rassemblait à *Aïn-Arbot*, en dehors de la porte *Bab-Azoun*. Celle destinée pour le beylik d'Oran était composée de quatre-vingts tentes turques (dix-huit cent quarante hommes); tout était prêt pour le départ au moment où la réception du kralifat était terminée, l'armée se mettait en route, et allait camper le premier jour à *Haouch-el-Bey*, dans la *Metidja*. De là, elle se portait à *Aferoun*, sur les bords de l'*Oued-Djer*, qu'elle passait le lendemain par quatorze gués. Elle évitait, dans sa route, les *Beni-Menad* et les *Soumata*, Kabyles insoumis, qui n'attaquaient point l'armée, mais qui se jetaient sur les traînards et les massacraient. Après avoir passé l'*Oued-Djer*, elle allait poser ses tentes à *Bou-Alouan*, d'où elle arrivait à Miliana. Là elle se reposait pendant trois jours. Le *mdach* était fourni pendant tout ce temps par les rayas des environs de Miliana. Après cela, les quatre-vingts tentes turques de l'armée et les trois cents chevaux que le *mour-bacha* avait amenés d'Oran étaient divisés de la manière suivante.

Le *kaïd-el-Djendel*, ainsi nommé du pays de *Djendel* dont il était chargé de recueillir les impôts, et qui avait en outre à parcourir le pays des *Belals* de la montagne, et à faire payer toutes les tribus kabyles des environs de Miliana, prenait dix tentes turques et cinquante chevaux. Le *maqrzen* qui marchait avec lui était composé d'une partie des *hadars* et *courouglis* de Miliana, des cavaliers des *Beni-Hamed* بني حمد et des *Oulad-Sari-abid-aïn-el-defla* اولاد سارى عبيد عين الدولة de la tribu des *Abid-Sedra*.

Les *rayas* compris dans le pays de *Djendel* étaient :

Les *Beni-Zegzoug*. بنى زقـزق

Les *Abid-Sedra*, moins les *Oulad-Sari*. عبيد سدرة

Les *Beni-Maïda*. بنى معيدة

Les *Beni-bou-Rached*, etc. بنى بو راشد

Le *kaïd-el-Djendel* habitait de sa personne à Miliana.

Le kaïd de *Flita* avait aussi dix tentes turques pour faire payer les impôts du pays qui était sous sa dépendance. Son *maqrzen* était principalement composé des *Garboussa*. Il lui était livré cinquante chevaux par le *mour-bacha*.

Les principales tribus rayas du pays de Flita étaient les

Oulad-Souid. اولاد سويد

Oulad-Arzin. اولاد ارزين

Oulad-bou-Ali. اولاد بو علي

El-Anatsera. العنثرة

Oulad-Sidi-Ali. اولاد سيدى على

Mendas. منداس

Heukkerma-el-Garabas. عكرمة الغربة

Heukkerma-el-Cheragas. عكرمة الشراقة

Hassasna. الحَسَسنا

Beni-Derguen, etc. بنى درقن

Le pays de *Flita* payait au bey, entre les mains du kaïd, outre la lezma en argent,

Du beurre salé,
Des chevaux communs (de bât ou de transport),
Des chevaux de gada.

Le kralifat restait alors avec soixante tentes. Il en envoyait trente au bey, sous le commandement de l'aga de la mehallat venu d'Alger, et il conservait les trente autres, avec cent chevaux du mour-bacha, pour aller parcourir le territoire des tribus rayas qui dépendaient de son commandement. Il réunissait auprès de lui son maqrzen, composé généralement des goums des tribus

Mekahalia (Abid).	المكاحلي
Oulad-Ahmed.	اولاد احمد
Oulad-bou-Guerara.	اولاد بفرارة
Oulad-el-Abbas.	اولاد العباس
Oulad-Selama.	اولاد سلامة

Les tribus rayas de la plaine qui payaient leurs impôts entre les mains du kralifat étaient les :

Aïacha.	عياشة
Beni-Zeroual.	بني زروال
Oulad-bou-Rhama.	اولاد بورحمة
Oulad-Krelouf.	اولاد خلوف
Zerrifa.	زريبة
Achacha.	اشعاشا
Oulad-Iouness ou Chourfat-el-Djebel.	اولاد يونس
Beni-Zenthis.	بني زنطيس
Beni-Madiouna.	بني مديونة
Beni-Maddoun.	بني مدون
Sbihheu.	صبيح
Hamis.	خمس
Oulad-Fares.	اولاد فارس

Les Oulad-Fares étaient laissés au kaïd des Mekahalias (porteurs de fusils) du kralifat.

Oulad-el-Kessir.	اولاد الفسير
Sendjas.	سنجاس
El-Athaf.	العطاف
Beni-Hamed.	بني حمد

Toutes ces tribus payaient chacune entre les mains du kralifat :

La *lezma* en argent.

Des chevaux de bât.
Des chevaux de *gada*.

Les rayas de la montagne relevant du kralifat étaient :

Les *Beni-Ouragr*. بنى وراغ
Les *Beni-Meselem*. بنى مسلم

Les Beni-Meselem étaient laissés au kaïd des Mekahalias du bey.

Helouya (1). حلوى
Chekkala. شكلة
Besennas. بسناس
El-Besra. البصرة
Methmetha. مطمطا
Ouanseris (2). وانسريس
Beni-Boudouan. بنى بدوان
Oulad-Ayad. اولاد عياد

Les tribus des *Besennas* et *Besra* vivent dans des villages de chaumières en maçonnerie recouvertes en chaume.

Les *Beni-Boudouan* étaient la dernière tribu dépendante du *kralifat*; après elle, on entrait dans le territoire obéissant au *kaïd-el-Djendel*.

Toutes ces tribus payaient :

La *lezma* en argent.
Et une grande quantité de moutons.

Partout où campait le *kralifat*, aussi bien que le bey, les tribus devaient le premier jour la *dzifat* ou hospitalité à l'armée. La *dzifat* se composait de viandes (poules ou moutons), du *taam* (couscoussou) et de l'orge ; le tout en quantité suffisante pour nourrir toute l'armée, hom-

---

(1) Une partie des *Helouya* était dans le ressort de l'aga des Zmelas.
(2) Du nom de la montagne dans laquelle ces tribus habitent.

mes et chevaux. Le matin, avant le départ, au moment où le bey ou le *kralifat* montait à cheval, on lui conduisait la *gada*.

Le bey se réservait pour ses rayas les deux puissantes tribus des *Beni-Amer* et des *Medjehar*. Les *Nedjouh* qui forment la tribu des *Beni-Amer* sont les suivantes :

Oulad-Krelfat.	اولاد خلفة
Oulad-el-Mimoun.	اولاد الميمون
Oulad-Abd-Allah.	اولاد عبد الله
Oulad-Soliman.	اولاد سليمان
Oulad-Ali.	اولاد علي
Oulad-Dzaïr.	اولاد زاير
Oulad-Zedj.	اولاد زج

Les *Medjehar* sont divisés en

Oulad-bou-Kamel.	اولاد بكمل
Oulad-Malef.	اولاد ملوب
Greferats.	غفرات
Oulad-Aïnas.	اولاد عيناس
Oulad-Chaffa.	اولاد شفة

C'était le *kralifat-el-koursi* (remplaçant du siége), celui qui tenait par sa charge la place du bey absent, qui était chargé, le plus généralement, de la rentrée des impôts dans ces deux tribus. Ces impôts consistaient pour chaque tribu dans

La *lezma* en argent (8,000 rials).
Des chevaux de bât (12).
Des chevaux de *gada* (4).
Des moutons et de l'orge, indépendamment de la *zacat* et de l'*achour*.
Du beurre salé (80 tass ou 2,400 livres d'Alger).

Quelquefois, le bey déléguait pour cette mission, très-ambitionnée parce qu'ils y faisaient de grands bénéfices, le *kaïd* de Mostaganem pour la tribu des *Medjehar*, et le *kaïd* des *Beni-Amer* pour sa tribu. C'étaient alors les *kaïds* eux-mêmes qui venaient apporter les impôts à Oran.

Les *Hachem-Daro*, qui faisaient partie de la banlieue de Mostaganem, étaient dépendants du *kaïd* de cette ville: indépendamment des tributs ordinaires, ils étaient obligés de fournir de la chaux pour les constructions et réparations de la ville. Les Arabes donnent à ces *Hachems* le surnom de *Hachem-Barougr*. Ils prétendent qu'ils descendent d'une *tribu de Juifs* (1).

Les quatre armées du *Djendel*, de *Flita*, du kralifat et du bey, restaient dehors pendant quatre mois, se montrant dans toutes les parties de l'*Outhan* qui reconnaissaient l'autorité des Turcs; au bout de ce temps, tous les impôts étaient rentrés. Les diverses *mehallats* se réunissaient de nouveau au-dessous de Miliana. Les quatre-vingts tentes turques rentraient à Alger; les *maqrzens* qui avaient été employés, dans leurs tribus, et les kaïds et le kralifat, dans leurs résidences respectives.

Ces diverses armées, outre la *dzifat* des tribus, étaient approvisionnées en biscuits (2), dont il était fait des approvisionnements dans les villes de Miliana, Mazouna, Mascara, Tremecen et Mostaganem. Des *oukils* nommés par le bey étaient établis dans ces diverses villes sous le titre d'*oukil-el-mounat* (3). L'*oukil* de *Miliana* seul était nommé par le *pacha* ou l'*aga*, parce que la ville de Miliana relevait directement d'Alger.

Toutes les tribus de *Fellahs* payaient, indépendamment

(1) بُروغ *Barougr*, juif.

(2) بشمات الباىلك *Bechmat-el-baïlek*.

(3) وكيل الىوزات Chargé des approvisionnements.

de tous les autres impôts, l'impôt de l'approvisionnement, qu'elles devaient transporter elles-mêmes dans une des villes désignées ci-dessus : l'*oukil* était chargé de recevoir le blé provenant de la *mounat*. Une partie de ce blé était employée à faire du biscuit pour les diverses armées; une autre partie était gardée pour les besoins des *noubas* dans les villes qui avaient des garnisons ; le reste était vendu avec l'*achour*, au profit du *beylik*. Les autres impôts réguliers des tribus étaient payés, l'*achour* au *kaïd-el-mersa* à *Mers-el-Kebir*, la *zacat* (bœufs, moutons, chameaux) au *tchentcheri* ou *kaïd-el-djebel*, et la *lezma* ou *gregrama* en argent au *bey*, entre les mains du *kraznadji*.

Chaque ville, qu'elle eût une *nouba* ou qu'elle n'en eût pas, devait payer, en dehors des autres impôts, ce qu'on appelait la *dzifat-mtda-dar-el-bey* (1), qui variait suivant l'importance des villes, depuis 800 rials jusqu'à 2000. Elles payaient, en outre, toutes également, douze chevaux de bât, et quatre chevaux de *gada*. De plus, les villes ayant *nouba* payaient, comme nous l'avons dit, suivant le nombre de leurs habitants, la *dzifat-mtda-dar-es-solthan* ou *mtda-Krair ed-Din*(2), qui pouvait aller de 1500 rials jusqu'à 3,000, la *dzifat-mtda-Krair-ed-Din* était versée entre les mains de l'*aga*, au moment du changement de garnison, et remise par ses soins au trésor du pacha.

Les *kaïds* des villes étaient nommés par le bey, qui leur faisait payer le *bernous* d'investiture depuis 10,000 jusqu'à 30,000 rials boudjous, suivant l'importance de la position, ou suivant le plus ou moins de faveur qu'il voulait faire au *kaïd* nouvellement nommé. Les kaïds des

---

(1) ضيفة متاع دار الباي L'hospitalité de la maison du bey.

(2) ضيفة متاع خير الدين L'hospitalité de Kraïr-ed-Din.

villes pouvaient être Turcs, courouglis et même *hadars*. Dans les villes ayant *nouba*, les Turcs et courouglis étaient soumis exclusivement à la juridiction du *diwan* de la *nouba*, composé, comme nous l'avons dit, de l'*aga*, de l'*ouda-bachi*, et du *boulouk-bachi* de cette *nouba*. Les *kaïds* des villes avaient l'administration exclusive des Arabes habitants des villes, et des Juifs, sur lesquels ils agissaient par l'intermédiaire de leur *mokaddem*. Les places de *mokaddem* des Juifs étaient à la nomination des *kaïds* et vénales. Les *amins* des diverses corporations achetaient aussi leurs maîtrises des *kaïds*. Dans les villes ordinaires, il y avait six *amins* payant leur place, c'étaient :

L'*amin-el-haddadin*, l'*amin* des serruriers.
L'*amin-el-nedjarin*, l'*amin* des menuisiers.
L'*amin-el-berda*, l'*amin* des fabricants de bâts pour les mulets et les chameaux.
L'*amin-el-kondaqdjia*, l'*amin* des monteurs de fusils.
L'*amin-el-tchakmadjia*, l'*amin* des platineurs.
L'*amin-l-bennaïn*, l'*amin* des maçons.

Les ouvriers inscrits chez les *amins* ne payaient aucun impôt, mais ils pouvaient être requis pour les besoins des divers services du beylik et des *mehallats*. L'*amin* des *Beni-Mezzab*, à qui étaient exclusivement réservés les états de baigneurs et de bouchers, était à Alger ; il nommait lui-même un chef dans les différentes villes. Les ouvriers requis pour les travaux du *beylik* et des *mehallats* étaient (*mektoubin*) engagés, et recevaient une petite solde. Voici comment se faisait le service de la solde pour tout individu inscrit :

Tous les Turcs ou courouglis, soit qu'ils fussent dans les *noubas*, soit qu'ils fussent *krezourdjis*, tous les ouvriers engagés, se rendaient tous les quatre mois chez l'*aga* commandant la *nouba*. Une liste générale était dressée, indiquant le nom de chacun, le nom de son *oudjac*, et la quotité de ce qu'il avait à prétendre. Les mêmes indications étaient écrites sur un petit billet. Ces billets, mis dans un sac cacheté du sceau de l'*aga*, étaient remis à un courrier appelé l'*aga-mtâa-ech-chekara* (1), et portées à Alger chez le pacha. Après vérifications faites sur le grand registre, les diverses soldes étaient remises, renfermées dans un morceau de papier sur lequel on cachetait le billet de chacun, à l'*aga-mtâa-ech-chekara*. Elles étaient renfermées en présence d'un des *kraznadars*, dans un ou plusieurs sacs cachetés ensuite du sceau du *kraznadji*. Elles étaient ainsi transportées dans les diverses villes et remises par les soins de l'*aga* de la *nouba*.

Les Turcs de la milice, les *zebenthouths*, à l'exception des *mekahalias*, des *krodjats*, des *musiciens* de la maison du bey, qui recevaient un habillement complet tous les trois ans à l'époque du *denouch*, devaient pourvoir à leur habillement au moyen de leur solde. Pendant qu'ils étaient *krezourdjis* et même dans les *noubas*, il leur était permis de faire le commerce. Les alliances des soldats turcs étaient recherchées par les riches marchands arabes, et alors, loin de payer le *cedoq* (2) ou la dot, que, dans les mariages musulmans, le mari est obligé de payer à la

(1) اغا متاع الشكارة L'aga du sac.

(2) صدف Cadeau de mariage, et plus généralement les conditions du mariage, dans lesquelles était stipulé ce cadeau. Chez les Arabes, le père de la fille exige pour lui, en dehors du *cedoq*, un présent plus ou moins considérable, suivant que sa fille est plus ou moins jolie. Ce présent immoral qui peut faire deviner comment sont comprises les affections de famille, chez ces populations qui sacrifient tout à l'argent, est appelé *makelat* مأكلة. Les habitants des villes regardent la *makelat* comme une chose honteuse.

femme; c'était le mari qui recevait des cadeaux du père de sa femme. Les *hadars* cherchaient, en s'alliant aux Turcs, à s'assurer leur protection; celle d'un soldat de la milice méritait alors qu'on fit quelques sacrifices pour l'obtenir.

Les armes étaient délivrées aux Turcs aux frais de l'état; quand ils arrivaient à Alger, ils séjournaient quelque temps dans leurs casernes; ensuite tous les nouveaux venus étaient conduits chez le pacha, qui leur faisait délivrer à chacun un fusil et un *yataghan*.

Ceux qui voulaient avoir des armes de luxe, auxquelles ils tenaient beaucoup, des *pistolets*, des *palaska*, des *djebira*, devaient les acheter eux-mêmes.

Pour compléter ce que nous avons dit sur les *maqrzens* de la province d'Oran, nous allons donner approximativement le nombre de cavaliers que chacune de ces tribus devait fournir sous le dernier bey *Hassan*.

Douairs,		1500
Zmelas,		900
Garabas, *Cheragas*,	appelés aussi *Zmelas*,	200
Hachems,		2,000
Bordjias,		500
Ch-djerara, *Beni-Chougran*, *Cher-ber-Rihheu*, *Beni-Greddou*,	appelés *el-Awara*,	100
Mekahalias,		200
Oulad-Hamed, *Oulad-bou-Guerrara*,		50
Oulad-Adda, *Oulad-Zerfa*, *Oulad-Euldja*,	appelés *Oulad-Selama*,	100
Heukkerma,		100
Oulad-el-Abbas,		200
Oulad-Kroaüdem,		100

	5,950
Oulad-Kradra,	50
Oulad-Kouïder,	50
Abid-Cheragas,	50
	6,100 (1).

Telle était la force en cavalerie dont pouvait disposer l'autorité turque dans la province d'Oran, sans qu'il en coutât rien au trésor du bey ni du pacha. C'est en imitant l'organisation des Turcs qu'*Abd-el-Kader* est arrivé à établir sa puissance. C'est sur la division des Arabes en *rayas* et en *maqrzens* qu'elle est appuyée. Il ne dut à l'origine son élévation qu'à l'adresse qu'il eut de s'attirer la puissante tribu des *Hachems*, avec laquelle il attaqua et battit séparément la plupart des autres tribus, divisées entre elles.

Telle était aussi l'organisation du gouvernement des beys dans la province d'Oran, la plus importante des trois provinces, celle où, quoi qu'on fasse, doit se décider la question de notre souveraineté dans le pays. Nous terminerons cet aperçu par les conclusions que nous avons indiquées au commencement de ce volume. Ce que nous avions à faire dans l'origine pour empêcher la formation de cette nationalité arabe qui menace à présent, non plus une souveraineté que nous n'avons jamais eue, pas même sur le papier (2), mais notre exis-

(1) Nous tenons ces chiffres d'un homme qui a été pendant longtemps *krodjat-segrir* du *kralifat* du bey.

(2) Le premier article du traité fait avec l'émir Abd-el-Kader, qui est censé y reconnaître la souveraineté de la France, est ainsi conçu dans l'original arabe :

الامير عبد القادر يعرب حكم سلطانة فرانسا في افريقية

dont la traduction littérale est celle-ci :

L'émir Abd-el-Kader sait (dans le sens de n'ignore point) qu'il

tence elle-même en *Afrique*, est encore ce qu'il conviendrait le mieux de faire pour la détruire. Pour arriver à la solution de cette question, restée jusqu'ici insoluble malgré nos grands moyens et nos grandes théories, pour n'avoir enfin dans la régence qu'une armée que la France pût y maintenir, malgré toutes les complications qui pourraient survenir sur le continent, il nous faudrait: 1° Modifier notre constitution d'armée, très-bonne sans doute dans des conditions différentes, mais impuissante dans ce pays, comme l'expérience l'a prouvé, pour imiter l'organisation de l'armée des beys, créée pour combattre avec succès, comme les faits le démontrent, ces ennemis qui mettent en défaut notre tactique. *Abd-el-Kader* connait si bien où est sa force, et où est notre faiblesse, qu'il fait démolir la ville de Tremecen, pour forcer tout ce qui reconnait son autorité à vivre sous la tente; et que, malgré les stipulations d'un traité fameux, il a toujours défendu sous les peines les plus sévères que des chevaux nous fussent amenés par les siens; dans la crainte, sans doute, de nous voir arriver à la formation d'armée qu'il redoute. 2° Pour ne point nous créer en avançant les difficultés qui nous ont arrêtés au début, il faudrait changer dans les tribus la constitution de la propriété, et imiter encore en cela les beys; nous déclarer propriétaires du sol. 3° Ne plus essayer enfin de faire de la colonisation un moyen de conquête, tandis qu'elle ne doit être qu'un résultat après la conquête.

Dans la province d'Oran, six mille cavaliers, tous Français (l'expérience a prouvé l'inutilité et le danger des

existe un commandement de la puissance française dans l'Afrique ce dernier mot d'*Afriquia* ne désigne point en arabe le pays dont il doit être question dans cet article).

corps mélangés), auxquels viendraient bientôt se réunir toutes les tribus qui nous ont maintes fois déjà offert leur coopération, si nous leur assurions une protection efficace (1), et que nous créerions nos *maqrzens*; un bataillon organisé d'une manière analogue à celle des *zebenthouths turcs*, quelques pièces d'artillerie de montagne dont on ne serait plus prodigue dans les attaques, mais qu'on réserverait pour le cas d'une retraite; telle est l'organisation d'armée avec laquelle nous serions partout, sans avoir nos soldats partout; c'est celle qui a su donner dans le pays la souveraineté aux Turcs, c'est celle qui y établirait rapidement la nôtre.

Pour fixer ces populations mobiles et les lier ainsi à la civilisation; pour faire de la colonisation, non plus un champ laissé à l'agiotage pour s'enrichir, mais une porte ouverte au travail pour vivre et s'attacher au sol; pour n'être plus témoins du scandaleux trafic dont le spectacle a été donné sur quelques points de la régence; pour fermer enfin cette école de démoralisation et faire cesser ce commerce de faux titres, dont les ateliers ont existé de notoriété publique, tant dans des points occupés par nous que dans des villes de l'intérieur, il faudrait déclarer toutes les terres propriétés de l'État, en se réservant de connaître de la validité des titres individuels, bien peu communs chez les Arabes, qui justifieraient de la possession d'une certaine partie du territoire. Partager ensuite ces terres dans lesquelles errent çà et là ces populations en n'en cultivant que la moindre partie, entre l'État et elles; faire dans ce partage une large part aux

---

(1) Les tribus du Chellif sont venues plusieurs fois offrir leur soumission; mais elles demandaient à être protégées par un corps de nos troupes contre la vengeance de l'émir.

indigènes, et réserver le reste pour pouvoir être distribué en temps utile à de véritables colons travailleurs. Ce n'est que lorsque nous aurons amené la propriété à avoir chez les Arabes quelque analogie avec ce qu'elle est en France, que nous pourrons la soumettre à une législation française ; ce n'est qu'alors que ces populations, enclavées au milieu de colons européens, protégées par une organisation d'armée efficace, arriveront forcément par le contact, par l'échange journalier des intérêts, à la civilisation. Alors, enfin, la colonisation sera ce qu'elle doit être en Afrique, non plus un moyen d'action pour la conquête, mais un moyen de civilisation après la conquête.

A ceux qui trouveraient qu'une organisation basée sur ces conclusions apporterait la perturbation dans tous les principes, bouleverserait l'armée en changeant les bases sur lesquelles elle est assise, attaquerait la propriété, la liberté d'acquérir, etc., nous répondrions que dans un pays nouveau ce n'est pas par des moyens usés, par de petits moyens, qu'on arrive à de grandes choses ; que ce n'est point avec de vieux matériaux et du replâtrage qu'on arrive à construire un édifice neuf et solide.

NOTES.

NOTE A.

Heudjer, heudjera (1), fuir, fuite. C'est par ces mots que les musulmans désignent la retraite de *Mohammed*, ou plutôt sa fuite précipitée de la Mecque. Ayant appris que ses ennemis voulaient le faire périr par le fer ou le poison, le prophète se réfugia à *Yatrib*. Ce grand événement, qui eut lieu l'an 622 de J.-C., a fixé définitivement le point de départ de l'ère musulmane. *Homaïdi* nous apprend que les Arabes des premiers âges rapportaient leurs diverses époques aux grands accidents de la nature, tels qu'une longue sécheresse, une tempête, etc. Plus tard ils comptèrent depuis la fondation de la *Caaba*, temple de la Mecque qu'on dit bâti par *Abraham* et *Ismaël*. Dans des temps plus rapprochés de *Mohammed*, ils dataient de l'invasion du roi d'Éthiopie (2) dont l'armée fut entièrement détruite par *Abd-el-Mota-*

(1) هجرة fuite; de la racine هجر fuir, d'où nous avons fait *hégire*.

(2) Il est fait mention dans le *Coran* de cette invasion dans la sourate de l'*éléphant*.

« Ignores-tu, dit *Mohammed* dans ce chapitre, comment *Dieu* traita les conducteurs d'*éléphants*? Ne tourna-t-il pas leur perfidie à leur ruine? Il envoya des troupes d'oiseaux voltigeant sur leurs têtes ; ils lançaient sur eux des pierres gravées par la vengeance céleste. Les perfides furent réduits comme la feuille de la moisson coupée. » Voici le fait historique auquel cette sourate fait allusion, tel que le rapporte *Gelal-ed-Din* : « *Abraha*, roi de l'*Arabie heureuse* et de l'*Éthiopie*, ayant bâti un temple à *Sannâa*, mit tout en usage pour y attirer les pèlerins de la *Mecque*; ce fut inutilement. Un des habitants de *Canana* porta si loin le mépris pour le nouveau temple, qu'il y fit des ordures. *Abraha* jura de s'en venger en renversant celui de la *Mecque*. Il marcha contre cette ville à la tête d'une armée. Une partie de ses soldats était montée sur des *éléphants*; lui-même en montait un nommé *Mahmoud*. Lorsqu'il était sur le point de détruire la maison sainte,

leb, aïeul de *Mohammed.* Mais depuis l'*hégire,* c'est-à-dire depuis la fuite de *Mohammed* à Yatrib, les Arabes adoptèrent sans retour cette grande époque de la vie du fondateur de l'*islamisme* pour base de tous leurs calculs chronologiques. Dès lors ils changèrent le nom de la ville d'Yatrib, qu'ils appelèrent *Medinat-en-Nebi,* la ville du prophète, et par antonomase *Medinat,* la ville (1).

Si l'année musulmane était la même que la nôtre, il suffirait, quand on veut passer d'une ère à l'autre, d'ajouter 622 à la date écrite dans l'ère musulmane. Mais l'année musulmane est *lunaire* et ne se compose que de 354 jours. L'année chrétienne est *solaire,* et en compte 365. L'année musulmane est donc plus courte que la nôtre de 11 jours. Si l'on n'a besoin que d'une simple approximation, il faudra supprimer une année sur chaque somme de 33 années musulmanes. En effet, par suite de cette différence, quand nous comptons 32 ans, les musulmans en comptent 33. En compte plus rond, on retranche trois années par siècle. Ainsi dans l'inscription trouvée dans la grande mosquée à Mostaganem, nous trouvons la date de l'hégire 742; pour avoir l'année correspondante de l'ère chrétienne, l'on a

742—22 + 622 = 1342.

Si l'on a besoin d'une plus grande exactitude, si l'on veut arriver aux mois et jours correspondant à une date donnée, il faut avoir recours à des tables telles que celles qu'on trouve dans l'Art de vérifier les dates. Les dates se marquent en chiffres qui, à la différence de l'écriture, se lisent comme les nôtres de gauche à droite. Le système de ces chiffres est presque entièrement semblable au nôtre. Nous les appelons chiffres *arabes*, les Arabes

---

Dieu envoya des troupes d'oiseaux armés de pierres où étaient écrits les noms de ceux qu'elles devaient frapper. Ces pierres miraculeuses, lancées sur les impies, brûlèrent les casques, les hommes et les *éléphants :* toute l'armée fut détruite. Ce miracle arriva l'année de la naissance de *Mohammed.* Un nuage de sable brûlant, tel que le vent en élève dans l'*Arabie* et l'*Afrique,* aura pu faire périr une partie de l'armée d'*Abraha,* et l'effet d'une cause naturelle aura passé pour un prodige. » (Traduction du *Coran* de *Garcin de Tassy.*)

(1) مدينة — مدينة النبى.

les appellent chiffres *indiens*. C'est aux Arabes, du reste, que nous devons le système décimal dont nous nous servons. Dans le dixième siècle, *Gerbert* (depuis pape sous le nom de *Sylvestre II*) apprit, dans le cours de ses voyages au travers de l'Espagne, le mode de computation arabe ou plutôt indien. Mais l'obscurité de ses préceptes et de sa manière d'écrire empêchèrent les autres nations de profiter beaucoup de sa découverte. A la fin du douzième siècle ou au commencement du treizième, Léonard, marchand pisan, apprit cet art à Bougie, où son père était agent de commerce de Pise. Le trouvant beaucoup plus simple et plus utile que celui qui était généralement adopté en Europe, il l'introduisit à Pise, et c'est à cette république commerçante que l'on peut attribuer l'honneur d'être le premier peuple chrétien de l'Occident qui ait fait usage de l'échelle décimale. L'année vulgaire étant connue, ainsi que le millénaire de l'*hégire*, il est également facile d'avoir l'année de l'*hégire*. Dans un grand nombre d'actes, le *millénaire* est omis; ainsi, au lieu d'écrire 1253, année actuelle de l'*hégire*, on écrit seulement 253; quelquefois même, mais plus rarement, le siècle est omis et la date se réduit alors à deux chiffres, 53. Il est généralement facile de suppléer à ces lacunes par d'autres indications.

Dans le langage, l'indication de la date est exprimée avant le siècle; ainsi la date du tremblement de terre qui renversa *Belida* s'énonce par l'expression quarante dans le siècle treize, 1240 (1).

Il existe, au reste, un moyen mnémotechnique fort simple qui consiste, pour se rappeler et exprimer les dates, à se servir de la valeur numérique des lettres (2). Dans l'hébreu, le grec, l'arabe, ainsi que dans les langues qui se servent des caractères arabes, tels que le turc et le persan, chaque lettre, indépendamment de sa valeur propre, a une valeur numérale. En combinant les lettres de manière qu'outre le sens qui ressort du mot, la somme totale des valeurs numériques de chaque lettre corresponde à l'année de l'hégire dont on veut exprimer ou se rappeler la date, on a l'avantage d'arriver à la date d'un événement par

(1) اربعين في قرن ثلاتاش *Arbaïn-fi-queurn-telatach.*

(2) Ce procédé est appelé غَمَز *gramez*, coup d'œil.

l'expression de cet événement lui-même. Tout le monde connait le fameux *chronogramme* de *Tamerlan*. Ce conquérant s'étant emparé, l'année 803 (1400 J.-C.), de la ville de *Damas*, et l'ayant détruite de fond en comble, imagina, pour perpétuer le souvenir de sa victoire, de faire frapper des monnaies portant le mot arabe *krerab* (1), destruction. Ce mot par l'idée qu'il exprime réveille le souvenir du fait, et en même temps indique par la valeur numérale des lettres qui le composent l'année 803, époque de la ruine de cette capitale.

Quelquefois on fait abstraction de la signification pour avoir seulement égard à la valeur numérique des lettres ; on les groupe alors simplement dans un mot qui n'offre pas de sens, mais qu'on tâche de rendre facile à retenir. Ainsi *Oran* resta 63 ans entre les mains des Espagnols, depuis l'expulsion de *Bou-Chelagram* jusqu'à sa reprise par *Mohammed-el-Kebir*. Ce nombre est donné par la réunion de trois lettres arabes, qui forment le mot *kemdjim* (2).

L'année musulmane est divisée comme la nôtre en douze mois lunaires, dont les noms sont : 1er *Moharrem* (défendu) (3) ; 2e *Safer* ; 3e *Rebia-el-Aouel* (le premier printemps) ; 4e *Rebia-el-Tsani* (le deuxième printemps) ; 5e *Djemad-el-Aouel* (*djemad* c'est le moment où le grain de blé se durcit, se caille); 6e *Djemad-el-Tsani* ; 7e *Redjeb* ; 8e *Chaaban* ; 9e *Ramdan* ; 10e *Choual* ; 11e *Del-Kada* (du repos); 12e *Del-Hadja* (du pèlerinage).

Mais indépendamment de ces mois connus et indiqués partout, on trouve dans quelques manuscrits mogrebins la division suivante de l'année, qui correspond exactement aux mois de notre année solaire, avec des noms à peu près semblables. Ce sont :

1er Janaïra, 2e Febraired, 3e Merceddi, 4e Broulouzi, 5e Mioubin, 6e Iniou, 7e Iliouz, 8e Achtedjin, 9e Choutembirou, 10e Okten-

---

(1) خراب Ruine, destruction ; dans ce mot خ = 600, ر = 200, ا = 1, ب = 2 : ce qui fait en tout 803.

(2) كمج *kaf-mim-djim*, dans lesquels ك = 20, م = 40, ج = 3 : total 63.

(3) Autrefois les mois sacrés, pendant lesquels la guerre et la chasse étaient défendues, étaient *Moharrem*, *Redjeb*, *del-Kada*, *del-Hadja*.

hirahh, 11ᵉ Nouenbirad, 12ᵉ Doudjenbirou (1). Cette division de l'année sert aux talebs dans les tribus pour déterminer les heures de la prière. Voici quel est le procédé qu'ils emploient : « Dans un terrain uni mets-toi debout, dit la formule (2), regarde la dimension de l'ombre et mesure-la avec tes pas. Alors l'on aura le midi, lorsqu'on comptera pour le premier mois,

Janvier,	9 pas.
Février,	7 id.
Mars,	4 id.
Avril,	3 id.
Mai,	2 id.
Juin,	1 id.
Juillet,	1 id.
Août,	2 id.
Septembre,	4 id.
Octobre,	6 id.
Novembre,	8 id.
Décembre,	10 id.

Pour savoir l'heure pendant la nuit, il existe des procédés analogues et aussi savants pour la reconnaître par les étoiles. Dans les journées et les nuits pluvieuses, lorsque le ciel est couvert et que les étoiles ni le soleil ne sont apparents, ce sont les chants du coq et les bêlements des brebis qui annoncent l'heure. Le coq qui connaît le mieux les divisions du temps est un coq blanc, dont la crête n'est point divisée.

Les connaissances astronomiques des Arabes ne sont point très-avancées, comme on le pense. Quelques lambeaux empruntés au système de Ptolémée, sept cieux tournant les uns dans les autres, et auxquels sont fixées les diverses planètes, et

(1) 1ᵉʳ يَنِيرَا, 2ᵉ فَبْرَايَرْذ, 3ᵉ مَرْصِدْ, 4ᵉ بُرْلُوزْ, 5ᵉ مَيِبْ, 6ᵉ يُنِيُو, 7ᵉ يُلِيُوزْ, 8ᵉ عَشْتِج, 9ᵉ شَنْبِرُو, 10ᵉ كَتِنْبِرْجْ, 11ᵉ نُونْبِرْدْ, 12ᵉ دِجِنْبِرُو.

(2) فى ارض مستوية افو
و الظل علــــم
و اكيل هيا بلـفـدام

un huitième ciel supérieur et fixe (1), sont les bases de eur science. Ils reconnaissent sept planètes :

شمس,	le Soleil,	*Chems.*
قمر,	la Lune,	*Kmar.*
زهرة,	Vénus,	*Zhoura* (la fleurie).
مريخ,	Mars,	*Mourriqr* (2).
زحل,	Saturne,	*Zouhhal.*
مشتري,	Jupiter,	*Mouchteri.*
عطارد,	Mercure,	*Outharreud.*

Comme chez nos anciens alchimistes, chaque planète est assimilée à un métal. Quelques talebs, disent les Arabes, connaissent le moyen de faire de l'or, mais en petite quantité.

Le Soleil représente	ذهب,	*dcheub,*	l'or.
La Lune,	فضة,	*fodda,*	l'argent.
Vénus,	نحاس,	*nehas,*	le cuivre.
Mars,	حديد,	*hadid,*	le fer.
Saturne,	رصاص,	*Reçaç*	le plomb.
Jupiter,	قصدير,	*kesdir,*	l'étain.
Mercure,	زاوق,	*zaouaq,*	le mercure.

Les influences climatériques qu'ils attribuent à ces planètes sont exprimées par les épithètes suivantes qu'ils leur donnent, et rappelées par la formule mnémotechnique *nemather* نمطر dans laquelle ن *n* signifie *nari* ناري de feu, م *m* signifie *maoui* ماوي d'eau, ط *th, therabi* طرابي de terre, ر *r, rihhi* ريحي d'air.

Ils placent la Lune dans le premier ciel.
Mercure dans le deuxième.
Vénus dans le troisième.

(1) Les sept cieux mobiles sont appelés *Fellek*, du mot ملك, tourner comme un fuseau. Le huitième est appelé سها, élévation.

(2) Mars est aussi appelé *el-Nedjem-el-hamera*, l'étoile rouge, النجم الحمرة.

Ils placent le Soleil dans le quatrième.

Mars dans le cinquième.

Jupiter dans le sixième.

Saturne dans le septième.

Toutes les autres étoiles dans le huitième.

Bien que la croyance aux étoiles ait été condamnée par *Mohammed*, et que les musulmans eux-mêmes citent plusieurs sentences qu'ils lui attribuent, et dans lesquelles cette croyance est réprouvée (1), la conviction que les astres exercent une grande influence sur nous et nos destinées n'en est pas moins générale et intime chez les Mogrebins, et en général toutes les sciences occultes obtiennent chez eux un très-grand crédit.

L'homme et l'universalité des êtres sont soumis à quatre influences, qui constituent leur mode d'être, leur nature. Ces quatre influences sont le froid, le chaud, le sec et l'humide. Or, le froid, le chaud, le sec et l'humide viennent des astres. Le soleil est le principe du chaud (2), la lune de l'humide (3). Les autres planètes, combinées entre elles, donnent naissance au froid et au sec. En connaissant donc quelles sont les positions respectives, les actions réciproques des astres dans certaines époques données, à la naissance d'un enfant par exemple, on pourra savoir *à priori* comment la nature intime et la manière d'être de cet enfant seront modifiées par ces influences, et par suite quel sera son caractère, et jusqu'à un certain point ce qu'il deviendra dans l'avenir.

Puisque c'est sous l'influence des planètes que nous devenons ce que nous sommes, tant au physique qu'au moral, il s'ensuit que d'elles dépend tout ce qui nous arrive de bien et de mal, d'heureux et de malheureux dans ce monde. De là, on a attribué aux planètes diverses influences heureuses et maléfiques, favorables et funestes.

(1) Ainsi la tradition fait dire à Mohammed :

« Celui qui croit aux étoiles est un infidèle,

من آمن بالنجوم كفر

« Tout astrologue est menteur,

كل منجم كاذب

(2) شمس ناري *Chems-nari*.

(3) قمر ماوي *Kmar-maoui*.

Le soleil, dit un écrivain arabe du treizième siècle de notre ère, El-Bouni, ainsi appelé parce qu'il était originaire de la ville de Bone, dit, dans son ouvrage intitulé *le Soleil des connaissances* (1), que le soleil serait toujours d'une heureuse influence par lui-même; mais il devient nuisible par certaines conjonctions. « Il est mâle, chaud et sec ; il préside à la bile ; sa substance est en or. Il commande au cœur et dispense la noblesse, la grandeur, le plaisir, la joie et la puissance (2). » La planète dont l'influence est la plus heureuse, parce que sa constitution est un juste mélange de chaud et d'humide, est Jupiter, qu'on appelle aussi la *grande fortune* (3). Après *Jupiter* vient *Vénus*, à laquelle on donne le nom de *petite fortune* (4).

Celles qui sont les plus dangereuses sont *Saturne* et *Mars*; le premier est appelé la *grande infortune* (5), et l'autre la *petite infortune* (6). Dans l'un prédominent le froid et le sec ; dans l'autre, le sec et le chaud. Les autres planètes peuvent être ou bénignes ou funestes, suivant leur position à l'égard de celles-ci. Mercure surtout peut, suivant le cas, changer les influences heureuses en influences malheureuses, et réciproquement; aussi a-t-il mérité le surnom de *changeur de côté* (7), Menafeug.

(1) شمس المعروف *Chems-el-maref*, le soleil des connaissances.

(2) الشمس سعد بالنظر نحس بالمقابلة هي ذكر حارة يابسة لها
الصفرا جوهرها الذهب و سلطانوا على الفواد و لها الشرب و العلو
الفرح و السرور و الهات

Le mot *chems* est féminin en arabe.

L'ouvrage d'El-Bouni passe pour renfermer les secrets les plus surprenants : « Il donne le moyen de faire de l'or, » disent les Arabes. Ils ont en lui une foi aveugle.

(3) السعد الكبير *Es-sâd-el-kebir*, le grand bonheur.

(4) السعد الصغير *Es-sâd-es-segrir*, le petit bonheur.

(5) النحس الكبير *El-nehess-el-kebir*.

(6) النحس الصغير *El-nehess-el-segrir*.

(7) منافق Celui qui change de côté, qui abandonne son parti pour passer dans un autre.

NOTE B.

Les *marabouts* sont, en Afrique, ces hommes qui, dans tous les états despotiques de l'*islamisme*, acquièrent à la faveur de la religion, sous les titres divers de *derwiches*, *fakirs*, *sophis*, etc., l'autorité de la critique et la liberté de la parole. Ce sont les hommes avancés de la civilisation imparfaite à laquelle peut conduire la religion de Mohammed; ceux qui, dans ce pays, font et dirigent l'opinion des masses par l'ascendant de leurs lumières et de leurs vertus, mais dont le progrès vient s'arrêter devant la barrière de fer que leur oppose le fatalisme. Le peuple juif avait ses orateurs publics sous le titre de prophètes, chargés par les institutions de Moïse de dire la vérité aux peuples, aux prêtres et aux rois. L'islamisme, fondé sur la fatalité et la servitude, avait cherché à étouffer la liberté de la volonté et celle du langage. Les marabouts vinrent, sous la sauve-garde de cette même religion, et en parlant en son nom, s'interposer entre les despotes et les esclaves, et faire entendre souvent la vérité jusque dans les palais des tyrans. Sous le gouvernement des Turcs dans la régence, les marabouts arabes jouissaient d'une grande liberté, de beaucoup de considération et de nombreux priviléges, tant qu'ils ne se laissaient point égarer par des idées d'ambition personnelle; tant que leur rôle de critique ne se changeait pas en celui de fauteur de révolte. Mais dans les cas nombreux où des *marabouts*, ambitieux hypocrites, voulurent faire servir la religion de prétexte à leur ambition, les anciens dominateurs ne souffrirent point qu'un pouvoir s'élevât à côté du leur, et ils poursuivirent impitoyablement ceux qu'ils ne purent ramener à leur cause. Le nom de *marabout* signifie attaché, lié, emprisonné (1). Le *marabout* en effet doit être emprisonné, ne doit jamais sortir des règles de conduite que lui trace le livre descendu du ciel pour fixer définitivement les limites entre ce qui est permis à l'homme et ce qui lui est défendu (2).

(1) مرابوط De la racine ربط, lier, attacher, emprisonner.
(2) Les Arabes donnent au Coran le nom الفرقان *el-Ferqan*, de la racine فرق *ferq*, séparer : Il a séparé irrévocablement le bien d'avec le mal.

Le caractère de *marabout*, dit la mosquée, se révèle par le don de la prescience et la faculté de voir, qu'il reçoit de Dieu. Les prophètes jusqu'à Mohammed, le dernier et le plus grand de tous les prophètes, se sont révélés par le don des miracles (1). Le titre de marabout peut être héréditaire dans une famille, mais le caractère ne l'est point ; et si on révère les fils ou descendants de *marabouts*, c'est en souvenir de ceux de leur famille qui ont mérité ce titre. Il suffit quelquefois d'un fait de la nature de celui que nous allons citer pour faire déclarer quelqu'un marabout, surtout si la conduite et les antécédents de piété et de pratique des vertus avaient déjà fixé l'attention sur l'auteur du fait.

Le chef des Beni-Zian, qui commandait à Tremecen au moment où furent rendus les décrets qui chassaient les Andalous d'Espagne, eut un jour son trésor enlevé ; des voleurs s'introduisirent furtivement chez lui et le dévalisèrent. Vainement des recherches furent faites dans toute la ville pour découvrir les auteurs du vol ; ils avaient échappé à toutes les investigations, lorsqu'on conseilla au prince Beni-Zian d'avoir recours à un Andalous réfugié dans les environs de Tremecen, et qui s'était attiré la vénération et le respect des habitants par sa science et ses hautes vertus. Cet homme fut mandé devant le prince et interrogé sur les auteurs du vol ; il répondit sans hésitation : « Celui qui t'a volé est aveugle et cul-de-jatte, envoie » dans telle maison ruinée, située en tel endroit de la ville, tu » y trouveras ton trésor et l'auteur du vol. » On se rendit en effet dans le lieu indiqué, l'on trouva le trésor enfoui dans la cour de la maison. Les habitants du logis étaient un aveugle et un cul-de-jatte ; ce dernier, monté sur les épaules de l'aveugle, l'avait dirigé, et à eux deux ils avaient commis le vol. L'homme qui sut indiquer avec tant de précision et les auteurs du vol et le lieu où l'objet volé était caché, était un grand marabout : c'était *Sidi-bou-Meddin* de *Séville*. La belle mosquée où est le tombeau de *Sidi-bou-Meddin* au village de *Habbed*, tout près de Tremecen, attirait, avant que nous nous fussions emparés de cette place, un grand concours de pèlerins dans ce village. Dieu a pu faire quel-

الأنبياء بالمعجزة الاولياء بالكرامة Les prophètes se reconnaissent par des miracles ; les saints par la prescience.

quefois des miracles en faveur des *marabouts*, mais généralement il n'a été donné qu'aux grands prophètes d'interrompre ou de suspendre les lois ordinaires de la nature. A *Jérusalem*, en *Palestine*, vivait un jeune enfant et sa mère, que les persécutions des *Juifs* forcèrent à se retirer en *Égypte*. Là l'enfant fut envoyé en apprentissage chez un maître pour apprendre le métier de teinturier. Il travaillait depuis quelque temps chez cet homme, lorsqu'un jour le maître sortit, le laissant seul au logis. L'enfant se trouvant seul, prit les diverses étoffes destinées à recevoir des couleurs différentes, et les plongea toutes dans la chaudière où bouillait la *nila* (la couleur qui sert à teindre les étoffes en noir). Le maître rentrant sur ces entrefaites, se désolait en criant contre la maladresse de son jeune apprenti, lorsque celui-ci lui dit : « Ne » soyez point en peine ; retirez les étoffes de votre chaudière » avant de vous livrer ainsi au désespoir. » Le maître retira les diverses pièces d'étoffes de la chaudière, et elles se trouvèrent teintes chacune avec la couleur qu'elle devait avoir. Ce miracle fut le premier par lequel se révéla un grand prophète : c'est celui que les Juifs appelaient l'enfant des enchantemens (1), le sorcier (2), et qui était Aïssa-ben-Merim (3), Jésus, fils de Marie, le plus grand de tous les prophètes après l'envoyé de Dieu.

Il existe dans la province d'Oran un grand nombre de marabouts en vénération. Leurs quobbas, qu'on aperçoit au loin, blanchies et entretenues par les soins des fidèles, sont comme des jalons pour diriger le voyageur dans ces monotones solitudes, pour lui offrir un abri contre l'orage. Elles reposent la vue et jettent quelque poésie dans ces mornes paysages.

L'*Espagne*, à l'époque de l'expulsion des musulmans, envoya en *Afrique* six marabouts en grand honneur dans le pays, où ils sont connus sous le nom des six Andalous ; ce sont :

Sidi-Mohammed-ben-Mimoun dont la *quobba* existe encore dans le pays des *Oulad-bou-Rhama*. Il était originaire de *Séville*.

Sidi-Soliman-bou-Rebihheu, originaire de *Malaga*. Il est enterré chez les *Oulad-Krelouf*, sur le bord de la mer.

(1) ولد سحيرة *Ould-sakhira*.

(2) صاحب خذفطيرة *Sahab-krenquethira*.

(3) عيسى بن مريم *Aïssa-ben-Merim*, appelé, comme tous les prophètes et patriarches, par les Arabes, *sidina*, notre seigneur.

Sidi-bou-Meddin-er-Roussi dont nous avons déjà parlé.

Sidi-Mançour, enterré près d'*Alger*, natif de *Cordoue*.

Sidi-Mohammed-ben-Mellouk, enterré dans la petite ville d'Ouïdjeda, sur la frontière du *Maroc*.

Sidi-Mohammed était né à *Cordoue*. Sa *quobba* est encore fréquentée par un grand nombre de fidèles. Au moment où l'on construisait son tombeau, une fontaine jaillit du milieu des fondations. Le petit ruisseau d'Ouïdjeda est alimenté par cette source.

Sidi-Mazouz d'*Almerie*, se sentant près de mourir dans un pays qui devait devenir la proie des infidèles, dit à son domestique : « Quand je serai mort, charge-moi sur ma mule, et enterre-moi là où elle s'arrêtera. » Le domestique exécuta les ordres de son maître. Le corps de Sidi-Mazouz fut chargé sur la mule, laquelle se mit aussitôt en route et se dirigea sur le bord de la mer ; arrivée là, elle s'avança sur les flots comme si c'eût été une terre ferme. Dieu avait permis un miracle pour manifester la sainteté de son serviteur. La mule marchant ainsi sur l'eau, arriva jusqu'aux environs de *Mostaganem*, où elle mourut. Les habitants de cette ville ayant appris toutes les circonstances de ce fait miraculeux, firent construire une belle *quobba*, dans laquelle est enterré le saint avec sa mule. Ils changèrent le nom de cet homme, pour la glorification duquel *Dieu* avait fait ainsi éclater sa puissance, en celui de Sidi-Mazouz, qui signifie chéri de Dieu (1).

Un marabout dont la mémoire était en grand honneur à *Oran* avant l'arrivée des Français, était *Sidi-Mohammed-ben-Awari*, sous le nom duquel *Osman* le borgne fit bâtir une petite mosquée, *Messedjed-Sidi-Lawari* (2). Sidi-Lawari vivait du temps des *Beni-Zian*, cinquante ans environ avant l'arrivée des Turcs. En vertu de leur don de prescience, plusieurs marabouts ont prédit l'avenir dans des *Meddahs*, ou prophéties. Nous en avons déjà cité une de Sidi-Mohammed-ben-Awari sur *Oran*. Mais celles qui sont les plus estimées et les plus répandues dans cette

(1) معزوز بالله عزيز *Mazouz-Billah*, *aziz*.

(2) مسجد Les *messedjed* sont de petites mosquées où les musulmans peuvent se réunir pour faire les prières du jour pendant la semaine, afin de ne pas perdre de temps en allant chercher au loin une grande mosquée. La prière du vendredi ne peut point se faire dans les messedjed ; elle doit se faire dans les *djamâa* ou grandes mosquées.

province, ce sont les *meddahs* de *Sidi-el-Khal*, originaire des *Oulad-Krelouf*. Il vivait du temps des *Turcs*, il y a environ un siècle. Il prétendait être monté au-dessus des sept cieux et avoir lu ce qu'il annonçait au monde, sur la table sacrée (1), où sont écrites les destinées des hommes et des nations.

« La montagne de *Khar* (2) verra sortir un essaim d'innombrables soldats ;

« Ils s'étendront depuis *Telemin* (3) jusqu'à la colline au sud de l'*Heufra* (3) ;

« Leurs goums, attaquant les remparts, les laisseront en poussière.

« De noirs vaisseaux apparaîtront dans les *Metidjas*; on commencera à les combattre le premier jour (A) (le dimanche). (5) »

L'expulsion des chrétiens est prédite par la prophétie suivante (6). « Je t'annonce l'abandon d'Oran ; la fin de nos peines. »

« Compte le nombre de tes doigts, c'est le nombre d'années où il y aura la guerre. »

(1) اللوح المحفوظ La table réservée ; elle est placée au septième ciel, et est aussi longue que le ciel et la terre, et aussi large que l'orient et l'occident. Un ange est chargé d'y écrire, en caractères ineffaçables, nos actions de chaque jour. La plume dont l'ange se sert est si longue qu'un cavalier, courant à toute bride, pourrait à peine en parcourir la distance en cinq cents ans ; elle a la vertu d'écrire d'elle-même le présent, le passé et l'avenir. (Coran, sour. LXXVIII).

(2) كهار *Khar*, c'est la montagne près de Mers-el-Kebir.

(3) تلمين C'est le pays des *Adoui-Eumian*, au-dessus d'Arzeuw.

(4) حفرة *Heufra*, c'est le pays des Douairs, au sud de Miserghin.

(5)
تخرج على اكهار جند مالها عداد
من تلميسين للدير الفيات الحفرة
والقوم دامت السور تركه عبرة
يخرجوا على البنائح سهون كمل اتيان
يبدا يطردهم نه ثار الحاد
نبشر بحتى ودارن الزول العشرة
حسب عدادبدك سنة يكون طراد

(6)

Sidi-Kal a laissé aussi un grand nombre de prophéties sur la famille de *Mohammed-el-Kebir*; en voici quelques-unes (1) :

« La paix viendra dans le temps de *M* et de *H*, compte et ajoute deux lettres *M* et *D* (Mohammed). Toutes les tribus des Arabes seront pacifiées et soumises;

« La justice et la paix régneront dans le pays;

« Ensuite viendra un sultan de la postérité d'*Osman*, le dernier des *Adjems* (des Turcs).

« Son nom sera *Ali-Smeulfat* (2).

« Du *Douz* (3) au *Tenia* (4), à *Kerit-el-Eubad* (5), de la *Tafna* jusqu'aux plaines de *Zidour* (6). C'est là qu'alors je voudrais demeurer.

(1)
تأتى العبية في زمان م و ح
عد و زيد حرفين م و د (محمد)
تبقى نواحي العرب قاع مستاحة
يعلسي الحق تم جبية الاطلال
بعد ياتى سلطان من اصل عثمان
في العجيم اخر اسمه على سملهة
من دوز لثنيا الفريت العباد
من تفنة لالزبدور نغبط العشرة
لوَّمّا مدينة الكبار مانغبط لا نل
في صحرا ٤

(2) *Ali-Smeulfat* renferme un sens qu'on n'a pas voulu ou pu nous expliquer.

(3 et 4) *Douz* et *Tenia* sont deux montagnes situées, l'une dans le pays des *Beni-Amer*, l'autre dans celui des *Oulad-Ali*.

(5) *Kerit-el-Eubad* est une ville en ruines dans le pays de Tremecen, au-dessous de cette ville du côté de la mer. Ce sont peut-être les ruines de Madroma.

(6) *Zidour*, belles plaines renommées par leur fertilité. Les plaines de *Zidour* commencent à l'*Isser* et s'étendent l'espace de douze lieues jusqu'à l'*Oued-el-Malehh* واد المُلِح ; elles sont arrosées par un grand nombre de sources et de ruisseaux, et habitées par les *Oulad-Zaïr* des *Beni-Amer*.

« Mais lorsque Oran sera la ville des infidèles, je ne voudrais pas vivre ailleurs qu'au désert. »

Cette prophétie est si généralement connue qu'elle avait inquiété *Abd-el-Kader* lui-même. On prétend qu'avant d'être aussi solidement établi qu'il l'est à présent, il avait plusieurs fois manifesté le désir de voir s'éteindre la famille d'*Osman*, dont les enfants sont parmi nous.

A certaines époques de l'année, les Arabes des tribus environnantes, emmenant avec eux leurs femmes, leurs enfants, leurs vieillards, viennent se réunir autour des *quobbas* des *marabouts*, et y font une fête en l'honneur du saint (1). Le *tâam* ou *couscoussou* est apporté de divers *douars*; des courses à cheval (2), simulacre de leurs guerres, et leur plaisir le plus vif, ont lieu sous les yeux des femmes, qui encouragent par leurs *ouïl-ouïl* (3) les cavaliers vainqueurs, et n'épargnent point les plaisanteries et les sarcasmes aux vaincus. Ces jeux dégénèrent souvent en rixes qui nécessitent l'intervention des chiqrs des tribus.

Si les véritables marabouts sont honorés, les hypocrites, ceux qui veulent simuler une vie austère et qui sont convaincus de pécher comme le reste du vulgaire, sont punis par le ridicule de leur présomption et de leur fausseté. Ils sont promenés dans les tribus sur un âne, la tête tournée vers la queue de l'animal, et accompagnés partout par les huées de la multitude.

(1) يطعموا المرابوط *Tâamou-ci-marabout;* ils apportent le *tâam* au marabout.

(2) Ces courses à cheval sont appelées *ouada* وادة.

(3) C'est une espèce de cri que les femmes font entendre en guise d'applaudissements et pour témoigner leur joie ولول.

NOTE C.

Dans un pays où l'existence tout-à-fait primitive se passe entièrement au dehors et où l'homme est constamment en face de la nature, la vie tend à devenir contemplative, lorsque son activité n'est point dépensée dans les brigandages ou dans les combats. Chez un peuple ignorant, à imagination vive, ardente, et naturellement ami du merveilleux, il n'est pas étonnant que les croyances superstitieuses jouent un grand rôle. Heurtant à chaque pas des phénomènes naturels, ne pouvant s'en rendre compte à l'aide des causes secondes qui nous les expliquent, lorsque nous avons admis les causes premières, que nous ne connaissons pas, l'*Arabe*, pour se rendre raison de tous ces phénomènes, conséquences des lois générales, a recours à une multitude de *génies*, de *fées*, de *péris*, de *goules*, d'*afrits* (1), etc. Il en peuple ses bois, ses campagnes, ses fontaines ; ce sont eux qui protégent ses troupeaux contre le mauvais œil. Il les a pour compagnons sous sa tente et au combat ; son cheval, sa propriété la plus précieuse et la plus chère, est placé sous la protection spéciale de l'un d'entre eux ; aussi ne faut-il pas s'étonner qu'il ait une grande dévotion pour ces êtres qui se trouvent mêlés à tous les actes de sa vie. Il tâche, par une foule de pratiques qui constituent une des branches importantes de la science des *talebs*, de se les rendre propices ou d'apaiser leur colère. Il porte constamment sur lui des *djedouels, heurz, talasmans* (2), etc., destinés à rendre impuissantes les mauvaises intentions des génies ses ennemis. Comment ces croyances n'exerceraient-elles pas une grande influence sur l'esprit impressionnable des Arabes, lorsqu'elles ont pour autorité leur législateur et leur prophète. *Mohammed*, comme on sait, croyait lui-même aux songes, qu'il se faisait expliquer par son beau-père *Abou-Bekre*. Il avait foi à la magie, et une fois il crut avoir été ensorcelé par ses ennemis (sour. LXIII et LXIV). Leur livre de toute science, le *Coran*, ainsi que leurs livres de traditions, font

(1) جن جنون غولة پری عفریت جنیة.

(2) حرز جدول طالاسمان Amulettes, talisman.

mention, dans divers passages, de ces êtres mystérieux, et rendent leur existence incontestable ; aussi depuis le *muphti*, organe suprême de la religion, jusqu'au dernier des *fakirs* musulmans, tous admettent comme irrécusable l'existence non seulement des génies et des fées ou péris, créations d'un monde à part, mais encore ils regardent comme incontestable le pouvoir des sorciers et magiciens, imposteurs de ce monde-ci, que bien peu d'esprits forts parmi eux osent mettre en doute.

Voici, du reste, comment les traditions populaires rendent compte de la création de ces êtres fantastiques qui jettent un peu de poésie sur la vie monotone des *Arabes*. *Eve*, notre mère commune, disent les *talebs*, étant pour la première fois enceinte, était fort en peine de savoir ce qu'elle mettrait au monde. Elle eut recours à un démon appelé *Harret* ; celui-ci promit de faire, par sa puissance, qu'elle accouchât d'une créature semblable à elle, à condition qu'elle donnerait à l'enfant qui naîtrait le nom d'*Abd-el-Harret*, serviteur d'*Harret*. La malheureuse accepta la condition que lui imposait le *démon* ; mais *Dieu*, pour la punir de s'être adressée à un lapidé (1), lui fit mettre au monde un génie. C'est pour cela que les génies sont presque tous méchants ; ils ont quelque chose de la nature du démon. Cependant Dieu a eu pitié de plusieurs d'entre eux qui ont rendu témoignage et se sont faits musulmans (2).

(1) Les anges rebelles furent précipités du ciel à coups de pierres, de là ces paroles qui sont souvent dans la bouche des musulmans : الله بعيد عنا الشيطان الرجيم « Dieu nous garde de Satan le lapidé. »

(2) Voici ce que disent, par la bouche de Mohammed, les génies habitants de Ninive, qui vinrent le trouver lorsque, au lever de l'aurore, il priait sous un palmier :

اِنَّا سَمِعْنَا قُرْآنًا عَجَبًا يَهْدِي
اِلَى الرَّشِدِ فَاٰمَنَّا بِهِ وَلَنْ نُشْرِكَ
بِرَبِّنَا اَحَدًا وَاَنَّهُ تَعَالَى جَدُّ رَبِّنَا
مَا اتَّخَذَ صَاحِبَةً وَلَا وَلَدًا

« Nous avons entendu une lecture merveilleuse ; elle conduit à la

Moi, qui vous parle, ajoutait le *taleb Mohammed-ben-Sidi Ibrahim*, pour achever d'ébranler notre incrédulité, j'ai été un jour attaqué par un *génie*. Je revenais de faire un voyage dans l'Ouest; nous avions marché, mes compagnons et moi, depuis le grand matin jusqu'à l'heure de l'*aceur* (1). Arrivés du côté de *Mazouna*, nous nous arrêtâmes près d'une fontaine pour y faire nos ablutions (2) et nous reposer. Cette fontaine est située dans un lieu entouré de rochers; et lorsque vous criez, le diable vous répond (3). Vous savez que les génies se plaisent dans les

vraie foi; nous croyons en elle, et nous ne donnerons pas d'égal à Dieu. Gloire à sa majesté suprême. Dieu n'a point d'épouse et n'a point d'enfants. »

(1) Les musulmans divisent leur journée par les heures de la prière. Cinq fois par jour le *moedden* fait entendre du haut des minarets l'*aden*, ou appel à la prière.

Le matin,	صْبَحْ,	cebahh.
A midi,	ظُهْر,	dhor.
A trois heures et demie,	عَصْر,	aceur.
Au coucher du soleil,	مغرب,	mogrob.
Deux heures après le coucher du soleil,	عُشَا,	eucha.

(2) La loi musulmane ne permet l'exercice d'aucun acte religieux avant l'ablution الوضو *el-oudou*, avant de s'être préalablement lavé de toute souillure corporelle, pour rappeler au fidèle qu'il doit s'adresser à Dieu avec un cœur sincère et dégagé de tout mauvais penchant. Voici ce que dit le *Coran*, sourate *de la table*, relativement à l'ablution:

يَا يُهَّا الذين امنوا اذا قمتم الى الصلوة فاغسلوا و جوهكم و ايديكم الى المرافق و امسحوا بروسكم و ارجلكم الى الكعبين

« O croyants, avant de commencer la prière, lavez-vous le visage et les mains jusqu'au coude; essuyez-vous la tête et les pieds jusqu'au talon. Lorsque vous serez malade ou en voyage, ajoute le livre sacré, frottez-vous le visage et les mains. »

(3) يرد الشيطان *Ireud-ech-chithan*, le diable répond. C'est l'expression par laquelle les Arabes désignent le phénomène de l'écho.

endroits frais, et qu'ils aiment la solitude. Arrivé au bord du ruisseau, je déposai le *talisman* que je porte toujours suspendu à mon cou, et qui m'a été donné par un savant de *Maroc* (les gens de ce pays sont maîtres dans l'art d'écrire les *talismans*). Au moment où j'allais commencer mes prières, le *génie* me *revêtit* comme si l'on m'eût recouvert d'un manteau. Je devins faible et tremblant ; ma pensée fut enchaînée au point qu'il me fut impossible de lire les *sourates* de l'enchantement (1), qui sont les meilleures pour chasser les génies. Je restai sur la place sans pou-

(1) Un juif nommé *Lobeïd* ayant par son art magique lié *Mohammed* dans une corde où étaient formés onze nœuds, Dieu lui fit connaître la manière de rompre le charme. Il lui fit voir cette corde enchantée, lui ordonna de réciter les deux dernières sourates en implorant l'assistance du *ciel*. A chaque aïat ou verset qu'il lisait, un des nœuds se déliait, et lorsqu'il eut terminé, tous les nœuds furent rompus, et il se trouva entièrement libre et soulagé. Voici ces sourates, appelées sourates du matin et des hommes :

قُلْ أَعُوذُ بِرَبِّ النَّاسِ مَلِكِ النَّاسِ إِلَهِ النَّاسِ مِنْ شَرِّ الوَسْوَاسِ الخَنَّاسِ الَّذِى يُوَسْوِسُ فِي صُدُورِ النَّاسِ مِنَ الجِنَّةِ وَالنَّاسِ

« Dis : Je mets ma confiance dans le Maître des hommes, Roi des hommes, Dieu des hommes, contre la malignité du perfide souffleur qui souffle dans le cœur des hommes, et contre la malignité des génies et des hommes. »

قُلْ أَعُوذُ بِرَبِّ الفَلَقِ مِنْ شَرِّ مَا خَلَقَ وَمِنْ شَرِّ غَاسِقٍ إِذَا وَقَبَ وَمِنْ شَرِّ النَّفَّاثَاتِ فِي العُقَدِ وَمِنْ شَرِّ

« Dis : J'ai recours au Maître du matin contre la malignité des êtres qu'il a créés, ainsi que contre la malignité de la lune couverte de ténèbres, contre la malignité des femmes qui font des nœuds en soufflant, et contre la malignité de l'envieux quand il veut nuire. »

Les musulmans ont la plus grande foi dans l'efficacité des paroles contenues dans ces deux sourates. Ils les regardent comme un spécifique souverain contre la magie, les influences de la lune, les tentatives de l'esprit malin.

voir ni crier ni faire le moindre mouvement; et si, au moment du départ, mes compagnons n'étaient point venus à mon secours, je serais sans doute resté là, sans défense contre ce méchant génie (que la malédiction de Dieu soit sur lui!). Ils me firent monter à cheval, et le lendemain j'arrivai au douar, toujours dans le même état d'abattement et de faiblesse. Aussitôt que je fus couché dans ma tente, j'envoyai chercher un taleb de mes amis, cet homme à barbe blanche que vous avez vu dernièrement avec moi, *Hamed-ben-Seffadj-el-krodjat* (que Dieu le bénisse! Il lui a donné l'intelligence des choses cachées, et l'a rendu profond dans la science des hadjabs). *Hamed* accourut aussitôt, et, grâce à la vertu toute-puissante des paroles qu'il prononça sur moi, celui qui cherchait ma perte fut confondu (louanges à *Dieu*, il n'y a de force et de puissance qu'en lui!).

Après l'attestation d'une autorité aussi puissante que celle d'un *taleb,* il était impossible de conserver le moindre doute sur la réalité de l'existence des génies. Il nous raconta du reste encore une multitude d'histoires plus extravagantes les unes que les autres, pour confirmer ce qu'il avançait, et il ne nous resta plus qu'à être parfaitement convaincus. Nous désirions savoir cependant ce que c'était que ces précieuses amulettes, ces talismans si vantés. Mohammed hésita long-temps avant de vouloir nous satisfaire sur ce point. Cependant, grâce à l'amitié qu'il nous a vouée et surtout à la promesse d'une récompense, il nous procura un recueil de ces djedouels (1) qui en contient au moins une centaine des plus efficaces. En voulez-vous un qui vous garantisse de la malignité des démons et des génies? Si vous suspendez à votre cou celui que nous allons vous indiquer, vous n'aurez rien à craindre de la part d'aucun être créé. Que vous soyez jeune ou vieux, Dieu remplira tous les cœurs de respect ou d'affection pour vous. Il vous protégera contre vos ennemis et vous gardera contre le mauvais œil. Avec ce talisman, vous pouvez traverser le pays de vos ennemis, et ils ne vous apercevront pas; vous pouvez vous endormir au milieu des lions, et il ne vous arrivera aucun mal. Il est fait au nom de Dieu clément et miséricordieux, etc., etc. Pour obtenir d'aussi magnifiques résultats, ne croyez point que le procédé soit fort difficile; il vous suffit d'é-

(1) تحاييل بحجاب القران العظيم.

crire le vendredi, une heure avant le coucher du soleil, avec une encre dans laquelle doit entrer du musc et du safran, 1° cinquante fois de suite le nom de l'ange *Djeberil* (Gabriel) (1); 2° quinze fois celui de *Mikaïl* (Michel); 3° cinq fois ceux d'*Asraïl* et d'*Asrafil ;* 4° couronner le tout par le grand nom de Dieu (2), ce nom qui n'est écrit dans aucune langue et que personne n'a jamais pu prononcer, et avec la permission de Dieu (dit toujours le formulaire), toutes les promesses du talisman sont remplies.

Si, laissant là les démons et les génies, vous voulez conjurer des influences plus vulgaires, voici le secret inconnu, la lumière éclatante, le rempart invincible qui rendra impuissant les sorts que les méchants jetteraient sur vous. Avec lui vous serez heureux pour vendre et pour acheter, donner et recevoir, et en général pour tout ce que vous aurez à entreprendre ou à exécuter. Il vous mettra à l'abri du nœud de la *langue* (3), vous rendra facile la délivrance des prisonniers ; vous donnera la victoire sur vos ennemis ; vous fera conserver l'amour et le cœur de vos femmes ; par lui vous serez craint et respecté ; vous vous assurez par lui une bonne réception chez les grands et les rois; par lui encore vous guérissez les maux d'yeux, la migraine, les

---

(1) Les musulmans ont une grande vénération pour l'ange *Gabriel.* C'est lui qui annonça à *Mohammed* sa mission prophétique.

(2) Il est longuement question de ce nom dans les traités des sciences occultes. Voici la description qu'en donne un poème arabe attribué au calife *Ali :* « 1° Un sceau, ensuite trois bâtons perpendiculaires surmontés d'un javelot horizontal ; 2° la lettre ع tronquée et sans queue, ensuite une échelle à deux échelons ; 3° quatre barres qui figurent les quatre doigts d'une main qui s'ouvre pour distribuer les bienfaits et les richesses ; 4° un 8 avec une traverse ; 5° un و recourbé en forme de tube ; 6° le dernier est comme le premier : *le bedouh ou sceau de Salomon.*

✡ و ه ℿℿℿ 目 و ℿℿ ✡

(3) عقد اللسان Le nœud de la langue, par euphémisme ; c'est par la même figure que nous disons : le nœud de l'aiguillette.

maux de dents, les douleurs de membre, etc., etc. Il est d'une grande utilité pour beaucoup d'autres choses. Ses vertus et son efficacité sont incontestables. C'est le djedouel de notre seigneur Ali-ben-abi-Taleb, révélé par l'ange Gabriel, approuvé par Dieu, et éprouvé par le respectable Messaoud-ben-Abd-Allah. Ce fameux talisman s'obtient en écrivant sur un morceau de peau, un vendredi, lorsque la lune brille au ciel, les mots suivants : Il n'y a pas d'autre Dieu que Dieu, Mohammed est l'envoyé de Dieu ; priez Dieu sur lui (1). Si vous vous préparez de plus par huit jours de jeûne et par la prière à cette opération, vous êtes sûr qu'aucune des promesses du djedouel ne sera trompée. Ces deux exemples, traduits textuellement du recueil que nous avons entre les mains, suffisent pour donner une idée de la puérilité de ces pratiques et du vide de ces croyances, que nous pouvons assurer être générales.

C'est en mettant en jeu ces idées superstitieuses que presque tous les *dercaoui* se sont élevés. *Ben-Chérif*, *Ben-Arach* dont nous avons parlé dans l'histoire des beys, ne durent la rapide influence qu'ils surent acquérir sur les populations des deux provinces de l'*Est* et de l'*Ouest* qu'à leur habilité, reconnue dans l'art décrire les *djedouels*; et il y a peu d'années, le seul compétiteur dangereux qu'ait eu la puissance naissante d'*Abd-el-Kader*, était un fabricant de *djedouels*, *Moussa dercaoui*, qui fut battu par lui du côté de Miliana.

(1) لا اله إلا الله محمد رسول الله صلى الله عليه وسلم.

NOTE D.

Les populations qui habitent la partie de la région du *Mogrob* que nous occupons peuvent être rangées, suivant leurs diverses origines, en trois grandes catégories : 1° les *Berbères* ; 2° les *Arabes* ; 3° les *Abid* ou *esclaves*.

Les Berbères, appelés aussi *Kobaïl*, *Amazig*, *Chellah*, sont ethnographiquement entièrement séparés des deux autres divisions. Les Arabes comprennent sous la dénomination générale de *Berbères* toutes les peuplades qui parlent la langue *chellah* ou un des nombreux dialectes de cette langue. Toutes les tribus appelées *Beni* et *Adoui* sont d'origine berbère (1).

Les *Berbères* habitent les hautes vallées des chaînes et des ramifications de l'*Atlas*, nommées par les Arabes *djebal-er-rif* (2), qui s'étendent depuis le détroit de *Gibraltar* jusqu'au-dessus de *Bône*, suivant une ligne à peu près parallèle à la mer. Ils occupent une partie des plaines dans l'empire de Maroc, dans l'ancienne régence d'Alger et dans celle de Tunis.

Plusieurs hypothèses ont été faites sur l'origine des *Berbères* : les uns, parmi lesquels nous citerons *Ben-er-Requiq*, auteur arabe dont parle *Marmol*, les font descendre des cinq tribus d'Arabes *Sabéens*, les *Zinhagiens* (3), les *Mouça-Moudins*, les

---

(1) *Adoui* en langue *chellah* signifie, disent les Arabes, اتكلم *atkellem*, parle. C'est cette locution fréquemment usitée chez les Berbères qui leur fit donner le nom d'*adoui*, à l'époque de la conquête. C'est ainsi qu'à présent les Arabes appellent nos soldats, *dis donc*, et que les Espagnols nous désignaient dans les guerres de la péninsule par la dénomination de *los didones*. Il existe dans la province d'Oran un grand nombre de tribus appelées *adoui* : il y a *Adoui-Yahia*, *Adoui-Tabet*, *Adoui-Heumian*, *Adoui-Aïssa*, etc., etc. La forme plurielle de *ben*, fils, en arabe mogrebin serait *benou*, *abena*, *benin*, بنو ‒ ابنا ‒ بنين. La forme *beni* appartient à la langue *chellah*.

(2) جبل الريف Les montagnes du rif.

(3) Les *Zinhagiens* ou *Zanagas* occupent encore, ainsi que nous

Zenètes, les *Gomeres* et les *Haoares*, entées sur les populations indigènes du pays. Ces tribus vinrent avec *Melek-Afriki*, qui, dans les premiers siècles de l'ère chrétienne, les conduisit dans la *Libye*, et donna, dit-on, son nom à cette contrée. Leurs habitudes, qui ressemblent assez à celles des *Arabes*, leur religion, qui était un mélange de certaines pratiques du *christianisme* et du *judaïsme*, avec les superstitieuses erreurs d'une idolâtrie semblable à celle des habitants de *Saba*, dans l'*Arabie heureuse*; quelques traits de ressemblance et d'analogie avec les Arabes; la facilité avec laquelle ils se laissèrent persuader par *Moussa-ben-Nacer*, sembleraient, suivant M. Joseph Conde, donner beaucoup de probabilité à cette opinion. D'autres les font sortir de *Berberah* sur la côte de *Zanguebar*; cette hypothèse n'a guère pour elle que la conformité des noms. D'autres enfin, du côté desquels se range *Chenier*, prétendent que les *Berbères* ne sont autre chose que les descendants des *Carthaginois* qui survécurent à la ruine de leur patrie, et se retirèrent dans les montagnes pour se soustraire au fer des vainqueurs. Ce qui donne un grand poids à cette dernière opinion, c'est la langue qu'ils parlent, qui est appelée *chellah*, *chellouh* (1). On sait que les *Chellouhs* qui habitent la partie méridionale de l'empire de Maroc sont regardés comme les restes des colonies envoyées par les Carthaginois sur les côtes de la Méditerranée. Les *Berbères* comme les *Chellouhs* auraient été sans doute refoulés vers le *sud*, à l'époque de la première invasion des *Arabes Sabéens*. La langue *chellouh*, suivant *Chenier*, serait dérivée de la langue punique, dans la-

l'avons dit, tous les pays compris entre l'ancienne province de *Souz* (le nouvel état de *Sidi-Hescham*) et le *Sénégal*. Ils s'étendent dans l'intérieur jusqu'aux *Touaryqs*, qui occupent la partie moyenne du *Sahra*. Les *Braknas*, et *Trarzas* de la *Sénégambie* sont des tribus de *Zanagas*.

Il existe aussi dans le *Sahra*, à quelques journées de marche dans l'est d'*Aïn-Mahdi*, des *Zenètes* appelés par les Arabes actuels *Zenati*. Ils sont divisés en deux grandes fractions, les *Arb-Halal* عرب كلال appelés aussi *Arb-bou-Diab* عرب بو أدياب, et les *Arb-bou-Seïd* عرب بسعيد ; ils parlent la langue *chellah*.

(1) الشلوح ـ الشلاح

quelle auraient été introduits des mots *arabes* et *phéniciens*, par suite des rapports fréquents qui existaient dans les premiers temps entre ces divers peuples.

La dernière opinion est celle qui fait provenir les *Berbères* d'une fusion des deux émigrations *arabes* et *chananéennes*, unies, après *Bélisaire*, au reste des *Vandales* et des *Maures*, et retirés dans les montagnes, sous la domination des *empereurs d'Orient*. Nous ne chercherons pas la lumière dans ces savantes mais obscures recherches sur les origines de ces peuplades primitives. Nous regarderons ces populations comme nous les donne la tradition arabe, comme des populations indigènes du pays, dans lesquelles sont venus se fondre, à diverses époques, les peuples vaincus, refoulés par les nouveaux vainqueurs.

Il existe certaines grandes familles qui, dans des temps rapprochés de nous, sont venues se mêler aux Berbères, et ont fini par se confondre avec eux; telle est la famille des *Oulad-Aoun*, d'origine arabe. On trouve des *Oulad-Aoun* dans les montagnes de *Bougie*, à *Djebel-Hammal*; chez les *Beni-Sallahh* au-dessus de *Belida*; chez les *Mouzaia*, les *Soumata*, les *Beni-Menad*, les *Rigra*, les *Beni-Ferhheu*, les *Beni-Menasser*, etc.; on en trouve dans les montagnes de *Zekkar*, au-dessus de *Miliana*; dans celle de *Tacheta*, où vivait le chiqr kabyle *El-Barcani* (1); chez les *Beni-Bou-Kelly*, les *Beni-Bou-Milek*, les *Beni-Haouwa*, à l'ouest de *Za*-

---

(1) *El-Barcani* était un *chiqr* très-respecté des *Kabyles*. Les *Turcs* n'ont jamais pu soumettre les montagnards de *Tacheta*, et tout homme quel qu'il fût, *Turc* ou *Arabe*, qui venait se mettre sous la protection d'*El-Barcani*, était bien reçu par lui, et était dans ses montagnes à l'*abri* de la colère du pacha. A *Tacheta* se trouve un endroit renommé pour sa fertilité en huile; on l'appelle *Zatima*. Lorsqu'un négociant de la province d'Oran voulait aller acheter de l'huile à *Zatima*, il allait s'adresser à un marabout arabe *Abd-el-Selam*, chiqr des *Beghaz*, qui jouissait d'un grand crédit chez les *Kabyles* de *Tacheta*. Tout marchand portant une permission d'*Abd-el-Selam* était bien reçu par les *Kabyles*. Du temps du dernier pacha, il y avait aussi un *chiqr* très-respecté chez les *Beni-Menad*, appelé *Taïfour*. Les *chiqrs kabyles* comme les *chiqrs arabes* recevaient des tributs volontaires. Les tributs religieux, que les *Kabyles* ne payaient point aux Turcs, leur étaient généralement payés.

tima; chez les *Beni-Hidja*, voisins des *Beni-Maddoun*, etc., etc. Voici comment on explique la présence de ces tribus d'origine arabe au milieu de populations entièrement kabyles : Au moment où le mahométisme commençait à envahir toute l'Arabie, une tribu du *Hedjaz*, appelée les *Oulad-Aoun*, fuyant les persécutions que les nouveaux sectateurs de l'*islam* n'épargnaient point à ceux qui refusaient de rendre témoignage, se retira, pour rester fidèle à la religion de ses pères, dans les montagnes de *Badja*, du côté de *Tunis*. Ils furent reçus et accueillis par quelques Berbères insoumis et retirés dans ces montagnes. Ils firent des alliances avec eux, finirent par prendre leur langue, et dans la suite des temps leur postérité devint si nombreuse, qu'on les trouve maintenant mêlés à presque toutes les grandes tribus *kabyles*, surtout dans l'est. Les Berbères passent parmi les Arabes pour des musulmans peu avancés dans la doctrine et la morale de la religion. Ils citent plusieurs tribus de l'Est qui ont conservé des pratiques qui rappellent le paganisme et que réprouve le Coran. Mais leur caractère est très-estimé; ils sont justes, esclaves de leur parole; l'hospitalité reçue chez un Kabyle n'est jamais violée; ils sont réputés grossiers dans leurs mœurs et leurs manières : un Arabe croirait déroger en s'alliant à une femme kabyle (1).

(1) A l'époque de la puissance des premiers *émirs*, un étranger arabe de bonne maison était venu s'établir à Tremecen, ville dont la population était alors un mélange de toutes les populations de l'Afrique, et s'y était marié avec trois femmes. Un jour qu'il causait avec elles dans son harem, il leur adressa successivement ces trois questions :

« Quel est le nom que vous préférez?
» Quel est le mets qui vous plaît le plus?
» Comment connaissez-vous quand le jour va paraître? »
La première répondit :
« Le nom que je voudrais donner à mon fils est celui d'*Ali*.
» Le mets que je préfère est le poisson frit.
» Je sais que le point du jour approche quand mon collier d'or me donne une sensation de froid. »

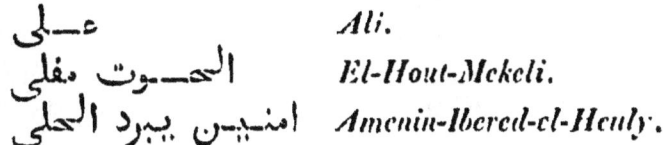

Ali.
El-Hout-Mekeli.
Amenin-Ibered-el-Henly.

Les Arabes classent encore parmi les populations de race mélangée arabe et berbère, les *Beni-Mezzab*, qui parlent à la fois l'arabe et un des dialectes de la langue *chellah*, appelée de leur nom *el-mezzabia*. Voici l'origine fort peu probable qu'ils donnent aux *Beni-Mezzab* :

Abd-er-Rahman-ben-Meldjim était un des trois assassins qui égorgèrent à la mosquée *Ali-ben-Abou-Taleb*, le quatrième calife de l'islamisme. De ses deux compagnons, l'un fut massacré sur place, l'autre fut mis à mort par ordre d'*Ali*, et *Abd-er-Rahman* parvint à s'évader. Le crime du père rejaillit sur les enfants. Lorsque l'effervescence eut été calmée, et que les musulmans purent apprécier de sang-froid toute l'énormité de cette horrible action, la famille du meurtrier fut prise en haine et forcée de s'exiler du pays pour fuir les mauvais traitements que lui faisaient éprouver les habitants de *Couffa* ; elle se retira en Égypte. Elle fut bientôt obligée de quitter aussi ce nouveau pays, et, après avoir long-temps erré, elle finit par planter ses tentes dans le pays de *Zab*, non loin de *Mezzab*, la capitale de cette province. Les kabyles de ces contrées les accueillirent, firent avec eux des alliances, la langue *chellah* devint avec l'arabe la langue des nombreux descendants d'*Abd-er-Rahman-ben-Meldjim*. Enfin,

La deuxième répondit :

« Le nom que j'aime, c'est celui d'*el-Hadj*.

» Le mets qui me plaît le plus, c'est le *terid* cuit avec des volailles. (Le *terid* est une espèce particulière de *couscoussou*.)

» Je devine que le jour vient quand j'entends le bêlement des brebis. »

الحــاج *El-Hadj.*

تريد و جاج *Terid ou Djadje,*

امنين يتكلم النعج *Amenin-Itkellem-el-Nadje.*

La troisième enfin répondit aux mêmes questions relativement au nom, *Djelloul* جلول.

Pour le mets, *el-foul*, les fèves الفول.

Pour le matin, امنين نفوم البول *Amenin-Nekoum-el-Boul.*

De mes trois femmes, pensa le mari, la première est *Djouad*, d'origine noble ; la deuxième est *Mchal* ; la réponse grossière de la troisième m'indique qu'elle descend des *Kabyles* : il la répudia.

au bout d'un grand nombre d'années, soit à la suite d'une guerre, soit volontairement, les nouveaux habitants abandonnèrent le pays de *Zab* pour aller se fixer dans trois *oasis* situés sur les confins du désert. Comme ils n'étaient point orthodoxes, ils choisirent ces lieux en dehors de l'atteinte des autres musulmans, pour éviter de nouvelles persécutions. Les Arabes les appellent *metazelin*, *metazelia* (1), c'est-à-dire en dehors de la religion, hérétiques.

C'est depuis cette émigration seulement qu'ils s'appelèrent *Beni-Mezzab*, *Mezzabia*, du pays qu'ils venaient de quitter. Les Arabes les appellent encore par dérision *mangeurs de chiens* (2) : les habitants des *oasis* rejettent cette dénomination sur les habitants de *Djerba* dans le *Zab*, qui mangent, disent-ils, des chiens, parce qu'ils se nourrissent de dattes. (Les dattes seules seraient une nourriture malsaine et dangereuse (3).

Le seul commerce qui fût permis sous les Turcs aux *Beni-Mezzab*, avant le pacha *Baba-Mohammed-Tsacalli*, consistait à vendre dans les diverses villes de la régence des fèves grillées et des pois pointus. Pendant la dernière expédition des Espagnols contre Alger, sous l'Irlandais *Oreilly*, les *Beni-Mezzab*, au nombre de plus de huit cents, se conduisirent bravement pour repousser l'agression des chrétiens, et le pacha, pour les récompenser, leur accorda la concession exclusive des bains, des boucheries et des moulins. Ils jouissaient de ce privilége dans toutes les villes, excepté à Tremecen.

La mosquée appelle encore les *Beni-Mezzab*, *Krouames* (4) les cinquièmes, parce qu'ils ne suivent le rite d'aucun des quatre imams orthodoxes des Sonnites. Deux grandes sectes, comme on sait, divisent l'islamisme ; ce sont les sectes des *Schyytes* et des *Sonnites*. Les Sonnites (5) admettent comme également légitime

(1) متزلين - متزلية.

(2) وكالين الكلاب *Oukkalin-el-kelab*.

(3) Le docteur *Shaw* prétend que tous les habitants du *Zab* mangent de la chair de chien, comme le faisaient les *Cunarii* et les *Carthaginois*.

(4) خاميس خواس *Kramis-krouames*.

(5) سنية *Sonnia*, tradition.

l'autorité des quatre premiers califes, et ne reconnaissent au quatrième calife *Ali* d'autres droits au *kralifat* que la libre élection que firent de lui les compagnons de *Mohammed*. Les *Schyytes*, au contraire (1), refusent d'admettre comme légitime l'autorité des trois premiers califes (Abou-Bekre, Omar et Osman), et prétendent qu'*Ali*, cousin et gendre du prophète, et ses descendants étaient seuls appelés à succéder à *Mohammed*. Ali et ses successeurs, jusqu'au douzième, ont été appelés *imams* (2), mot arabe qui signifie être à la tête des autres. Ce nom est donné généralement à ceux qui, dans les mosquées, sont chargés de faire la prière au peuple et dont tous les fidèles doivent suivre les mouvements. Appliqué à *Ali* et à ses descendants, il a un sens plus élevé ; il indique des êtres privilégiés à qui Dieu, après la mort de *Mohammed*, avait remis l'autorité spirituelle et temporelle, et qui seuls étaient faits pour commander au genre humain. Peu importe que par une suite de la méchanceté des hommes la plupart de ces imams n'aient pas exercé leur pouvoir ; il suffit que Dieu les en eût revêtus. Le dernier des imams, *Mohammed-ben-Hassan*, disparut à l'âge de douze ans, sans qu'on ait jamais pu savoir ce qu'il était devenu (266 h.–879 J.–C.). Les *Schyytes*, persuadés que la seule autorité légitime sur la terre était celle des imams, et le dernier des imams ayant disparu sans laisser de postérité, ont supposé qu'il n'était pas mort, qu'il était caché dans quelque lieu inconnu, et qu'il reparaîtrait tôt ou tard pour soumettre la terre à son autorité. Ils lui donnent le titre d'*imam dirigé* ou d'*imam directeur* ; d'*iman conquérant*, etc. (3), et se le

(1) شيعية *Chyya*, secte.

(2) اَمَامْ.

(3) Dirigé ou directeur, suivant qu'on écrit الْمَهْدِي *el-mahdi*, ou الْمَهْدِي *el-mohdi*.

L'imam el-mohdi porte encore tous les titres suivants :

صاحب الزمان Le maître du temps.

القايم Le subsistant.

المنتظر L'attendu.

المتبطن Le caché.

الإمام الهمام L'imam conquérant, etc., etc.

figurent comme les Juifs se représentent le Messie à venir. Jésus-Christ viendra l'assister de son pouvoir, et ils tueront ensemble l'Antechrist (1). Toutes les religions se réuniront alors en une seule, la religion musulmane, et après cela aura lieu la fin du monde. Les Sonnites, tels que les Arabes et les Turcs, croient aussi à cet *imam*, mais ne lui attribuent pas la même puissance. Ils supposent d'ailleurs que l'*imam* se perdit réellement à l'âge de neuf ans dans une grotte sur le *Chot-el-Arab* (2), et qu'il y mourut; ils y montrent encore son tombeau.

Plus d'une fois on a vu des imposteurs qui se disaient le dernier des *imams*. Parmi ceux qui ont réussi dans leur entreprise il faut citer les califes *fatimites* d'Égypte et les *émirs almohades* d'*Afrique* (3). Ces imposteurs, à l'exemple de l'*imam*, prenaient le titre d'el-Mohdi. Pendant l'invasion des Français en *Égypte*, un fanatique a essayé de jouer le même rôle. Lorsque les princes *fatimites* s'emparèrent de l'autorité, dans le troisième siècle de l'hégire (IX° J.-C.), ils firent prévaloir la doctrine des Schyytes dans une grande partie des états barbaresques, la Sicile, l'Égypte et la Syrie. (Ils prétendaient descendre d'Ali et de Fatime, fille du prophète.) Elle s'y maintint pendant environ trois siècles, jusqu'au temps du grand *Salah-ed-Din*, qui la proscrivit.

Voilà quelles sont les deux principales divisions de l'*islam*; mais chacune de ces sectes a un grand nombre de ramifications. Nous nous bornerons à parler des quatre rites de la doctrine sonnite, qui est celle adoptée en Afrique. Ces quatre rites sont également orthodoxes et ne diffèrent que sur quelques points peu im-

---

(1) Les musulmans mogrebins pensent que Sidina-Aïssa (Jésus-Christ), n'a point été mis à mort. Après la condamnation du prophète, un juif criminel lui fut substitué, et fut supplicié à sa place. C'est lui qui doit venir à la fin des temps détruire la puissance de l'Antechrist, المسيح الدجّال *el-Messih-el-Dedjal*. C'est à Jésus lui-même qu'ils donnent le nom d'imam-el-mohdi.

(2) شط العرب Le rivage des Arabes, grand fleuve formé par le confluent du Tigre et de l'Euphrate.

(3) Voir première et deuxième époques, périodes de la domination arabe et de la domination berbère.

portants. Les imams qui leur ont donné leur nom sont les suivants:

Neuman-Abou-Hanifa (1), originaire de *Couffa*. Il parut environ quatre-vingts ans après le prophète. Le rite est appelé *hanefi* et les sectateurs *hanefia*. Le nom du fondateur de cette doctrine était simplement *Neuman*. Un jour qu'il était arrêté par une difficulté sur un point important de sa doctrine, sa fille, *Hanifa*, lui demanda quelle était la cause de son chagrin. *Neuman* lui exposa la question qui l'embarrassait, et *Hanifa* la résolut immédiatement; depuis ce temps il se fit appeler *Neuman-Abou-Hanifa*, le père d'*Hanifa*.

Malek-ben-Ouannes (2), né à Médine, quatre-vingt-dix ans après *Mohammed*; il est l'imam du rite *malekite*; c'est celui que suivent les Arabes de l'Ouest; les Turcs suivent celui d'*Abou-Hanifa*. La différence qui existe entre ces deux rites porte sur diverses interprétations du *Sidi-Krelil* (3), le livre de la loi que les Turcs appellent *Dour-el-Mokrtar*. Les marques apparentes de cette différence consistent dans la manière de poser les mains en priant. Les *malekites* portent les mains ouvertes à la hauteur de la tête, et les *Hanefites* les croisent sur la poitrine.

Vient ensuite le rite *hanbalite* de *Hamed-ben-Hanbal*, l'imam qui lui a donné son nom. Il est principalement suivi en Égypte, aussi n'en parlons-nous que pour mémoire, ainsi que de la doctrine de *Chafei de Bagdad*. Les *Beni-Mezzab* suivent un cinquième rite (*krouames*) qui n'est point orthodoxe. Du temps des Turcs, ils n'étaient point reçus dans les mosquées. Le jour de la fête appelée *Aïd-el-kebir*, la profession de foi se fait par le maître, en présence de sa maison entière, au moment où l'on égorge l'agneau de la loi. Le chef de la famille dit à haute voix : Je t'immole dans le rite d'*Abou-Hanifa* ou de *Malek*. Les *Beni-Mezzab* n'ont point cette cérémonie; ils ont conservé encore le souvenir de la cause de leur exil. Si l'on dit à un *Beni-Mezzab* : Si tu es sonnite, pourquoi ne pries-tu point sur *Ali?* Que la terre pèse sur lui, répond-il. Les Arabes ne font pas alliance avec les *Beni-Mezzab*. Un père se croirait déshonoré s'il donnait sa fille en mariage à l'un d'eux.

(1) نعمان ابو الحنيفة.

(2) مالك بن وانس.

(3) سيدى خليل.

2° Toutes les tribus appelées *Aoulad* sont d'origine arabe, soit *Djouad*, soit *Mehal*, suivant qu'elles sont venues à l'époque de la conquête, ou avec les diverses invasions qui se sont succédé après la conquête.

Le titre de *djouad* (noble), comme nous l'avons déjà dit, est fort contesté; les *Sbihheu* (1) cependant, tribus qui campent aux environs de *Miliana*, les *Oulad-Fares*, les *Oulad-Iouness*, les *Chourfat-el-Djebel*, etc., paraissent incontestablement être djouad. Les *Beni-Amer*, les *Medjehar*, etc., sont *Mehals*. L'origine des *Beni-Amer*, qu'on devrait plutôt appeler les *Benou-Amer*, n'est point fort ancienne : ils descendent par les femmes des *Mehals d'Hammid-el-Abid*. L'Arabe *Oulid-Seguer-ben-Amer* se maria avec une femme *Mehallia*, de la maison d'*Hammid-el-Abid*; il en eut cinq enfants : *Krelfat, Mimoun, Soliman, Abd-Allah* et *Ali*. Ces cinq premiers enfants furent la souche des diverses tribus comprises sous la dénomination générale de *Beni-Amer*, qui sont :

Les *Oulad-Krelfat*,
Les *Oulad-el-Mimoun*,
Les *Oulad-Soliman*,
Les *Oulad-Abd-Allah*,
Les *Oulad-Ali*.

Deux ramifications de ces tribus primitives portent les noms d'*Oulad-Dzaïr* et *Oulad-Zedj*.

Les grandes maisons qui donnent des chefs aux Beni-Amer, les familles de leur Sid, comme les appellent les Arabes, sont les

Oulad-Demouch,
Oulad-Hamed-ben-Amara,
Oulad-Hamed-ben-Krelifat.

La tribu des *Medjehar*, dont le nom de *Djaher* (Lion) (2) indique la bravoure dont ils firent preuve dans les guerres qu'ils eurent à soutenir au moment de l'invasion, est aussi *Mehal*. Les Medjehar sont divisés en

Oulad-bou-Kamel,

(1) سبحوا على رسول الله *Shehhou-ala-ressoul-Allah* : Ils prient au nom de l'envoyé de Dieu.

(2) مجهر من جاهير *Medjehar men-djaher.*

Oulad-Malef,
El-Greferats,
Oulad-Aïnas,
Oulad-Chaffa, etc.

Nous bornerons là cette nomenclature des tribus de la province d'*Oran*, qu'il serait facile de pousser plus loin.

3° Les *Abid*, ou tribus d'origine esclave, qui habitent l'ancienne régence, sont toutes venues de *Maroc*. Sous les *émirs Almoravides*, sous les *Almohades*, sous les premiers *chérifs*, la garde du prince était ordinairement formée de *nègres* ou *Abid*. Ces *esclaves*, rendus à la liberté à diverses époques, et ayant fait des alliances avec les femmes arabes, sont l'origine de ces tribus assez nombreuses, connues sous le nom d'*Abid*, dans la province d'Oran. Les Abid connus sous la dénomination générale de Zmelas comprennent les tribus des

Zmelas,
Garabas,
Cherragas,
Mekahalias, etc.

Ils sont aussi appelés *Sidi-bou-Krari*. Ils sont venus dans le pays, comme nous l'avons dit, à l'époque de l'invasion de *Moula-Ismaël*. Voici comment on explique l'origine de ces *Abid* de la province d'*Oran*, et le nom d'*Abid-Sidi-bou-Krari*, qui leur est donné :

Le chérif *Moula-Ali*, sultan de *Maroc*, voulut faire une expédition dans le pays des esclaves; s'étant imprudemment avancé, il fut entouré par sept puissantes tribus de noirs. Son armée était gravement compromise, la retraite devenait impossible, il eut recours à la ruse pour se tirer de cette position critique. Il alla trouver le chef de ces nègres, et lui dit que son expédition n'avait point de but hostile, qu'il était le grand *chérif* du couchant, et qu'ayant entendu parler de la puissance et de la sagesse du roi des noirs, il était venu le trouver pour faire alliance avec lui et lui demander sa fille en mariage. Le *sultan des nègres*, flatté d'une démarche et d'un choix aussi honorables, lui accorda sa fille *Afsa*, et lui fit cadeau de mille esclaves pour l'accompagner dans *Maroc*. Ces mille esclaves, qui formèrent dès lors la garde du *chérif*, furent appelés *Zmelas*, c'est-à-dire campés, parce qu'ils étaient toujours campés avec lui. Ils vinrent se joindre aux douairs *Elli-Idourou* (ceux qui entourent), de la tribu libre des *Oulad-ben-Batsou* des *Oudias* du Maroc, qui étaient ses gardes du corps. Ils sont nommés *Abid-Sidi-bou-Krari*, parce qu'un des chérifs les affranchit en les constituant en habous à *Sidi-Boukrari*, l'auteur du livre le plus vénéré des musulmans après le *Coran*.

NOTE E.

Le sacrifice est obligatoire pour tout musulman le jour de la fête nommée *Aïd-el-kebir*. Chaque personne, dans chaque tente, doit sacrifier un agneau, si le maître de la tente est riche; s'il est pauvre, on peut se contenter d'un mouton pour une tente entière. Le mouton ou agneau qu'il convient le mieux de sacrifier est celui dont le corps est blanc, et qui a le tour des yeux, les oreilles, le nez, et les extrémités des pattes noirs (1). C'est ainsi qu'était celui qu'*Abraham* sacrifia à la place de son fils. A défaut de mouton, l'on peut immoler un bœuf, un bouc ou un chameau, en ayant soin de choisir toujours de préférence l'animal entier (2).

Les animaux, soit pour le sacrifice, soit pour la nourriture, doivent être abattus suivant certaines formes prescrites. Les Mogrebins reconnaissent quatre manières de tuer les animaux.

La première, appelée *el-aqueur* (3), est celle qui est employée par les chrétiens, et qui consiste à abattre les animaux avec la massue, ou bien à les égorger en se bornant à enfoncer le couteau dans la gorge de l'animal; il ne serait pas défendu, d'après les casuistes, de manger de la viande de ces animaux, si l'animal eût été abattu dans une idée et avec une forme religieuses.

La deuxième, *el-nehar* (4), consiste à couper seulement la gorge de l'animal; c'est la méthode employée par les Juifs. Comme, d'après la loi juive, l'animal doit être abattu au nom de

---

(1) C'est ce qu'on appelle *kebch-serendi* كبش سرندي.

(2) Les talebs classent ainsi les animaux :

Л'entier est préférable au coupé,
Le coupé vaut mieux que la femelle.

العجول افضل من خاسيانية
الخاسيانية افضل من اناثية

(3) العقر.

(4) النحر.

Dieu, les *musulmans* ne se font aucun scrupule de manger de la viande achetée chez les bouchers *juifs*. Cette faculté laissée aux musulmans de manger de la nourriture des Juifs est écrite en toutes lettres dans le Coran, chap. v, dit *de la table* (1) : « Aujourd'hui, y est-il dit, on vous a ouvert la source des biens, la nourriture des juifs vous est licite ; la vôtre leur est permise. »

La troisième manière, qui est la manière orthodoxe, s'appelle *el-debehh* (2). Elle consiste à couper le *guerzi* et le *djouza*, le gosier et la trachée-artère, et à séparer la tête du cou jusqu'à la hauteur des oreilles ; c'est ce qu'on appelle *keta-el-oudadj* (3). Il faut, en faisant cette opération, dire trois fois de suite : *Au nom de Dieu. Dieu est grand* (4).

Au reste, d'après une considération attentive des besoins de l'homme, les livres de la loi musulmane disent que celui qui tue un animal pour la nourriture peut être ou un musulman ou un kitab (scripturiste), celui qui connaît les écritures, ce qui s'entend d'un juif ou d'un chrétien ; mais il faut, pour que l'animal soit purifié, qu'il soit immolé au nom de *Dieu*. Si l'exécuteur omet volontairement cette prescription, l'animal demeure impur.

Il est encore permis de manger de la chair des animaux tués par la quatrième manière, le *rami* (5). Dans cette catégorie sont compris tous les animaux tués à la chasse, dans le temps où la chasse n'est pas défendue ; ceux pris par les chiens, etc., pourvu qu'à l'instant où on lâche son coup de fusil, ou qu'on lance son chien, on ait dans la pensée la formule sacramentelle.

(1) اليوم احل لكم الطيبات وطعام الذين اوتوا حل لكــم طعامكــم حل لهــم

(2) الذبــح - القــرزي - ة - الجــ

(3) قطع الوداج.

(4) C'est par ces paroles qu'un croyant doit commencer toutes ses actions ; il doit dire le *Besm-Allah* dans toutes les circonstances de sa vie : lorsqu'il est question de manger, de boire, de monter à cheval, de se coucher, etc.

(5) رامي - رمّى, jeter.

Ce qui sert à la nourriture de l'homme se divise en trois parties : ce qui est permis, ce qui est toléré, ce qui est défendu.

Ce qui est permis (1) : ce sont les œufs et tout ce qui provient des œufs ; les poissons, tous les animaux, tels que le mouton, bœuf, chèvre, chameau, etc.

Ce qui est toléré (2) : ce sont le lion, le chacal, le loup, le lièvre, le lapin, etc. Le tabac est rangé par les musulmans mogrebins dans la catégorie de ce qui est toléré.

Ce qui est défendu (3) : ce sont les animaux morts, le sang, la chair du porc, les animaux suffoqués, assommés, tués par quelque chute, ou d'un coup de corne ; ceux qui sont devenus la proie d'une bête féroce, à moins que vous n'ayez eu le temps de les saigner, etc. (4).

Relativement aux croyances, ils distinguent ce qui est d'obligation divine (5), ce qui est d'obligation traditionnelle (6), ce qu'on peut faire par un zèle louable (7).

(1) (2) (3) الحرام *el-harâm;* المكروه *el-mekerouh;* المباح *El-moubah.*

(4) وما أهل لغير الله به والمنخنقة والموقوذة والمتردية والنطيحة وما أكل السبع حرمت عليكم الميتة والدم ولحم الخنزير

(5) الفرض *El-ferdh.*

(6) السنة *Es-sonna.*

(7) المستحاب المندوب *El-mestahab el-mendoub.*

NOTE F.

Les musulmans n'ont point de noms patronymiques. Le nom s'éteint à la mort d'un homme et ne passe pas à ses descendants. Le jour où l'on nomme l'enfant, le septième ou huitième après sa naissance, est l'époque d'une fête de famille pour les Arabes d'Afrique. Le père ou l'aïeul, après avoir prié sur le nouveau-né, proclame son nom, ou bien le dit d'abord à l'oreille de l'enfant, et le répète ensuite aux assistants.

Les noms en usage chez les musulmans peuvent se ranger en trois ou quatre grandes catégories dont ils ne sortent jamais. En première ligne viennent les noms des patriarches et des prophètes, suivant cette sentence, attribuée à *Mohammed* : « Donnez à vos enfants des noms de prophètes (1). » De là les noms nombreux d'*Ibrahim* (Abraham), *Soliman* (Salomon), *Moussa* (Moïse), *Daoued* (David), *Aïssa* (Jésus-Christ), *Mohammed*, *Hamed*, *Mamoud* (les trois noms du prophète sur la terre, dans le ciel et aux enfers), etc., etc.

Ensuite les noms de ceux qui ont travaillé à l'établissement et à la propagation de l'islamisme, comme *Osman*, *Omar*, *Ali*, etc.

La troisième catégorie est celle des noms qui commencent par *Abd* (serviteur); elle donne les *Abd-Allah* (serviteur de Dieu), *Abd-el-Kader* (serviteur du puissant), *Abd-el-Kerim* (serviteur du généreux), *Abd-er-Rahman*, *Abd-el-Aziz*, etc., ainsi de suite pour la plupart des quatre-vingt-dix-neuf attributs de Dieu.

La quatrième série est celle des noms dont la terminaison est *din*, religion, tels que *Salah-ed-Din*, Saladin (le restaurateur de la religion), *Mched-Din* (dirigé par la religion), *Krair-ed-Din* (le bien de la religion), *Gelal-ed-Din*, etc., etc.

Il faut ajouter à ces diverses nomenclatures : 1° certains noms composés, comme *Hamed-el-Abd* et leurs diminutifs *Hamid-el-Abid*; 2° ceux qui sont purement adjectifs, tels qu'*Hassan* (beau), et leurs diminutifs, comme *Hossein*, *Hakem* (puissant),

(1) اسماوا اولادكم اسامى الانبية.

et *Hikem; Saïd* (heureux), *Reschid* (justicier, qui aime la justice), *Mustapha* (élu de Dieu), etc.

Pour reconnaître les individualités dans le cercle étroit où roulent tous leurs noms, par la suppression de la grande classification par famille, en usage chez les Occidentaux, les musulmans emploient fréquemment les surnoms (1).

Presque tous les surnoms, lorsqu'ils ne sont pas une qualification comme *el-Kebir* (le grand), *er-Requiq* (le maigre), *el-Aouwer* (le borgne), commencent par le mot *bou* (père); ainsi l'on a *Bou-Nebouts* (le père de la massue), *Bou-Chelagram* (le père de la moustache), *Bou-Kabous* (le père du pistolet), *Bou-Nif*, *Bou-Charmith*, etc., etc.

Quelquefois le père quitte son nom pour prendre celui de son fils ou de sa fille. Ces noms commencent habituellement par *Abou*, ainsi l'on a *Abou-Taleb* (le père du *taleb*), *Abou-Hanifa*, *Abou-Bekre* (le père de la vierge); c'est le nom que prit le beau-père de *Mohammed* lorsqu'il lui donna sa fille en mariage, etc.; les mères en font autant à l'égard de leurs enfants; de là les noms de femme commencent par *om* (2), *Om-Kaltoum*, *Om-Habiba*, etc., la mère de *Kaltoum*, la mère d'*Habiba*, etc.

Les noms de femme sont généralement significatifs; ainsi l'on a les noms de :

Zahra, fleur,
Kethira, féconde,
Saïda, heureuse,
Lobna, blanche comme du lait,
Loulou, perle,
Derifa, gracieuse,
Djemila, belle, etc., etc.

(1) كُنْيَة *Kouni*ʾ.
(2) ام حبيبة - ام كلثوم.

FIN.

TABLE DES MATIÈRES.

Avant-Propos...	1
Première Époque. Période de la domination arabe...	25
Deuxième Époque. Période de la domination berbère..	57
Troisième Époque. Établissement des Turcs........	113
Quatrième Époque. Gouvernement des Beys. — Première partie. Beys de la province d'Oran.........	165
Organisation militaire des Turcs...................	231
Notes...	287

www.ingramcontent.com/pod-product-compliance
Lightning Source LLC
Chambersburg PA
CBHW060627170426
43199CB00012B/1464